全国中等职业教育改革发展示范学校
建设项目课程改革实践教材

U0666705

辽宁省教育科学"十二五"规划立项课题(JG14EB055)
《中职文秘专业基于工作过程课程体系建设的实践研究》成果之一

WENMI JIYU GONGZUO GUOCHENG
QINGJING ZONGHE SHIXUN

文秘基于工作过程情景综合实训

总主编　程　科
主　编　李　蕾
副主编　于　晓　幺晓雪
　　　　沙美华　回贮娇
参　编　郭　艳　刘　静
　　　　苏玉敏　李宏伟

大连理工大学出版社

图书在版编目(CIP)数据

文秘基于工作过程情景综合实训 / 李蕾主编. — 大
连：大连理工大学出版社，2015.5
全国中等职业教育改革发展示范学校建设项目课程改
革实践教材
ISBN 978-7-5611-9847-6

Ⅰ. ①文… Ⅱ. ①李… Ⅲ. ①文书工作－中等专业学
校－教材②秘书学－中等专业学校－教材 Ⅳ.
①C931.46

中国版本图书馆 CIP 数据核字(2015)第 098193 号

大连理工大学出版社出版

地址：大连市软件园路 80 号　邮政编码：116023
发行：0411-84708842　邮购：0411-84708943　传真：0411-84701466
E-mail：dutp@dutp.cn　URL：http://www.dutp.cn
大连理工印刷有限公司印刷　　大连理工大学出版社发行

幅面尺寸：185mm×260mm　　印张：14　　字数：322 千字
2015 年 5 月第 1 版　　　　　2015 年 5 月第 1 次印刷

责任编辑：欧阳碧蕾　　　　　　　　责任校对：周双双
封面设计：张　莹

ISBN 978-7-5611-9847-6　　　　　定　价：31.00 元

全国中等职业教育改革发展示范学校建设项目课程改革实践教材编写委员会

总　序

　　校本课程的开发与建设和校本教材的设计与编写是中等职业学校培养技术技能型人才不可或缺的重要教育教学要素,也是对国家和地方课程与教材的有益补充。基于课程论视野的校本教材作为校本课程物化的重要部分,其对教学的要求是杜绝"照本宣科",更要避除"无本宣科",因此校本教材的设计与编写所要解决的教学问题之一便是校本课程的教与学的"有本教学""有本学习"和"依本讲课""依本学课"之"本"的问题。

　　为了有效地实现校本课程目标,达到更好地教育中职学生的目的,在对学生专业新需求、职业岗位新要求和教学新内容进行深入研究的基础上,大连市女子中等职业技术专业学校开发了具有女子职业新特点、突出女校教学新特色、适应中职女生专业新要求的女子学校校本专业教材。大连市女子中等职业技术专业学校校本专业教材设计与编写的技术路向,一是实现课程内容的"教材化",即校本专业教材必须反映校本专业课程内容,以课程标准为基本路向,将课程标准序化于教材的内容逻辑之中;二是实现教材内容的"教学化",即教材必须具有可教学性,要遵循学生学习活动的心理逻辑之序,对教材内容进行方法化处理。大连市女子中等职业技术专业学校校本专业教材设计与编写所遵循的主要原则,一是实用性原则,即让中职女生感到"学了有用",无论是"当前用"还是"未来用",所以本教材的设计与编写充分考虑到实际应用价值,教材内容的取向、知识点和技能点的选择,都有利于满足中职女生当前学习、生活和职业工作的实际需要,有利于中职女生未来发展的需要。二是特色性原则,即让中职女生感到从她们的实际生活需要来看,的确"应该学",从她们的未来职业发展需要来看,的确"必须学",使学生们确认这是大连市女子中等职业技术专业学校为学生推出的适宜她们使用的专业教材。所以教材的设计和编写从实践到理论,从体例编创到环节安排,首先考虑的是适合中职女生的生活特点和职业发展需要,有利于课程目标、教材目标和教学目标的实现,有新的理论和新的实践支撑的特色。

　　为了进一步加强大连市女子中等职业技术专业学校校本专业课程的开发与建设和校本专业教材的设计与编写,在大连市教育局领导的关怀和指导下,学校启动了校本专业课程与校本专业教材研究工程,成立了校本教材编写领导小组,组建了由行业企业专家、职教专家、课程论专家、教材论专家、学科教研员、专业骨干教师、教材主编和出版社资深编辑参加的教材编写团队,对中等职业教育的教育教学现状和用人单位对技术技能型人才需求的新动向进行了深入调研,根据中等职业学校学生的学习特点和发展需要,形成了学校专业课程设置和专业教材编写的整体思路。

目前,我国正步入经济社会发展的新常态时期,加快发展现代职业教育意义重大。2014 年 6 月召开的全国职业教育工作会议,党中央、国务院对职业教育高度重视。会前,习近平总书记对职业教育工作做出重要指示,他强调:职业教育是国民教育体系和人力资源开发的重要组成部分,是广大青年打开通往成功成才大门的重要途径,肩负着培养多样化人才、传承技术技能、促进就业创业的重要职责,必须高度重视、加快发展。所以本套校本专业教材的设计与编写,始终坚持以服务为宗旨,以就业为导向,以能力为本位,以满足学生发展为取向,充分注重行业企业需要,为学生步入职场和未来的发展奠定基础。为了使本套教材更加有利于课程和教学需要,教材内容设计特别注意由浅入深,以职业岗位所需的职业能力为本体来组织教学内容,以工作规范为主线培养和提高学生的综合能力,以运用最新案例来阐释新的理论知识,加深对新的理论知识的理解。本套教材体例编排科学合理,较为系统地呈现了知识、技能和职业道德、价值观要点,让学生可以身临其境地体验理实一体的教学活动。

本套教材的编写和出版,得到了大连市教育局、大连市教育学院、大连市教育科学研究所和大连市现代服务职业教育集团相关成员单位的领导和专家们的大力支持,谨此一并致谢!

2015 年 5 月

前　言

　　《文秘基于工作过程情景综合实训》是大连市女子中等职业技术专业学校全国中等职业教育改革发展示范学校建设项目课程改革实践教材之一。我们在深入研究中等职业教育的特点及社会需求现状的基础上，经过长时间的酝酿，精心挑选文秘专业教育教学领域的优秀教师组成编写小组，结合多年丰富的教学经验和实践经验，共同编写了本教材。

　　本教材结合社会发展对文秘专业技能人才综合能力的要求，特别是行业企业对人才的岗位要求，在传统文秘专业类教材编写体系的基础上，对"工作过程导向"的课程模式进行了大胆的尝试和有益的探索，以期学生在学习过程中有针对性地提高综合职业能力，提升职业素养。

　　本教材在编写过程中坚持以下原则：一是"准"，坚持以就业为导向，准确把握全国职业教育工作会议的精神，自觉抵制错误思想和错误主张；二是"新"，充分反映职业教育的最新成果、最新经验，充分反映本学科领域研究的最新进展；三是"厚"，紧紧围绕本学科专业领域重大理论和实践问题开展集中攻关，最大限度地提高教材的含金量；四是"活"，适应现代中等职业学校学生的特点和需要，使学生乐于学习。

　　本教材对传统的文秘专业教材内容进行了重新的编排与选择，经过充分的岗位调研，选取工作岗位中出现频率比较高的典型任务，强化职业情境。以工作任务为主线，以情境任务为引领，由浅入深，循序渐进，精简理论，突出核心技能与实操能力，使理论与实践融为一体，充分体现"教、学、做合一"的教学思想。本书将秘书岗位的典型工作任务分别融入办公室日常事务管理、办公室常用应用文拟写、文书处理及档案管理、会务服务、客户服务五部分内容二十个岗位任务三十四个具体情境当中。学习过程设计了"任务情境""任务指引""妙招提示""拓展任务""知识链接"等环节，并配以"学习目标""案例分析""模板导引""范文欣赏"等，训练有"任务实施""任务完成PK"。"客户服务篇"岗位任务二由合作企业大连豪之英物业管理有限公司相关业务主管部门的人员参与编写，内容包括企业对员工培训的内容、具体的岗位要求标准、工作中的案例处理等，真正体现校企合作共同培养人才，实实在在提高学生的专业技能和职业素养。其中，"现场问题"中的"实习生手记"是由编者精心挑选，由文秘专业的实习生根据岗位中的工作经历编写而成。希望通过她们的亲身经历,使学生能感知职场,养成勤勉务实的工作态度。

本教材由大连市女子中等职业技术专业学校校长程科任总主编,大连市女子中等职业技术专业学校李蕾任主编,大连豪之英物业管理有限公司于晓、幺晓雪及大连市女子中等职业技术专业学校沙美华、回贮娇任副主编,大连市女子中等职业技术专业学校郭艳、刘静、苏玉敏、李宏伟也参与了教材的编写工作。具体编写分工如下:办公室日常事务管理篇、办公室常用应用文拟写篇、会务服务篇由李蕾编写;文书处理及档案管理篇由沙美华编写;客户服务篇的岗位任务一由回贮娇编写;客户服务篇的岗位任务二由于晓、幺晓雪编写,其中,"实习生手记"由郭艳、回贮娇收集整理,李蕾编辑。

本教材在编写过程中得到了大连市教育局、大连教育学院、大连市教育科学研究所、大连市现代服务职业教育集团相关成员单位和大连豪之英物业管理有限公司领导、专家的大力支持,在此表示衷心的感谢!

由于编者水平有限,教材中仍可能存在不足和缺憾,敬请读者批评指正。

编　者

2015 年 5 月

所有意见和建议请发往:dutpzz@163.com

欢迎访问教材服务网站:http://www.dutpbook.com

联系电话:0411-84707492　84706104

目　录

办公室日常事务管理篇

办公室常用应用文拟写篇

文书处理及档案管理篇

会务服务篇

客户服务篇

办公室日常事务管理篇

  亲爱的同学们,随着时代的发展,作为中等职业学校文秘专业的学生,你们面对的工作岗位将呈多元化的趋势。文秘人员身兼多职,集文秘工作、财务、计算机、人事、档案管理等多种工作于一身,还有新兴产业业务流程外包服务(BPO),你们将面临更多的选择。办公室文员、行政秘书、商务秘书、客户服务等等,都是可以让你一试身手的岗位。怎么样,你们准备好加入这个行列了吗? 那么就请你打开这本书,本书尽可能贴近工作岗位,让你们掌握更多文秘人员的实践技能。让我们从办公室日常事务的管理开始学起吧!

岗位任务一

办公室环境管理

学习目标

1.知识目标

了解办公室环境布置、美化、维护工作的内容和方法。

2.能力目标

能辅助领导布置、美化、维护办公室,营造和谐、有序、方便、舒适、安全的办公环境。

3.情感目标

培养耐心细致的工作态度和严谨规范的工作习惯。

任务情境

金鼎公司近几年发展势头良好,业务量扩大,公司准备乔迁新址,租下了市中心铭远大厦16层的写字间。公司的刘总召开专门会议要求各部门负责人计划各部门新办公室的设计、布置方案,销售部行政助理张华负责本部新办公室的设计,销售部共有员工5人,部门经理1人,办公室50 m²,还有一个套间20 m²做会议室。请作为销售部秘书的你设计一份新办公室的设计图并对办公室布置、维护和管理提出可行性建议。

想一想,试一试:

1.办公室一般分为领导区、员工区、办公设备区、休息区、会议室、接待区,等等,这些区域将如何合理布局?

2.办公家具及办公用品将如何摆放,怎样设计更加合理,画张设计图试一试?

3.办公室的环境如何维护,办公室日常安全如何保障,小组合作拟出一份合理化建议。

任务指引

一、办公室环境的基本构成

(1)空间环境:房间的分配、空间的设计、办公设备及办公家具的布置等。

(2)视觉环境:办公室内的色彩、光线、绿化、装饰等。

(3)听觉环境:办公室所处空间的有益或无益的声音等。

(4)空气环境:办公室内的温度、湿度、空气流通与净化等。

(5)安全环境:办公室的防火、防盗、防止意外伤害等。

二、办公室布置要考虑的因素

(1)办公室的布置。主要是确定人员座位的位置和办公室物质条件的合理配置,主要把握部门安排布置、领导区域布置、员工区域布置、办公室用具布置几个关键细节。

(2)部门安排布置。有利于信息的传递与交流,布置时一般要了解办公室工作性质与内容,办公室内部组织与人员分工,办公室与其他部门的联系,可以绘制业务流程图,作为布置的依据。

(3)员工区域布置。员工的办公桌椅和设备不可过于靠近电源与热源,装足电源插座,供办公室设备与机器使用。应当留下充分的空间,为员工提供休息场所,避免过分拥挤带来的压抑感。

(4)领导区域布置。领导的办公区域需要保留适当的访客空间。将通常有许多客人来访的部门置于入口处,领导的工作区域位于下属座位的后方,便于控制和监督。

(5)办公用具布置。尽量配备相同规格的桌椅,档案柜。办公桌的排列采用直线对称的布置。公告板等应当置于出入办公场所的必经之地。饮水机、清洁工具应当置于僻静处。

三、办公室布局的基本形式

(一)封闭式布局

封闭式布局是一种较为传统的办公室布局,具体做法就是把组织内部各职能部门分别安排在一个个相对封闭的小房间内,组成一个个小办公室。这种布局可以保持各部门足够的独立性,但却不利于部门与部门之间信息的交流和传递,也不利于上下级之间的沟通。

(二)开放式布局

开放式布局是把一间很大的办公室分隔成若干个工作单元,组织内部各职能部门的所有工作人员按照工作程序安排在各个工作单元中开展工作。这种布置方式不仅方便了信息的传递与交流,也方便同事之间、领导与职员之间的交流。但这种方式弊端是,有时会互相干扰,也会发生职员之间闲聊等情况。例如:在银行营业部、贸易公司和快餐公司的办公总部,开放式的办公室布置使员工交流方便,促进工作效率的提高;而在出版社或教科研机构,这种开放式的办公室布置会使员工们受到干扰,无法专心工作。封闭式办公室和开放式办公室各有其优缺点,在实际工作中,一般将这两种布局方式结合使用,即用屏风等形成混合式布局或半开放式格局。

20世纪90年代以来,随着信息技术的迅猛发展,一种更加新型的办公形式——"远程办公"也冲击着传统的办公方式。所谓"远程"办公,是指借助带调制解调器的计算机、电话或移动电话、传真机、语音信箱、互联网、电子邮件和音频视频会议软件等工具,在传统办公地点范围之外进行协同工作的新型办公方式。员工们可以在网上独立完成包括制定会议日程、预订会议室、报销旅行开支、调整工资抵扣等在内的任何事情。而作为远程办公的个人,可以自由选择办公的环境——可以是家里,可以是咖啡店,可以是某个农村的小院子,并且随时随地和家人在一起。

四、办公室室内的设计与维护

秘书应协助上司做好相关的服务性工作,努力营造一个和谐、美观、有序、方便和安全的办公环境。这既有助于办公室日常工作的顺利完成,也有利于工作期间员工的身心健康,是顺利、高效完成工作的物质保障。同时,加强对日常环境的管理与维护,营造安全舒适的办公环境,也是办公室文秘人员的一项经常性工作和不可推卸的职责。

(一)办公室内设计

主要有办公用具布置、员工区布置和领导区域布置等几个部分。主要以方便实用、整齐有序、安静舒适、健康卫生、安全保密、美观和谐为设计宗旨。

(1)在办公用具的布置上,尽量配备相同规格的办公桌椅、衣柜、档案柜。办公用具的摆放以便于使用为原则,同时也要注意摆放得整齐有序,办公自动化设备的位置还要注意最好与办公区域有一点距离并集中摆放。饮水机、清扫用具应放置在僻静处。

(2)员工区域要根据工作流程合理设计员工桌椅排列,以便于开展工作。办公桌摆放以直线对称有序为宜,同时兼顾电源合理安全使用,并保持办公区域光线充足、空气流通。

(3)领导区域要合理安排好办公桌椅的方向和位置,以便于领导对员工的统筹管理与监督。领导的办公区域需要保留适当的空间以备客人来访和商洽工作。

(二)办公环境的维护

(1)维护个人办公区域。即维护文秘人员自己办公桌椅所在区域内的地面、墙面、办公家具、办公设备和办公用具等。个人办公桌上宜摆放常用办公用具,如使用多用笔筒放置笔、剪刀、回形针、胶水等物品。办公用具宜精简并摆放整齐,而且不宜摆放私人物品。特别是过期文件资料应当定期清理,以腾出更多空间保存重要资料。

(2)维护公共办公区域。公共办公区一般包括传真机、打印机、复印机等办公设备,还有档案柜、文件柜、衣柜、报刊架、茶水桌等办公用具。文秘人员除了亲自动手维护公共办公区的卫生外,还可以在公共办公资源张贴"温馨提示"等小告示的方法,维护办公区的整洁有序。设备或用具出现故障,应当及时报修。

(3)维护领导办公区。即维护领导工作区域的办公设备和用具等,包括为领导整理办公桌、文件柜,对绿色植物及时洒水和剪枝,整理领导接待客人后的环境等。文秘人员为领导整理办公室时,一定要注意事先与领导沟通并得到授权。

五、办公室颜色的搭配

颜色会影响人的情绪、意识及思维。譬如,颜色通常对于人的血压及心情产生重要的影响。有些颜色使人心情放松,有些颜色则令人感觉郁闷;有些颜色能加速心智的活动,有些颜色则降低心智的活动。

黄色、橙色与红色皆为暖色,这些颜色令人心理上感到温暖与愉快。反之,蓝色、紫色与绿色皆为冷色,它们则令人感到平静。浅黄色、灰褐色与象牙色等淡色,则令人有适度兴奋之感。

目前办公室的颜色是趋向于淡色化,即地板、墙与窗帘的颜色要协调。

建议下列地点采用如下颜色:

(1)普通办公室、天花板宜用白色;面对职员的墙壁宜用冷色,其他墙壁的颜色宜用暖色如浅黄色;所有墙壁的颜色应注意互相协调。

(2)会议室以浅色或中性的颜色为最佳;会客室以欢愉的、中性的颜色为最佳。

六、办公室空气的调节控制

办公室空气的调节,主要包括控制办公室中空气的温度、湿度、流通、净化等几个方面。

办公室温度会影响员工的工作效率,冬天温度不宜太高,夏天不宜太低。一般来说,冬季办公室内温度不高于 20 摄氏度,夏季空调温度不低于 26 摄氏度,空调运行期间禁止开窗。

湿度会影响人的舒适度与工作效率。在同样温度之下,潮湿的空气令人感觉热,而干燥的空气则令人感觉冷。

办公室理想的相对湿度应是 40%～60%。如相对湿度是 20%,则办公室的空气太干燥;相对湿度是 70%,则空气太潮湿。空气干燥可以使用加湿器,空气潮湿可以放置干燥剂。

办公室空气要保持畅通,必须有良好的通风设备,使空气流通无碍,保持空气充足与新鲜。为减少办公室的污染和尊重所有工作人员的感受,办公室内应该禁止吸烟。

七、办公室安全的维护

(一)识别办公环境中的安全隐患

一般来说,办公环境中的安全隐患主要存在于以下几个方面。

(1)建筑方面的隐患。即地面、墙体、天花板、门窗等处存在的隐患,如地板突起或打滑,墙体及天花板脱落,门窗不严等。

(2)物理环境方面的隐患。即空气、光线、色彩、声音等方面存在的隐患,如光线过强或不足,空气浑浊不清,室温太高或太低等。

(3)办公家具方面的隐患。即办公桌椅、文件柜、书架等处存在的隐患,如办公家具摆放不当而阻挡通道,柜橱顶端堆放太多东西有倾斜现象等。

(4)办公设备方面的隐患。即计算机、打印机、复印机、电话等设备及其操作上存在的隐患,如设备连线杂乱纠缠或磨损裸露,电器插头打火,机器设备使用中的辐射等。

(5)消防方面的隐患。即一切影响消防工作的不利因素,如火灾报警失灵,灭火器已过使用期限,乱堆乱放易燃物品等。

(6)人为的隐患。即由工作中的疏忽大意或不良习惯带来的隐患,如站在转椅上举放物品,复印时将保密原件忘在复印机玻璃板上,离开办公室不锁门等。

(二)消除办公环境中的安全隐患

消除办公环境中的安全隐患要体现在意识和行动两个方面。

(1)树立安全意识。办公室文秘人员要牢牢树立安全意识,牢记"安全第一,预防为主"。文秘人员在上岗前和上岗后要认真学习国家和地方的相关法律法规,学会用法律保护合法的劳动权益,要认真学习并自觉遵守有关安全法规,识别安全隐患。

(2)进行安全检查。办公室文秘人员要定期对办公环境进行安全检查,以便及时发现隐患,做好风险防范。在检查过程中,如果发现隐患,要在职责范围内排除危险或减少危险;如果发现个人职权无法排除的危险,有责任和义务报告、跟进,直到解决,同时将异常情况的发现、报告、处理等过程认真记录在隐患记录及处理表上。

妙招提示

办公室室内设计图如图 1-1-1、1-1-2 所示:

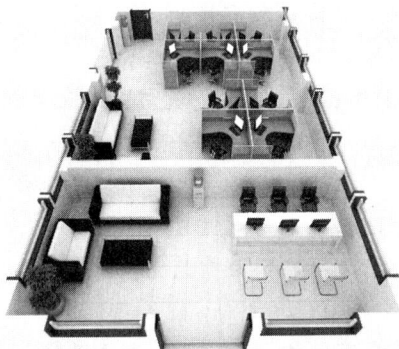

1-1-1　办公室室内示例图

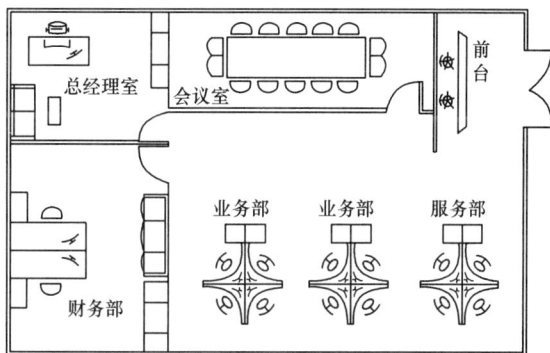

1-1-2　办公室室内设计图

任务实施

小组合作完成任务:

1.以设计图或实物展示的形式设计办公室布局及办公环境布置。

2.为办公室环境维护与安全维护提出合理化建议。

🔒 任务完成PK

采取小组自评互评,设计表格评价各组任务完成情况,得分高者优胜。

	布局合理10分	布置美观10分	布置创新10分	建议全面10分	建议合理10分	总分
第一组						
第二组						
第三组						
第四组						

💬❓ 拓展任务

1.请你为上司的办公室设计室内设计方案。

2.为办公室设计体现企业文化的展板。

📖 知识链接

某集团办公室物品摆放规定

为更好地规范办公室物品摆放,营造良好的办公环境和紧张有序的工作秩序,养成良好的工作习惯,提高公司形象和员工精神面貌,结合各办公室实际制定本规范。

一、办公室内物品摆放应有利于工作,因地制宜,整齐划一,符合美观、简洁、大方、实用、统一的原则,利于清洁和保持。物品摆放设置应以通用办公物品为主。

二、办公室公共区域

1.饮水机放置在方便用电的指定地点,不得随意移动;

2.报刊必须上报架并及时更新,废旧报纸妥善处理,不得在办公室随意堆积;

3.文件、报刊阅后及时归位;

4.垃圾桶根据情况合理放置(一般置于个人办公桌下方右侧位置,公共垃圾桶放于空间适当且方便使用的办公区域),放置时要注意美观且不影响过道通畅;

5.档案柜贴墙逐次摆放,柜内书籍、资料、档案等物品摆放整齐有序,柜顶不可摆放任何物品;

6.抹布、扫帚、簸箕、拖布等保洁用品不可放在显眼位置,要合理放置,不可随处乱放;

7.室内办公桌隔板或临近的墙面上不可张贴、悬挂各种宣传画、年历、资料、备忘卡片等影响办公室美观的物件。

三、办公桌桌面物品摆放

两个对放的办公桌中间不得有间距,桌面上除文件栏、台历、笔筒、水杯、电话及电脑外,不得摆放其他与工作无关的物品。

1.文件栏置于办公桌左上角,文件栏里除摆放常用文件及书籍(书籍不得超过3本)外,不得放置与工作无关文件,其他文件统一存档或收入柜中;

2.台历、笔筒及水杯置于电脑左侧文件栏前方,从左至右顺序依次为水杯、台历、笔筒,笔筒内放置办公用笔不可超过5支;

3.电话置于办公桌笔筒及台历前方,与办公桌左下角保持约40厘米距离;

4.电脑摆放于桌面正中与桌面呈45度角放置,主机置桌面下左部;

5.如有名片,将名片盒紧靠笔筒右侧;

6.笔记本如不使用放置于文件栏最右侧栏筐,仅限一本;

7.桌面可放便笺纸一本,置于电脑前方。

四、办公室卫生标准

1.办公室地面干净整洁,无尘土、水渍和杂物;

2.办公桌、椅、沙发、茶几、饮水机、办公电话及柜内物品等摆放有序,干净整洁;

3.门、窗洁净,玻璃明亮,窗帘干净无灰尘;

4.垃圾桶无垃圾溢满现象;

5.保持卫生间面盆、镜子、地面及便池清洁,并保持空气清新;

6.烟灰缸及时清理;

7.墙壁、天花板无蛛网、污迹和脚印,无乱写乱画;

8.使用的电脑主机及键盘每日擦洗、保持清洁;

9.要注意保持公共区域清洁,不乱扔垃圾;

10.保持室内空气清新、流通。

五、办公室卫生制度

1.必须有值日安排,责任落实到人;

2.坚持每天三次卫生打扫;

3.每周进行一次卫生大扫除,不留卫生死角;

4.要养成良好的卫生习惯,自觉搞好个人及办公卫生;

本规范从发布之日起执行。

集团办公室
2012年6月12日

岗位任务二

接待来访

学习目标

1.知识目标

掌握接待的一般流程以及接待的礼仪礼节。

2.能力目标

能根据不同情况接待安排好来访的客人,维护好单位的形象。

3.情感目标

培养耐心细致的工作态度和热情服务、谦虚谨慎的职业素养。

任务情境

情境1:

上午8:00,刘秘书正在打一份文件,两位中年男子走进了办公室。刘秘书马上停下手中的工作,面带微笑地起身问候。对方是远大公司的高级工程师,约好今天下午和总经理面谈业务。刘秘书如何接待这两位来访者。

情境2:

上午9:55,赵先生来到了刘秘书的办公室,他和徐总经理约好10点见面。而此时总经理正与另一位重要客人热烈地交谈着,会客室里不时传来两人爽朗的笑声。刘秘书应该如何处理这种局面。

情境3:

下午4:00,两位预约的客人刚刚到,另一位重要客户却突然急匆匆地来到办公室,要求马上见到徐总。刘秘书如何接待处理。

想一想,试一试:

接待工作是办公室行政管理的一项常规性工作和任务,它关系到企事业单位工作的正常运行和企业形象,也是文秘人员经常遇到的常规性事务。面对上面提到的几种情况,文秘人员应当如何应对?假如是你,你会如何处理上面这些情况?

任务指引

一、接待的类型

(一)有约来访与无约来访

(1)有约来访接待:是指对事先约定好的个人或团体来访的接待,有关人员或部门都已事先做好准备,不会与其他工作发生冲突。

(2)无约来访接待:是指对那些临时出现的来访者的接待,有关人员或部门事先没有准备,需要灵活而妥善地处理。

(二)个体来访与团体来访

(1)个体来访接待:是指对单个来访者(包括随行者)的接待,办公室文秘人员每天日常接待工作中接触最多的是这种接待,发生的频率很高,其中特别要注意处理好那些无约的个体来访。

(2)团体来访接待:是指对以团队形式的多人来访的接待,如商洽、考察、参观,这种来访一般事关重大,而且多为事先有约,需要精心做好接待准备。

二、接待的标准

正确使用接待工作中的规格,是搞好接待工作的重要环节。来访的客人,由哪位领导陪同,采取哪种规格接待,很值得负责接待工作的人员研究。接待规格过高,会影响领导的日常工作;接待规格过低则影响相互之间的关系。一般有三种接待规格:

(一)高格接待

高格接待是指陪客比来宾职务高而采取的一种接待方式。它有三种形式:

(1)上级领导派一般工作人员向下级领导口授意见或要求,下级领导要高格接待,出面作陪。

(2)兄弟单位或协作单位的领导派人到本单位商量重要事宜,本单位领导要出面,高规格接待。

(3)下级人员上访,有重要的事情向上级领导汇报,要高格接待。

(二)低格接待

低格接待是指陪客比来客职务低而采取的接待形式。它有三种形式:

(1)上级主要领导或主管部门领导来本地视察,了解情况或做一些调查研究,这种接待采取低格接待。

(2)外地参观学习团和旅游团的接待工作只需采取低格接待。

(3)老领导故地重游或上级领导路过本地只需采取低格接待。

(三)对等接待

对等接待是指陪客与客人职务、级别大体相当而采取的一种接待形式。它有两种形式：

（1）重要的来访者，负责接待的领导自始至终地陪同。

（2）来客初到和临别时对等接待，中间可以请适当的人员陪同。

总之，接待工作的规格问题，对负责接待工作的人员来说，是一个很值得认真考虑的问题。对来访的客人，以哪种规格接待，应认真地加以考虑，切不可草率行事，否则将会造成严重的后果。

三、接待的步骤程序

日常接待工作是文秘人员的工作职责之一，任何来访的客人都不能直接去找要见的人，都要与秘书人员进行接洽。面对来访的客人，秘书人员首先要甄别客人，做好"过滤""分流"工作，让已经预约好的或有接待必要的客人及时得到接待，而把没有必要接待的客人客气地劝回，以免影响领导及其他人的工作。下面介绍有约接待与无约接待的具体程序。

（一）日常有约接待工作

有约接待的步骤程序：迎候客人—引导客人—礼貌送客。

1. 迎候客人

对于依约前来的客人，文秘人员要提前做好接待的准备。客人来到后，由于对其身份和来访目的比较清楚，接待时不需过多询问，应以站立姿态面带微笑主动问候。如："王经理，您好！张总正在办公室等您。"

如果来访的客人在约定的时间到达，文秘人员应当立即通知被访者；

如果来访的客人比约定时间来得早，而被访者不能马上接待，文秘人员应当请客人到办公室或会客区稍候，引导其入座，款待以茶水、饮料等，递送书报或公司宣传资料，或轻松地与客人交流，使其不被冷落；

如果客人到来时，文秘人员正在接打电话、打印文件、查找资料等，应当以礼貌的手势向客人点头示意，请客人稍候，然后迅速放下手里的工作接待客人。

2. 引导客人

客人如约到访后，文秘人员应当及时用适当的方式通知被访者，使其有所准备，尽快处理完手中的事务，准备接待来访的客人。然后，文秘人员应当礼貌地引导客人前往被访者办公室。

文秘人员引导客人时，一般要先向客人指示前行的方向，然后在客人左前方一步左右的位置引导；上楼梯时，文秘人员应当请客人先行，自己走在客人左后方。

如果乘无人服务的电梯，文秘人员应当先进后出，在电梯中按住开关请客人进入或走出；如果乘有人服务的电梯，文秘人员要后进后出；进出门时，文秘人员要主动为客人开门，并请客人先行；走旋转门时，文秘人员不要与客人走同一扇门。

引导途中，文秘人员可与客人适当地寒暄、交谈。文秘人员引导客人来到领导办公室门前，一定要先敲门，经允许后方可进入。进入接待场所后，文秘人员要为初次来访的客人和己方领导作介绍。首先把己方领导介绍给客人,介绍时要注意说清双方的姓名和职务。介绍后引导客人入座,再去泡茶。在给客人送茶时应双手递茶并说:"您请用茶",还要随时注意客人茶杯里是否有茶,及时添加茶水。对于吸烟的客人要准备好烟灰缸,然后微笑点头后轻轻退出。

3.礼貌送客

来访客人将要离开的时候,文秘人员可以提醒和帮助客人拿好自己的东西,主动为客人取拿衣帽等物品,为客人开门等。送客时可以根据接待的规格将客人送至电梯间、单位大门口或将客人送上车。送客人到电梯间时,要为客人按电梯按钮,在电梯门关上之前与客人道别。如果送到大门口,要一直等到客人所乘坐的汽车开出视野后再转身回去。

(二)日常无约接待工作

无约接待的步骤程序:了解来意—分流处理—礼貌送客。

1.了解来意

首先要面带微笑地去主动问候来访者,不能因为对方没有预约而不理不睬,或者冷言相对。其次要尽快了解来访者到来的目的和内容,根据客人到来的不同目的而做出不同的处理。

2.分流处理

对于无约来访的客人,我们首先提倡预约的原则,根据客人来访目的和事态的轻重缓急安排预约。如果客人来访的事态重要紧急,则要灵活处理;如果事情是秘书职权范围内的事项,文秘人员应设身处地地为客人着想,及时处理,确保顾客满意,不可怠慢、不负责任。如果客人到来,执意要见某一领导,而客人来访的目的又是合理正当,文秘人员要为客人安排约见领导,如果领导不能及时接见客人,应向客人道歉,为客人重新安排预约;如果客人到来的目的不明、动机不纯、企业不欢迎,或者领导不愿意接见的客人无约而来,文秘人员要灵活机动地替领导挡驾。

对于那些领导不愿意接见的客人,可以采用善意的谎言,告诉他领导不在,并且短时间内不会回来,如果他有什么要求可以告诉自己,等领导回来后,一定替他及时转达,尽快给对方回复。

文秘人员在日常接待的过程中也会经常碰到一些拉赞助、搞促销等不受欢迎的客人,接待这部分客人,文秘人员应礼貌、耐心,可以旁敲侧击地告诉他公司的实际状况决定了双方没有合作的可能,领导不可能见他。如果有时间还可以诚恳地提出一些建议,礼貌送客。

3.礼貌送客

对于无约而来的客人,不管我们是不是满足了顾客的要求,当客人离开的时候都要对他们的到来表示感谢,对自己的不足之处深表歉意,笑脸相迎,微笑相送。从而确保顾客满意,塑造组织良好的形象。

妙招提示

情境演练：

1.演练的场景介绍

一位和公司有多年交情的李经理,作为商务代表,约好了今天十点钟来公司,洽谈有关收购公司的事宜。现在他提前十分钟来到了公司,秘书却告知他,要推迟约见,请演示秘书接待的情景。

2.角色分配

武汉尚潮服饰公司总经理李某;

武汉尚潮服饰公司总经理秘书小王;

武汉诗曼时尚服饰公司总经理马某;

武汉诗曼时尚服饰公司前台秘书欧阳。

3.道具准备

茶杯若干、茶水、公司宣传图册、会议室、接待室、桌椅若干。

服装:工作人员要穿整套的工作装,注意着装方面的礼仪。

4.场景演练

武汉诗曼时尚服饰公司前台

上午九点五十,武汉尚潮服饰公司总经理李某及其秘书小王、人事部经理周某应约来到武汉诗曼时尚服饰公司。

秘书欧阳(微笑):您好,请问我能为您做些什么吗?

小王(李总秘书):您好,我们是武汉尚潮服饰公司的,这是我们李总(手指引着李总的方向),这位是我们公司人事部经理,我们李总与贵公司马总是多年的朋友了,今天代表我公司应约来与贵公司商讨有关合作事宜。

秘书欧阳:好的,稍等,我查看一下。(等片刻)不好意思,是这样的,我们马总与各位预约的时间是十点,但是由于临时有事情,正在与公司的几位负责人开会,所以请各位先到接待室稍坐片刻,等会议结束,我马上带你们去见马总。

李总:好的,不客气。(随秘书进入接待室坐下)

秘书欧阳:李总(递水,然后递上公司的宣传图册),这是我们公司的宣传图册,您可以稍微看一下。

李总等人:好的,谢谢,(大致看了一些之后)你们的宣传做得不错,值得借鉴。

秘书欧阳:谢谢夸奖。各位在此先休息片刻,有事情可在前台找我。(退出接待室,带上门)

武汉诗曼时尚服饰公司会议室

马总:各位主管把公司的各方面情况简单地汇报一下吧!

销售部李:是这样的,这段时间我们公司的销售量……

人事部陈:公司最近准备裁员一部分……

公关部陈:这个季度,公司的公关工作做得还不错,顾客投诉……

二十分钟之后(接待室)

李总:小王,你去看一下,怎么还没开完会啊。

小王:(来到前台)打扰一下,我们今天时间也比较紧,所以想问一下,你们经理什么时候能见我们呢?

秘书欧阳:不好意思,让你们久等了,我再去看一下,您稍等。(进会议室,然后出来),各位,我们经理会议已经结束了,马上出来。

马总:(出会议室)哎呀!李总,实在不好意思,让各位久等了,来,进来说。

李总:好的,我们先谈正事,再叙旧……

马总:好,那就说正事,关于我们两家公司合作的事情,我们刚才经过讨论,再一次确定了一些细节问题,现在就再说说这些问题……

(双方讨论中)……

提示:上司正在办公室会客或开会时,秘书可借用送茶或添茶的时机向上司转达信息,可写小纸条或在领导耳边轻声地汇报。如果是公司的紧要事情也可直接请领导离开。

任务实施

以小组形式(4人一组)进行抽签,以表演情景剧的形式完成对应的某个情景任务。情景剧内容要包含具体的工作步骤、注意事项及相关礼仪要求。

任务完成PK

	分工明确 10分	情景工作步骤清晰 10分	任务解决合理 10分	礼仪礼节得体 10分	秘书创新表现 10分	总分
第一组						
第二组						
第三组						
第四组						

拓展任务

1.任务情景:周秘书正在清理桌上的文件,忽然看见一位客人径直朝总经理办公室走去。周秘书赶紧叫住他。客人说:"我是你们徐总的初中同学,上周我还跟他打过电话呢。"周秘书说:"对不起,请稍等一下。"边说边快速翻了下预约登记,发现对方没有预约。周秘书马上用电话跟徐总经理联系,徐总经理表示:"这个人我不想见,你帮我挡一下。"周秘书怎样处理这件事。

2.如果是团体来访,应该如何接待?

知识链接

会客礼仪

一、交换名片礼仪

来访者、男性、身份低者先向被访者、女性、身份高者递名片，而后者在接到名片后应回赠自己的名片。

双手食指和拇指执名片的两角，文字正向对方，一边自我介绍一边递过名片。对方递过来的名片，应该用双手接过，以示尊重和礼节。如果双方差不多同时递过名片，自己的应从对方的稍下方递过去，同时以左手接过对方的名片。

如果是坐着，尽可能起身接受对方递来的名片；辈分较低者，率先以右手递出个人的名片；到别处拜访时，经上司介绍后，再递出名片；接受名片时，应以双手去接，并确定其姓名和职务；接受名片后，不宜随手置于桌上。经常检查皮夹，不可递出污旧或皱折的名片；名片夹或皮夹置于西装内袋，避免由裤子后方的口袋掏出；尽量避免在对方的名片上书写不相关的内容；不要无意识地玩弄对方的名片；上司在时不要先递交名片，要等上司递上名片后才能递上自己的名片。

二、介绍礼仪

在为他人做介绍时，介绍的顺序非常重要。根据规范，必须遵守"尊者优先了解情况"的规则。在为他人做介绍前，先要确定双方地位的尊卑，先介绍地位低者，后介绍尊者，可以使位尊者优先了解位低者的情况，在交际应酬中掌握主动权，以示对地位高者的尊重。

根据这些规则，为他人做介绍时的顺序大致有如下几种情况：

将男性介绍给女性；

将年轻者介绍给年长者；

将职位低的介绍给职位高的；

将客人介绍给主人；

将晚到者介绍给早到者。

三、握手礼仪

握手时，距对方约一步远，上身稍向前倾，两足立正，伸出右手，四指并拢，虎口相交，拇指张开下滑，向受礼者握手。

掌心向下握住对方的手，则显示出一个人强烈的支配欲，无声地告诉别人，他此时处于高人一等的地位，应尽量避免这种傲慢无礼的握手方式。相反，掌心向里握手则显示出一个人的谦卑和毕恭毕敬。平等而自然的握手姿态是两手的手掌都处于垂直状态。这是一种最普通也最稳妥的握手方式。

戴着手套握手是失礼的行为。男士在握手前应先脱下手套，摘下帽子。女士可以例外。当然，在严寒的室外也可以不脱。比如双方都戴着手套、帽子，这时一般应先说声："对不起。"握手时双方互相注视，微笑，问候，致意，不要看第三者或显得心不在焉。

除了关系亲近的人可以长久地把手握在一起外，一般握两三下就行。不要太用力，但漫不经心地用手指尖"蜻蜓点水"式握一下也是无礼的。一般要将时间控制在三五秒钟以内。如果要表示自己的真诚和热烈，也可较长时间握手，并上下摇晃几下。

长辈和晚辈之间，长辈伸手后，晚辈才能伸手相握；上下级之间，上级伸手后，下级才能接握；男女之间，女方伸手后，男方才能伸手相握；当然，如果男方为长者，遵照前面的说法。

如果需要和多人握手，握手时要讲究先后次序，由尊而卑，即先年长者后年幼者，先长辈再晚辈，先老师后学生，先女士后男士，先已婚者后未婚者，先上级后下级。

应当强调的是，上述握手时的先后顺序不必处处苛求于人。如果自己是位尊者或长者、上级，而位卑者、年轻者或下级抢先伸手时，最得体的就是立即伸出自己的手，进行配合，而不要置之不理，使对方当场出丑。

岗位任务三

接打电话

学习目标

1. 知识目标

掌握接打电话的技巧以及接打电话礼仪。

2. 能力目标

能礼貌、准确、高效地接打电话，维护好单位的形象。

3. 情感目标

培养耐心细致的工作态度和热情服务、随机应变的工作作风。

任务情境

总经理室电话铃响，秘书小刘抓起听筒报了一声"喂"，对方便说："请老王听电话。"该公司的总经理就姓王。小刘不敢怠慢，赶紧把听筒递给了他。王总经理刚一开口，对方便是一顿责怪。王总经理觉得奇怪，便询问对方的身份。一番口舌之后，才明白这是一场打错电话所造成的误会。事后，王总经理狠狠地批评了小刘。

想一想，试一试：

上面情境中秘书小刘的做法对吗？如果是你，你该如何接打这个电话。办公室电话的接打有什么方法和技巧？

任务指引

在秘书人员的日常工作中，绝大多数情况都应该是秘书人员亲自接听电话，按照电话礼仪的要求，需要了解和注意以下四个方面：

一、接听及时

接听电话是不是及时，实质上反映了一个秘书人员待人接物的真实态度。接电话的时候,我们提倡"铃响不过三":接听电话以铃响三声之内接最适当。不要铃响很久才接,也不要铃声一响就立刻拿起电话,这样往往会让打电话的人大吃一惊,要给打电话的人一个心理准备时间。电话响第二声接起电话是最合适的。如果因为工作的其他原因在电话铃响三声之后接电话,在接起电话后首先要说:"对不起,让您久等了!"因为特殊原因,致使铃响过久才接,要在和对方通话之前先向对方表示歉意。

二、应对谦和

接电话的应对方面,秘书人员要注意下面四点:

一是主动问候。拿起话筒后,首先向客户问好,然后自报家门。向打电话的人问好,一是出于礼貌,二是为了说明有人正在接听。严禁以"喂"开头问好,而应该是热情而亲切的"您好"。如果对方首先问好,则应立即问候对方,不可一声不吭。至于要自报家门,则是为了让打电话的人验证一下,是否拨错了号码,或找错了人。

规范地自报家门,有两种情况。一种是直拨电话的自报家门,这时候就需要给一个标准的应答语,即:"您好,××(公司名)";一种是分机的自报家门,可以以"您好+部门名称或自己的姓名"报备。

二是用心聆听。在通话过程中,对打电话的客户态度要谦恭友好。尤其在客户来电咨询的时候,更应表现得不卑不亢、热情亲切,也不可以一言不发,有意冷场。对待客户的问题要耐心地听取和认真地讲解。用心聆听,有一些具体表现,比如做一下重要内容,特别是重要数据的记录;经常回复客户的讲话,或者引述客户刚刚讲话的内容。

三是礼貌处理误拨电话。误拨电话是常有的事情,需要耐心、简洁地向对方说明。如有可能,还应给对方提供必要的帮助,或者为其代转电话。不要为此而生气动怒,甚至出口伤人。

四是规范终止通话。当通话终止时,不要忘记向发话人道"再见"。如通话因故暂时中断后,要等候对方再拨进来。对于重要的客户或上级,要主动拨回去。不要扬长而去,也不要为此而责怪对方。

三、主次分明

接电话的时候,要暂时放下手里的工作。如果正在和别人交谈,要示意自己接电话,一会儿再说,并在接完电话后向对方道歉。同时也尽量不要让打电话的客户感到电话打得不是时候。但如果当时确实有非常重要的事情,就要在接到电话后向客户说明原因,表示歉意,并再约一个具体时间主动打过去。而且在下次通话开始的时候,还要再次向对方致歉。

当两部电话同时响起,或者在接听电话时,恰好另一个电话打来,要向正在通话的客户简短说明原因,请对方不要挂电话,稍候片刻,再去接另一个电话。接通之后,先请对方稍候,或过一会儿再打进来,也可以留下对方电话稍候打去,然后再继续第一个电话。如果答应给回复电话,通完电话后,就要信守承诺及时回复。对于秘书人员来说不论自己多忙,都不能拔掉电话线、不接电话,或者在接电话的时候以忙为借口敷衍了事。

四、把握通话时间

一般工作场合提倡"三分钟原则"。所谓"三分钟原则"是指打电话时,拨打者应自觉地、有意识地将每次通话时间控制在三分钟内,尽量不要超过这个限定。对通话时间的基本要求是:以短为佳,宁短勿长,不是十分重要、紧急、烦琐的事务一般不宜通话时间过长。

在一些特殊场合,如接到客户投诉电话时,"三分钟原则"不能照搬全用。因为客户打电话肯定是有事情要说,如果客户的事情还没说清楚,服务人员就想着"三分钟原则"而不由自主地表现得心不在焉或者催促结束电话,就反而达不到服务效果了。在电话中要以实际解决客户提出的问题为原则,要求对相关咨询解答业务非常熟悉,而且还要知道相关问题是由哪个部门甚至具体到哪个人可以得到有效答复,并要知道他们的电话号码。自己能解决的,立即答复、解决;自己马上解决不了的,要明确告诉客户一个时间段,在这个时间段内给以明确回复;如果不是自己职责范围内的工作,不能表现出推卸责任的口气,可以说:"为了给您更专业、更有效的回复,我帮您把电话转到××,好吗?实在对不起,"或者说:"为了给您更专业、更有效的回复,我请我们的××给您回复电话好吗?他是负责这项工作的专业人士。请您留一下电话……"

妙招提示

案例分析:

电话接听案例一:

秘书:下午好,这里是总裁办公室,很高兴为您服务,请讲。

客户:您好,麻烦您转一下王家荣王总。

秘书:先生您好,很高兴为您服务,我姓李,请问该怎么称呼您?

客户:我姓张。

秘书:张先生您好,请您稍等,我马上为您转王总。

客户:好的,谢谢。

秘书:张先生,非常抱歉,王总的电话现在没有应答,张先生,需要我帮您向王总留言吗?

客户:好的,你告诉他就说张力来过电话了。

秘书:好的张先生,需要我记录一下您的电话号码吗?

客户:他知道的,你说张力就可以了。

秘书:好的张先生,我已经记录下来了,我一定会尽快转告王总,张力张先生来过电话了。张先生,您还有其他的吩咐吗?

客户:没有了,谢谢你。

秘书:不客气,张先生,祝您下午愉快!张先生,再见。

客户:谢谢。再见。

检讨平时是不是类似这样做：

秘书：您好！

客户：您好，麻烦您转一下孙总。

秘书：稍等……孙总的电话没人接，可能出去了，要不您下午再打一下。

客户：好吧，我下午再打一遍。

秘书：好的，再见。

客户：再见。

电话接听案例二：

接线生：早安，这里是TECH2000，请问您要和谁通话呢？

客户：我想了解贵公司有关办公室系列的产品。

接线生：我帮您转接业务代表。

业务代表：您好，我是汤姆·霍普金斯，请问需要什么服务呢？

客户：我想了解有关贵公司办公室系列的产品，你们有目录可以寄给我吗？

业务代表：当然可以啦，请问您大名是……

客户：我叫马丁·吉蒂，你能寄给我有关各种产品和价格的资料吗？

业务代表：可以的，请问贵公司的名称和地址？

客户：我这里是唐马氏集团，地址在×××，邮编：×××××。

业务代表：对不起，邮地区号是……

客户：×××××。

业务代表：马丁小姐，谢谢您。请问您是怎么找到我们公司的呢？

客户：是在报纸的广告上看的。

业务代表：请问您是对我们所有的产品有兴趣，还是在找某些项目的产品？

客户：我想了解你们所有的产品及价格，如果我能有目录那就太好了。

业务代表：我很乐意提供目录给您，事实上我今天下午会到您的公司附近，我可以把目录直接拿给您吗？

客户：我不急着今天要目录，如果你要来也可以。

业务代表：马丁小姐，我知道您的时间宝贵，我今天下午的时间很弹性，什么时候拜访最好呢？今天下午两点还是四点呢？您认为什么时间最好？

客户：我并不想约时间见面，我只是想先看看目录。

业务代表：没关系，只要您先给我一些资料，让我了解怎么样满足您的需求，也许我可以附上一些样品，让您看看我们的品质，因为您真的无法从照片上看出产品的品质，您同意吗？

客户：有道理，品质当然重要了，事实上价格是我们进货比较大的考量。

业务代表：我有个想法，您可以选出贵公司常用的一些产品，我把几个样品和价格带去给您。根据经验，我们如果越了解你们的需求，我们就越能够处理你们所关心的事。当然，也能提供给您更好的服务，我想我可以花点时间和您见面，就长期来看能节省我更多的时间。

客户：那就请您四点来好了。

任务实施

小组形式(4人一组)以表演情景剧的形式完成上面的电话接打任务,注意接打电话的礼仪与应答技巧。

任务完成PK

	电话接听及时 10分	接听态度谦和 10分	用心聆听电话 10分	正确解决误打电话 10分	秘书耐心细致表现 10分	总分
第一组						
第二组						
第三组						
第四组						

拓展任务

1.王秘书接到张总电话,张总让王秘书通知各部门经理开个紧急会议。

2.王秘书接到推销电话。

3.王秘书正在接打电话,这时来了一位重要的客户。

4.接电话测试。

下面是某企业的电话礼仪测试实例。该企业提供了六个业务电话号码,测试人员随机打了四部电话,其中两个电话都是这样的情景。

情景一:

电话铃响了二十几秒后,有人接起电话"你好",然后就没有声音了。测试人员也没有说话,但在听着电话。大概又过了五六秒,对方"啪"地挂了。

情景二:

电话响了约两声后,有人接起电话:"你好,××公司"。

测试人员:"找一下市场部的李华,谢谢。"

工作人员:"市场部? 错了。""啪"地挂了电话。

另外有一部没有人接。

以下是接电话礼仪测试题,可以对照自己平时接电话的实际表现,做一下评估:

(1)电话一响立即接听或者响过四五声后再从容地接起来。   (   )

(2)如果不是本部门的电话,就没必要理,免得耽误正常的工作。   (   )

(3)如果是其他同事的业务电话,要立即大声喊他来接。   (   )

(4)手头工作实在太忙的时候,可以不接电话或是直接把电话线拔掉。   (   )

(5)如果两部电话同时响起来的时候,只能接一部,另一部不用管它了。   (   )

(6)快下班的时候,为了能更好地解答客户咨询,让客户改天再打电话来。   (   )

(7)接客户电话的时候,要注意严格控制时间长度,牢记"三分钟"原则。   (   )

(8)如果电话意外中断了,即使知道对方是谁也不应该主动打过去,而是等对方打过来。 (　　)

(9)接到打错的电话,不用理会,马上挂掉,不能耽误工作时间。 (　　)

(10)在和客户谈事的时候,如果手机响了,应该避开客户到其他地方接听。 (　　)

说明:如果你有两道以上的题答错了,说明到了要注意自己电话形象的时候了。如果错了四个以上,你的电话形象已经到影响企业形象、公司业务的地步了,改变已经刻不容缓,否则你的企业只能很快更换接电话的人。

以上十道题的答案,全是"×"。可见,接电话的时候一些不在意的小节,在客户看来却是"不耐烦""敷衍"的代名词。

知识链接

电话礼仪

一、重要的第一声

当我们打电话给某单位,若一接通,就能听到对方亲切、优美的招呼声,心里一定会很愉快,使双方对话能顺利展开,对该单位有了较好的印象。在电话中只要稍微注意一下自己的行为就会给对方留下完全不同的印象。

同样说:"你好,这里是××公司"。但声音清晰、悦耳、吐字清脆,给对方留下好的印象,对方对其所在单位也会有好印象。因此要记住,接电话时,应有"我代表单位形象"的意识。

二、要有喜悦的心情

打电话时我们要保持良好的心态,这样即使对方看不见你,但是从欢快的语调中也会被你感染,给对方留下极佳的印象,由于面部表情会影响声音的变化,所以即使在电话中,也要抱着"对方看着我"的心态去应对。

三、端正的姿态与清晰明朗的声音

打电话过程中绝对不能吸烟、喝茶、吃零食,即使是懒散的姿势对方也能够"听"得出来。如果你打电话的时候,弯着腰躺在椅子上,对方听你的声音就是懒散的、无精打采的;若坐姿端正,身体挺直,所发出的声音也会亲切悦耳,充满活力。因此打电话时,即使看不见对方,也要当对方就在眼前,尽可能注意自己的姿势。

声音要温雅有礼,以恳切的话语表达。口与话筒间,应保持适当距离,适度控制音量,以免听不清楚、滋生误会。或因声音粗大,让人误解为盛气凌人。

四、认真清楚地记录

电话记录既要简洁又要完备,有赖于"5W1H"技巧。所谓"5W1H"是指:①When(何时)②Who(何人)③Where(何地)④What(何事)⑤Why(为什么)⑥How(如何进行)。在工作中这些资料都是十分重要的。对打电话、接电话具有相同的重要性。

五、挂电话前的礼貌

要结束电话交谈时,一般应当由打进电话的一方提出,然后彼此客气地道别,应有明确的结束语,说一声"谢谢""再见",再轻轻挂上电话,不可只管自己讲完就挂断电话。

岗位任务四

信件处理

学习目标

1. 知识目标

掌握信件处理的一般要求。

2. 能力目标

熟练掌握信件处理的大致步骤和一般要求,科学有效地做好此项工作。

3. 情感目标

培养耐心细致、科学严谨的文秘职业素养。

任务情境

秘书小刘一天接到如下信件:一封注明总经理亲启的信件、一封总经理信用卡账单信件、各部门订阅的报纸杂志、一封征订某商业杂志的信件、一封召开商业洽谈会的邀请函,一封总经理 EMS 信件。

想一想,试一试:

办公室的邮件处理,是办公室文员的一项经常性工作。如果你是秘书小刘,要如何科学高效地处理这些信件?

任务指引

一、处理信件的大致步骤

秘书部门处理日常信件,大致步骤为:分拣、拆封、分送、阅看、登记、复信、查对、寄发。

二、处理信件的一般要求

（一）分拣

秘书部门要将每天收到的大量邮件分拣成四种类型：①电报②信函、通知③印刷品、包裹④报纸、杂志。

秘书主要是处理、办理公务的电报、信函、通知等文件。私人信函、报纸杂志及包裹，只需准确地分送有关部门或人员即可。

（二）拆封

秘书不能拆开写明"亲启"或标有"机密"记号的信件，除非被授予这种权力。如果被无意拆开，应立即封上信口，并在信封上注明"误拆"，签上拆信者的姓名，尽快地交给收信人。秘书拆信时注意不能损坏信封内信笺和其他内附件，取出信笺后，再检查一下信封内有无遗漏（如单据、照片等），并对照信上注明的附件进行查对，如有缺少，应在信笺上注明。信笺应平整铺开，连同附件一起钉在信封上。信封不能丢掉，以免有粗心的来信者不写回信地址或来信连信封上也未标明地址，只能从邮戳上查明来信的地名。秘书还应在信封上注明收到的日期。

（三）分送

秘书要将已分拣好的信件，分送到各有关部门和有关人员手中。重要的电报和信件应放在其他信件上面，以便收信人先行阅读。

（四）阅看

有些秘书受权替领导阅看信件，并注出信件中的重点部分。秘书可用红笔或铅笔画出信件中重要句子，或在信末、页边空白处写明要点。秘书还应提供给领导复信时必要的参考材料，包括已归档的来往信件。如果一封信需要几位领导阅办，可按常规程序周转，或是分送复印件。

（五）登记

重要信件必须登记，登记的项目有：收信日期和时间，发信日期、发信人姓名、单位和地址，内容摘要，处理人、处理方式和日期。一般咨询性信件或通知之类，可不登记。

（六）复信

秘书按领导批示写回信，或受权替领导复信，内容应针对来信的要求，或是回答问题，或是提供资料，或是联系有关事项，均应尽可能给予确切满意的答复。如不能解决，也要说明理由，或提示解决问题的其他途径与方法。复信的文句应简明扼要，注意礼貌；不必添枝加叶，也不能虚言搪塞。信件的书写或打印格式要正确，整洁无误。如按领导批示书写的复信，须经领导签发。

（七）查对

复信寄发之前，必须认真查对。查对的项目有：

（1）信笺上收信人姓名与信封上是否一致，收信人单位地址或信箱号码、邮政编码有无差错；

（2）签名、用印是否正确清晰；

（3）信封上的邮件标记（如"机密""亲启""急件""航空""挂号"等）是否正确无误；

（4）附件是否齐全，是否已在信笺上标明。密件要有密封，包裹要捆绳结实，包纸牢固，体积不超过规定。

（八）寄发

在发信前，秘书应注意正确地书写或打印信封内容。信笺折叠装入信封时，直写式信笺可用我国传统的折叠法，收信人姓名显露，一抽即见。横写式信笺一般采用三折法或两折法，同时注意折叠后的信笺应比信封小（一般上下左右各小 1 厘米），以免收信人拆封时将信笺损坏。如有小张附件，应包裹在信笺内，便于收信人发现。信件发出时，秘书应将不同性质的信件分开（如本地、外地、平信、挂号），交给收发人员或直接交付邮局。发出的重要信件同样要做登记留存，或摘要留档；如果寄出的是影印件或复印件，原件则应归档备查。

妙招提示

案例分析：

某公司的秘书小王上班后，从传达室取回当日的各种信函、邮件。有一封标注总经理亲启字样的信函，有一封反映下属工厂管理混乱，财务不清的信函，但内容较长，条理不清，还有一封是举报某部门经理挪用公款的信函。

请你利用学过的知识来处理这些信函。

解决方法提示：秘书不应拆领导的私人信函，应将第一封直接送交领导。对内容重要、表达不清的信函要实行摘报，因此第二封信应采取摘报的方式。第三封信函反映的问题重要，内容又不易扩散，应采取批转的方法，先交总经理批示，再交有关部门领导查处。

任务实施

以小组讨论的形式替秘书小刘拿出一个处理这些邮件的最佳方案并进行操作演示。

任务完成PK

	信件处理步骤完整 50分	信件处理科学合理 20分	操作演示步骤清晰 20分	体现耐心细致的工作态度 10分	总分
第一组					
第二组					
第三组					
第四组					

拓展任务

1.领导出差或不在单位时信件该如何处理?
2.怎样管理好自己的电子邮箱?

知识链接

邮件的寄发与电子邮件的处理

一、邮件的寄发

(一)邮件寄发程序

发送邮件的工作程序有:

(1)做好邮件的准备和核对工作。信函起草完毕后,秘书应该按照正确的格式进行打印,并保证字句、用词及标点的使用正确,同时核对附件等是否已装好。尽量保持信件的整洁、清楚,防止疏漏,确保附件的准确、齐全。

(2)提请上司签发邮件。秘书发出的邮件必须经过上司签字之后才能生效。秘书要做的工作是将需要上司签发的信函准备好后,在恰当的时机送上司签字。除紧急的信件必须立即请上司签字之外,一般的信件可以集中在一起,找一个方便的时间统一请上司签字。

(3)邮件的装封与折叠。邮件装封之前,秘书应该注意将信纸上的小夹子或其他装订用具取下。信纸的折叠应该根据信封和信纸的规格而定,以A4规格的复印纸为例,装入邮局标准规格大小的信封中。

(4)查对收信人的相关信息。邮件装封时,要对所发邮件进行查对,检查信封上的收信人姓名、地址与信笺上的收信人姓名、地址是否一致。

(5)将邮件分类。邮件要按各类信件、包裹等分类,快件应立即处理,大宗的信件可以捆扎。

(6)做好登记。对重要邮件在发送前先要在登记册上登记。

(7)要了解邮政方面的规章制度和寄发时间,选择适当的邮寄方式。

(二)邮件的签字

许多邮件在写好以后需要领导签名,领导的亲笔签名会引起对方对邮件内容的格外重视,甚至有人在收到信后还会确认是否有领导签名。因此,请领导在信件上签名是一件不可忽视的事情。

(三)查核邮件

在邮件封装寄发之前,需要仔细查核邮件。查核的内容包括:一是查核附件,二是查核信封、信皮。查核附件要注意全部附件是否齐全、正确。查核信封、信皮要注意检查:格式是否正确;姓名、地址、邮编是否正确;标记是否注明。标记有两种类型:一种是邮件性质标记,如"私人""保密"等;另一种是邮寄方式标记,如"挂号信""特件"等。

（四）邮件的封装

查核完毕的邮件折叠装入信封后，要仔细封好开口，并贴上邮票。这一环节的工作需要注意：给邮票和封口上胶水时，要同时使用吸湿器，吸湿器能吸干过量的水分，以免粘污信封；不要用舌尖去舔信封和邮票，这样做既不卫生又不保险。

（五）邮件的寄发

如果邮件的数量和种类都较多，可以先对邮件进行汇总并分类，如境内平信、国际航空、特快专递等，因为不同的类型往往意味着不同的寄发要求，分类能够帮助秘书人员很好地按要求处理邮件。

邮件的寄发可以采取多种方式，如果时间充裕，一般通过所在地邮政服务机构邮寄。如果时间紧迫，可以采取其他的快速传递方式，如：电子邮件、传真、电传、电报等。

二、电子邮件的处理

电子邮件已经成为我们日常工作生活中很重要的一个环节，我们每天有很多知识、信息、联系都是通过电子邮件来实现的。但随着邮件的增多，它也逐渐成为主要的时间杀手之一。因此，如何妥善地处理收到的邮件，获取有用的信息，同时节省花费在电子邮件上的时间，便成为一个极为重要的问题。

（一）将邮件处理作为日程的一部分

处理邮件经常会破坏工作思路，如果看到邮件来了便立刻回复，虽然不会造成邮件的堆积，但是会严重影响工作的进行。可以设置一个固定的时间来处理邮件，一天两次或者三次，具体的时间和次数最好视自己的日程安排而定。按照工作习惯，将邮件处理放入自己的日程表中。

（二）减少邮箱的数目

可能你为了不同的用途采用了多个邮箱，这为你带来了一定便利，但也在一定程度上增加了你的负担。尽量减少自己的邮箱，保留最常用的一两个即可。寻找一个适合自己的邮件工具，看看它的哪些功能适合自己，这样可以减少邮箱数目。

（三）尽量不在打开电脑时检查邮件

也许你有打开电脑之后马上检查邮件的习惯，有没有控制这个的必要当然还是看你的个人喜好。不过一日之计在于晨，最好是利用早上这段精力旺盛的时间做一些其他工作，可以提高自己的工作效率。

（四）尽量不去设置邮件提醒

很多以前觉得有道理的事情，现在看来并不像我们想象得那么好。就像邮件提醒这个功能，更像是给没有查看邮件习惯的人提供的。如果你能够每天定时查看自己的邮件，那么你大可不必设置邮件提醒功能。无论是提示音或桌面上出现的"新邮件"，都会分散我们的注意力。好奇心会驱使我们去打开邮件，去了解里面的内容。如果不是注意力超级集中、自控能力很强的人，建议还是不要设置邮件提醒。

（五）阅读邮件之后马上处理邮件

处理邮件的过程中，可以使用GTD当中倡导的"两分钟原则"。收件箱中，我们只要保证邮件当中的信息已经被我们获得了就行。如果是需要回复的邮件，马上回复；如果是含有链接的邮件，使用收藏夹或者其他工具保存有用的链接，或者用其他工具保存其中的信息。总之,无论是回复、删除还是用其他处理方式,我们都应该马上进行。

(六)使用自动回复

可能你的很多邮件内容相似,需要回复的信息也相似,在不影响形象的前提下,可以使用自动回复。也许有人觉得使用自动回复是对别人的不尊重,你可以在末尾注明这是一封自动产生的邮件,如需人工回复可以发送邮件到某某邮箱。自动回复的速度非常快,可以让对方省却人工回复的漫长等待时间。

(七)使用邮件的标签以及过滤功能

这是很重要的一个方面,很多邮件客户端工具都有这些功能。善用这些功能,一方面使你能够更有条理地管理邮件,使用一个邮箱同样可以达到原来多个邮箱的效果;另一方面,可以使你今后查找邮件更加方便,减少无谓的时间浪费。

(八)每天清空你的邮件收件箱

如果你的邮件比较少,那么你可能会觉得没什么。但如果比较多的话,几天的时间邮箱里的邮件便会多得让你处理起来无从下手。保持每天清空的习惯,可以让你在处理第二天的邮件的时候更加从容,让邮箱使用更加合理。

岗位任务五

领导公务活动安排

![学习目标图标] **学习目标**

1. 知识目标

了解领导公务活动安排的内容和方法。

2. 能力目标

能科学合理安排、辅助领导进行公务活动。

3. 情感目标

培养耐心细致的工作态度和科学严谨的工作习惯。

任务情境

9月份王总的日程内容有：金鼎公司的重要合作伙伴鲲鹏有限公司的张总下周要到公司与王总进行项目合作洽谈；王总9月20日要到外地出差，出席一个在上海举行的新产品展销订货会；王总月末准备到公司几个部门进行现场视察；后天王总与一个客户有个重要约会。这些事项需要秘书小刘进行提前安排。

> **想一想，试一试：**
>
> 在办公室日常管理工作中，合理安排领导的公务活动，如会见、会谈、宴请、礼仪性拜访、公务差旅、视察学习、参观访问等是行政秘书的重要工作之一。小刘将如何安排领导的这些活动？

任务指引

一、领导公务活动日志

日志是根据周计划表写出的一天时间内组织领导活动计划，一般分为两种类型：即纵横两种方式。所谓纵,是以时间为线索,上班开始到下班为止,整个过程中什么时间应做什么事,按照顺序排列,属于领导必做的作为主线,安排的时间应在领导精力充沛时。所谓横,是指事务。每一项事务都应该设定处理所需要的时间,将一些重要的事务工作马上安排,请领导完成。

在日志上记录事情的时候应该注意的问题:

(1)写字要用黑色水性笔,尚未联系妥当的约会可以先用铅笔记载,待约定之后再用水性笔描一遍;

(2)记载时间、联系人姓名、地点以及其他有关内容,要尽可能简单而全面;

(3)记载社交活动,要注意招待会或酒会的时间——"18:30 动身赴 19:00 的酒会"——以及穿着方面的任何应特别注意的问题;

(4)一天的活动安排,应按时间先后记载;

(5)每天开始,要先为当天的所有活动做好必要的准备工作,如:为会议和约会准备好文件和档案材料;

(6)每天工作结束,要仔细检查每个日志,看所有项目是否都已处理,所有约会是否都已赴约。

二、领导日程安排的内容

领导日程安排的内容是把领导或组织每月、每周、每天的主要活动纳入计划,并下发给组织相关单位或部门。

领导或组织日常工作安排一般涉及以下内容:

(1)各种接待、约会。包括接待或会见本单位员工、外单位来宾和国外的来宾。

(2)商务旅行活动。当前各组织领导特别是企业领导经常到各地、各国去联系合作事宜,进行市场调研和参观学习。

(3)参加各类会议。各类组织都会经常举行不同类型的会议,领导部署重要的任务,或听取员工的建议,或组织各类表彰会议,等等。

(4)到车间进行实际检查或指导。优秀的企业家都注重及时了解本组织的生产、营销、资产运算等方面的情况,这离不开亲自去做市场分析、产品分析、资产分析等过程。

(5)组织的各类重大活动的安排。重大活动领导要出席,有的还要进行讲话或活动等。

(6)领导私人活动的安排。在西方国家,包括日本,秘书一般都要对领导的私人生活进行安排。比如何时去休假,替领导安排好接待领导私人亲朋的日程表等。

三、领导日程安排的方法

(一)为领导的活动做好预先安排

月安排。记录好领导一个月的日程安排,一般在上月底或是当月初安排好工作计划。月安排活动一般比较粗略,以常规性工作为主,也有年度计划中的活动。

周安排。一般是在月安排的基础上做出的,就是对领导一周的公务活动进行安排。周安排计划是逐日实施的,应准确无误,力争不改动或少改动。

日志。各种临时性活动等。

（二）安排领导活动的方法

制订计划。包括活动的时间、地点、活动内容、参加人数、参加人员名单和要求、活动的经费、车辆调配等内容。

做好协调。有些重要活动需要事前把有关单位的领导（或负责人）请来，开好协调会。要向各单位讲清任务，提出要求，明确责任，分头落实。对各单位的工作人员要明确提出到达岗位的时间，尤其是一些有重要任务的单位，如新闻单位，千万不可迟到。

察看现场。凡重要活动必须查看现场，千万不可只在电话中落实，也不可只根据有关单位报来的材料纸上谈兵。有关工作人员要亲自到现场看一看，到领导要去的路线走一遍，到劳动现场转一转。对行车道路是否畅通，是否会停电等，都要考虑周全，做好充分的准备，做到万无一失。

（三）日程安排的原则

统筹兼顾、安排规范、效率原则、突出重点、留有余地、适当保密、事先征得有关领导的同意。

（四）安排领导活动的技巧

安排、精简领导的活动，是一项比较繁杂的工作，只讲原则而不讲灵活不行，只灵活而无原则更不行。为领导排出的公务活动日程表，可能随时发生变更，秘书人员不可以墨守成规，应根据先重后轻、先外后内的原则，随机应变，做出适当的补充和更改。更改的内容应尽量提前通知上司，让上司做好准备，以免措手不及。

四、安排领导约会活动

（一）约会安排的原则

（1）配合上司的时间表。

（2）分清轻重缓急，要事第一原则。分清主次，重要紧急的约会安排在最近的时间；重要而不紧急的约会，稍缓安排；不重要不紧急的约会推后或取消。

（3）预约优先原则。如单位每周一下午召开领导办公会议，办公室在安排领导活动时就要注意不要在这一时间安排其他工作。

（4）酌情弹性处理，留有余地原则。远期的约会，时间不应该定得太死板，以防发生变化。可以大概定一个日期，快到时再去确定。不要把时间安排得太满，要留出适当的空余时间便于领导安排临时性工作，活动之间也要有间隔。如果领导出差或者休假之后回来上班的第一天，一般不要安排会议、约会等活动，以便于处理内部文件和了解部门运转情况。

（5）领导确认。要将约会的时间内容与领导进行及时的沟通确认。

（6）处理好变更的约会。约会一经确定后，除非万不得已，不应该轻易更改。但有时确实存在难以预料的变化，导致安排好的约会不得不变更。尤其是由于己方原因而变更约会，文秘人员更应该妥善处理，一是要尽快通知对方，以免耽误了对方的时间和工作；二是要委婉说明变更的原因，请求对方谅解，并有必要为变更约会而给对方带来的麻烦表示诚恳的歉意。

(二)安排约会注意的细节

(1)不宜安排约会的时间:出差回来当日、周末或假日、临近下班、周一早上周五下午、公司有重大活动的当天。

(2)设计约会安排表,见表1-5-1。

表1-5-1 　　　　　　　　　　　约会安排表

时间	事由	需带资料	参加人员	地点

(3)及早备好所需要的材料,并在适当的时候请领导过目。

(4)特别重要的约会应在接近约会的时间前,与对方再联络,确保约会顺利进行。

(5)约会地点和招待事宜要安排好,如果需会议室、餐厅等要提前预订。

(6)按照需要记录会面的内容。

(7)保留会面人的联系资料,以防取消约会或变更时间的时候通知对方。

(8)及时提醒上司准时赴约(用便签、手机或者电脑、商务通等制定提醒)。

(9)每天上班前核对日程表,以免出现误差。

五、安排领导视察活动

领导外出视察,特别是下到基层单位视察,是领导深入实际、调查研究、督促检查、实施领导的重要方式。领导外出视察,文秘人员一般都要跟随,安排好整个视察活动的行程,并为领导提供综合性服务。

(一)做好视察前的准备工作

计划准备。文秘人员要整理好领导下基层的内容,根据领导授意拟订视察的实施方案和日程安排,具体到时间、地点、要求等,定好随行人员。

交通准备。文秘人员要根据领导的指示确定将要乘坐的交通工具,如乘机、乘船、乘车就要提前订好票,如乘坐单位专车则要做好车辆、司机的安排,提前通知到位。

用品准备。准备好领导视察期间工作需要的各种必要文件、资料等。

(二)做好视察中的随行工作

做好协调工作。与被视察部门相关人员做好沟通,保证整个视察活动能够按计划顺利开展。

做好参谋工作。在如何回答和解决基层提出的问题上,随行的秘书人员应当及时摸清情况,向领导提出意见和建议并做好记录。

做好通报联络工作。将领导的重要活动情况及时通报本机关、单位办公室,并将本机关、单位的重要情况报告给在外视察的领导。

做好生活安排。在视察期间,领导的饮食、住宿等生活安排,无论有无被视察部门的配合,都要细心安排好。

(三)做好视察后的总结工作

通报领导返回情况。视察结束后,文秘人员应当向有关部门通报领导视察返回的情况。

做好文字材料的整理。如领导在视察期间发表的重要讲话、视察期间的各种记录等。

抓好有关问题的落实。对需要落实的有关问题要进行跟踪,进行必要的督促检查,并及时与领导沟通汇报。

清理视察差旅账目。对视察期间发生的差旅账目进行清理,到财务部门核实报销。

做好随行工作总结。对跟随领导视察进行认真总结,必要时形成书面总结材料。

六、安排领导会见会谈活动

(一)选择好地点

会见、会谈的常规地点可以选择领导的办公室或单位的会客室、接待室等。如果是一般客人,可以在领导的办公室接待;如果是重要的客人,可以选择专门用来待客的会客室;如果是身份极其尊贵的来宾,则可以选择档次最高的会客室——贵宾室。接待室则多用于接待就某些专门问题来访的人。

(二)布置好现场

会见、会谈的地点确定后,往往要对室内进行一些必要的布置,特别是与重要的来宾会谈。室内的温度保持在 24℃ 左右为佳,最好用空调来控制。房间内可以放置一些盆花或插花。如果可能,招待贵宾的房间最好面朝南。

涉外会见,如果双方身份相同,可在宾主两侧放置两国国旗,以示庄重。

会见人数较多、会客厅较大时,应当安装扩音设备。

会见时为客人斟上茶水是一种礼节,会谈时间较长,也宜在发言间歇适当斟茶。所以,要准备好茶水和茶具。

(三)安排好座次

如果在会客室、贵宾室、接待室与来宾会谈,双方的具体座次则必须予以重视,稍有失误,就会失礼于人。

安排会见,我国习惯于客人坐在主人右边,译员、记录员坐在主人和主宾后面,其他客人按礼宾顺序在主宾侧座,主方陪见人在主人一侧就座,如座位不够可以在后排加座。

双边会谈通常用椭圆形或长方形桌,主宾相对而坐,以正门为准,主人坐在背向门一侧,客人面向正门,主谈人居中。译员或文秘人员安排在主谈人右侧,其他人按礼宾顺序左右排列。小范围会谈也可以不用长桌,只设沙发,双方座位按会见座位安排。

(四)做好通知

根据被会见人事先提出的要求,主动将会见或会谈的时间、地点、出席人等,和有关事项通知对方。同时,了解和掌握对方参加会见或会谈的人员名单,将会见或会谈的时间、地点等及早通知有关人员和有关部门做好必要的安排。

（五）安排好合影

会见、会谈一般要合影。可以通常安排在宾主见面握手以后进行。合影时一般主人居中，按礼宾次序，以主人右手为上，主客双方间隔排列。一般来说，两端均由主方人员把边。

（六）整理好谈话记录

正式会谈都要作详细记录，重要的会见、会谈活动还应该安排专人进行速记，以保证记录质量。谈话记录应当及时整理，送领导审阅。必要时还可以将记录以备忘录形式送交对方一份。

其他事项还有为己方领导准备对方的各种背景资料和本单位情况的资料，信息资料尽可能齐全提供给领导参考；来宾抵达会见、会谈地点时，宜在大楼门口或大厅迎候并做好引导等。

七、领导差旅安排

（一）了解差旅内容

文秘人员要事先了解领导此次出差的目的和内容。领导差旅目的不同，文秘人员所做的准备也是不一样的。还要了解领导差旅的地点、时间段、大致行程、随行人员等。

（二）订购机票或车票

选择交通工具。预订票务之前首先要选择好交通工具，是乘坐飞机、火车还是乘坐长途汽车或轮船等。选择交通工具时要综合考虑目的地、停留时间、差旅费用、单位规定、个人喜好等因素。

订票。文秘人员订票通常可以采用电话方式，通过订票中心订票，但最好用书信或传真的形式发送，既可以做到有凭有据，又可以避免遗忘。预订车票要详细告知对方出发地点、到达地点、出发日期、具体车次、座位要求等；预订机票要详细告知对方乘机日期、具体航班次、座位要求、目的地、乘机人、姓名及身份证号等。目前飞机票、火车票都开通了网上订票系统，非常方便，文秘人员应当熟悉相关的操作流程与方法。在各个票务联网代售点订票也非常方便。

取票。不管是自行取票还是对方送票上门，文秘人员都要认真核对票面上各项信息确保准确无误。目前，火车票通过网上或电话预订成功后，可以按相关规定在发车前到车票联网代售点或火车站取票。

（三）预订宾馆、房间

确定宾馆档次。文秘人员一是要清楚单位的相关规定，二是了解领导的习惯，三是兼顾业务的重要程度。预订之前还要征求领导的意见再做决定。

获取宾馆信息。文秘人员获取目的地宾馆信息，可以采取查找旅行手册、打电话、咨询旅行社、上网搜索等方式。

进行预订。文秘人员预订宾馆和房间，可以通过旅行社、网络、拨打预订电话等途径。如果单位与要预订的宾馆有经常的业务来往，文秘人员可以直接通过电话等方式与宾馆联系。

预订时文秘人员要提供住宿者的姓名、性别、抵达时间、大概离开时间、房间的类型与特殊要求等,还要询问宾馆的结账时间等要求。预订房间要根据领导的要求,考虑楼层、朝向、设施等因素。房间尽量不在一楼,不临街,有足够的安全保障等。

确定预订。预订房间后,文秘人员一定要拿到宾馆确定预订的传真或其他书面的证明,并将其附在旅行计划或日程表后面,这样才会使领导到达后住宿有保障。

(四)准备资料和用品

出差用品包括必备的文件资料及随身携带的物品,文秘人员可以按类型列出一个清单,请领导过目,以免遗漏。文秘人员需要准备的出差用品一般包括:

(1)文件资料。如谈判提纲、合同草案、协议书、演讲稿、有关讨论问题的信件、备忘录、日程表、产品资料、单位简介、对方相关资料等。

(2)旅行资料。如车(船、机)票、目的地交通图、旅行指南、介绍信、通信录(地址、电话、传真)、对方的向导信函、日历表以及现金、支票等。

(3)办公用品。如笔记本电脑、U 盘、微型录音机及磁带、照相/摄像机、文件夹、笔、笔记本、单位信封及信纸、邮票等。

(4)个人物品。如身份证、信用卡、手机、名片、替换衣物、洗漱用品、急救药品、旅行箱等。

(五)确认接站事宜

秘书人员要提前定好接/送站的人员,确认好接站的具体时间和地点,告知领导所乘交通工具的具体班次,并在领导出行前再次确认,并记好对方的联系方式。

(六)制订旅行计划和提示单

旅行计划的基本内容:

(1)出差的时间、启程及返回日期,接站安排。

(2)出差的路线、终点及返回日期,接站安排。

(3)会晤计划(人员、地点、日期和时间)。

(4)交通工具的选择:飞机、火车、大巴或轿车。要列明飞机客舱种类及停留地的交通安排。

(5)需要携带的文件、合同、样品及其他字样,如谈判合同、协议书、产品资料、演讲稿等。

(6)领导或接待人的特别要求。

(7)领导旅行区域的天气状况。

(8)行程安排,约会、会议计划,会晤人员的名单背景,会晤主题。

(9)差旅费用(现金或支票)。

(七)其他相关工作

1. 做好领导出发时的工作

领导出发前,文秘人员应当安排好送站(机)车辆,事先要问清楚领导是从家里出发还是从单位出发,以便做好时间调整并通知司机;要提前了解当地及目的地的天气情况,如果乘坐飞机是否会有因天气原因延迟的可能;要提醒领导不要遗漏应带的物品。如果必要,文秘人员可以送领导到车站或机场等。

2.做好领导离开后的工作

领导出差离开单位后,文秘人员除要认真做好本职工作外,还应当注意处理好可能积压的由领导处理的事务,如及时整理收到的信件和资料,属于应当由领导亲自处理的要分好类留待领导回来后处理;对领导不在家期间单位发生的事情要做好记录,如遇紧急情况,应随时与领导取得联系。

3.做好与领导同行的工作

如果文秘人员跟随领导出差,特别要注意充分预见旅行中可能出现的情况,并事先做好必要的对策。每到一地,文秘人员除了安排好领导的食宿、约会、交通外,还应当及时了解必要的工作条件,如有无服务中心、房间能否上网、附近是否有邮局或快递公司等,保证领导临时办公的需要。

4.做好领导回来时的工作

当确知领导出差返程的具体时间后,文秘人员要与领导联系确认所乘坐的火车车次或航班班次等,安排好接站(机)车辆,如有必要,文秘人员可亲自到车站或机场迎接领导;领导回来后要向领导汇报其出差期间单位的情况,重要问题立即请领导决定;还要做好领导差旅费用报销等事宜。

妙招提示

完成一份王总 9 月份日程安排表(表 1-5-2),使要做的事情一目了然。

表 1-5-2　　　　　　　　　　　　　月工作计划表

9 月计划表			
日期	星期	事项	备注

任务实施

小组合作,先完成 9 月份日程安排表,再以情景模拟的形式任选一个活动进行具体日程安排的说明和情景演示。

任务完成PK

	日程安排表 科学合理10分	领导约会安排 有序周到10分	领导视察安排 有序周到10分	领导差旅事宜 安排有序周到10分	领导会见会谈 事宜有序周到10分	总分
第一组						
第二组						
第三组						
第四组						

拓展任务

1.总经理王长春下午2点要和业务部共同讨论如何进行某商品在郊区的销售工作,这项销售工作的成败关系到公司今年度的销售预算是否能够达到。下午4点,王总又要和一位客户商洽一笔重要的交易,他希望花一个小时的时间和这个客户谈判,5点结束。但是恰巧当天上午,办公室又收到某一政府单位的临时开会的通知书,开会的时间是下午3点,而且必须由王总亲自参加,通知书上又没有写清楚会议结束的时间。你要是王总的秘书,该怎么办呢?

2.李秘书在一家效益很好的外贸公司工作,他的秘书工作一向很出色。一天,他突然接到了一个日本客户的电话,电话中日本客户很生气地说道:"请问你们经理在不在?我已在××酒店等了你们经理10分钟了,不知道贵公司还有没有合作的诚意!"没等李秘书说话,对方已将电话挂断。李秘书根本不知道经理与日本客户约会这回事,但接到此电话后李秘书已经感觉到客户的不满,于是他立即和经理取得电话联系。原来,经理确实是在上个月的经贸会上与这位日本客户有过口头约会,只是由于他当时很忙,忘记将此事告知李秘书,而自己又忘记赴约。经理很遗憾,也很着急,因为这关系到公司的发展和利益。请问李秘书是否该对此次事件负有责任?若你是李秘书,你又该怎么做才能挽回局面?

知识链接

迎接上级领导检查工作接待方案

2月1日综合计划处将对我厂全面建设进行检查,为全面做好迎检准备工作,特制订如下接待方案。

一、检查时间、地点

(一)时间:1月31日晚上、2月1日下午

(二)地点:机关及基层各单位

二、检查日程

(一)迎检人员在一部门正门迎接检查组,检查组在检查时由迎检人员负责讲解车间

概况。(讲解员:×××)

(二)观看一车间宣传展板。(讲解员::×××)

(三)参观二部门基础设施(引导员×××门厅处迎检)。路线:职工医疗室(卫生员×××)——图书室(门迎××)——职工学习屋(门迎×××)观看书法、绘画才艺展示——职工活动室(门迎×××)——职工服务部(门迎×××)——职工宿舍(迎检时要把房门全部打开)。

(四)召开工作汇报会

(1)地点:三楼会议室

(2)参会人员:一部门、二部门全体领导班子

(3)议程:

①领导主持会议

②介绍检查组嘉宾

③介绍到会领导

④检查组组长讲话

⑤观看汇报专题片(×××负责放映)

⑥主要领导汇报工作

(五)检查内业资料。(每个对口部门确定一名资料讲解人员)

三、组织机构

组长:×××

副组长:×××

领导小组下设四个工作组

(一)陪检工作组

组长:×××

成员:×××、×××、×××

1.外业组

成员:×××、×××、×××

主要职责:

1)主要负责与检查组的信息联络工作。

2)××科工作人员对×××情况进行介绍汇报、陪检。办公室工作人员负责照相、摄像。

2.内业组

成员:×××、×××、×××

主要职责:

负责资料室内业资料解释工作。(要求各部门资料员要熟悉内业资料并认真细致做好资料解释工作)

3.安全保畅组

成员:×××、×××、×××

职责:负责检查组车队的开道工作,道路的安全保畅,检查组的安全警示及车辆停放

工作。负责检查组车辆的引领和沿线安全保畅工作。(赴×××应急绕行线路××路—××桥—××路—×××,返程绕行过境西线)

(二)礼仪引领工作组

组长:×××

副组长:×××

1.车道礼仪:×××、×××、×××

2.院落迎接:×××、×××、×××、×××(着正装或制服佩戴工作牌)

3.院落停车安排:安排×××人员指挥检查组车辆,在×××机关院落引导停放工作(引导员×××)

4.才艺表演写字、四人组合乐队。

(三)会务接待组

组长:×××

成员:×××、×××、×××、×××

工作任务:

1.矿泉水、茶水、照相、摄像等信息采编工作及会场服务工作。

2.参与检查组人员的引领和接待工作。

3.做好检查组司乘人员的接待工作。(接待人员:×××)

(四)后勤保障组

组长:×××

成员:×××、×××、×××、×××

职责:检查组人员的食宿安排、汇报会的会场准备、制作接待手册,应急发电和通信工作,领导交办的其他工作。

1.检查活动车辆安排

接待车为×××、×××、×××(车号)

后勤保障车为×××、×××(车号)

2.确定入住酒店、用餐地点、用餐菜单、酒水

入住酒店房间放置洗漱袋、服务指南(含欢迎词)做好入住入席引领和用餐提醒服务。

岗位任务六

印章的管理

学习目标

1.知识目标

了解印章保管、使用流程和方法。

2.能力目标

能按照正确的程序和方法使用印章。

3.情感目标

培养耐心细致的工作态度和严谨规范的工作习惯。

任务情境

公司销售部职员小张拿来一份工资证明,要办公室秘书小刘盖公司的公章,小刘应该如何处理?

想一想,试一试:

印章是国家行政机关和企事业单位、社会团体职权的重要凭证,也是国家行政机关和企事业单位、社会团体权力的象征,一般由办公室文秘人员保管。严格按照规定使用和管理印章是办公室文秘人员的重要职责。那么,印章要怎样管理和使用呢?

任务指引

一、印章的常识

(一)印章的种类

(1)单位公章。即正式公章,代表一个单位正式署名,具有法定的权威性和现实的证明效力。

（2）钢印。一般加盖在证明性公文或证件上，其位置在持证人相片的右下角，起证明人身份的作用。

（3）领导人署名。即为单位领导行使职权而刻制的个人姓名章，其作用是代替领导人的亲笔签字，与领导人的亲笔签字具有同样效力。领导人签名章有三种：一是按领导人亲笔书写的姓名字样刻制，无边框，多用于重要凭证的签字；二是用楷书、隶书等字体刻制，一般来说方形或长方形，有边框，多用于代替一般签字；三是电子签名章，即通过密码技术对文件的电子形式的签名，作用与手工签名或私人印章相同，目前适用于电子商务领域。

（4）专用章。指为开展某一类专门性业务而刻制的印章，印文除刻有单位名称外，还应当刻有表明专门用途的如"合同专用章"字样。

二、印章的规格

（1）印章的质料规格。现代印章多用橡胶和塑料刻制，另有一种专用于贴有照片的身份证明上的钢印。近年来还有将色油或固定色料热压而成的"原子印"和"渗透印"，无需印泥可连续使用万次以上。

（2）印章的形状规格。现代机关、单位的公章为正圆形，用于其他公务如收发、校对、财务等的印章也有长方形、三角形或椭圆形。领导人和法人代表的印章一般为方形。

（3）印章的印文规格。公章印文应该使用国务院公布的规范简化文字，字形为宋体，自左而右环形排列。

（4）印章的规格。县以上政府机关、法院、检察院、驻外使馆等公章的中心部分刊有国徽图案；党的各级机关印章刊有党徽图案；其他机关和企事业单位公章则刊有五角星图案。

（5）印章的尺寸规格。按国务院规定：国务院的公章直径为6厘米；省、部级政府机关为5厘米，地、市、州、县机关为4.5厘米，其他机关、部门、企事业单位一律为4.2厘米（包括边框）。国务院的钢印直径为4.2厘米，其他单位使用的钢印其直径最大不得超过4.2厘米，不得小于3.5厘米。

三、印章的制发

制发印章必须严格执行国家的有关规定，凡机关或单位的正式印章，一律不得私自刻制。企事业单位和社会团体的公章则由文秘人员持机关或单位介绍信、法人身份证复印件、本人身份证、组织机构代码证复印件至公安部门指定的地方办理刻章事宜。任何机关未经批准不得自行联系刻章，更不得在私人摊贩处刻制印章。印章刻好后，应该派两位责任心强的人持单位介绍信领取。领取印章时，要认真仔细地验收检查，主要是检查印章质量是否符合要求，有无使用过的痕迹。如发现质量不合要求，应该按规定重新刻制。如发现印章已有使用过的痕迹或印章的版面上粘有红色印泥，应该立即到当地公安部门备案查处。印章领取人在接回印章后，要及时向领导汇报，待领导验证后，根据领导的指示交给印章管理人员验收管理。

四、印章的使用

(一)印章的保管

1.专人负责保管

一般情况下,印章的管理者就是具体用印者。文秘部门对于保管和使用印章的人员必须严格审查,选择正直可靠、工作负责、坚守原则的人员来负责,管印人接到印章后应该做好接印登记。

2.确保印章安全

印章应该存放在安全保险的地方,平时必须放置在办公室的保险柜或铁柜中,并且养成随用随开、用完及时锁上的好习惯。不得图省事敞开保险柜或任意放置在办公桌上以及其他不安全的地方。节假日在放印章的地方应该加锁或加封条,如有值班,应该做好值班交接工作。印章一旦发生异常情况,应该迅速查明,及时处理。管印人不得委托他人代取印章,也不能在办公室以外的地方用印。在印刷部门套印有机关正式印章的文件时,印管人员应当在现场监印。

3.防止印章污损

平时使用印章要注意轻取轻放,避免破损。管印人还要注意经常洗刷印章,保持图案和印文的清晰,防止印泥或其他污物填塞刻痕。

(二)印章的使用

1.明确印章的使用范围

办公室文秘人员一定要明确不同印章的使用范围:机关或单位公章用于以该印章所刻印文名义进行的对外事务,如对外发文;领导人个人名章,需经其本人或委托授权人签字同意后方可加盖;机关或单位办公室印章可用于一般事务性的公文、介绍信、信函;部门印章使用范围只限于上下对口业务中查询、解答、催办、介绍和一般性的事务联系中,一般情况下不得对外。

2.检查用印申请手续

需要用印部门在用印之前填写用印申请表,由部门负责人审查签字,再由单位领导人批准后方可用印。办公室文秘人员盖印前要检查用印申请单,重点检查有无领导人批准用印的签字;对用印的文件内容与出示证明用途应该认真阅览,避免盲目盖印而出现差错;检查盖印的材料是否齐全;对复印件加盖与原件相符章时,务必核查原件。

3.加盖印章的方法

(1)盖前确认清楚。当管印人员保管有多枚印章时,盖章时要仔细辨认清楚,应该加盖哪一枚印章,保证准确加盖印章以免出现用错印章的现象,铸成大错。

(2)保证位置正确。要在规定位置盖章,一般来说,文件用印时印章应当上不压正文,下压成文日期,并且要骑年盖月。加盖钢印时,应该注意加盖在照片人的脖子和衣领以下与证件交接部位,不得将钢印加盖在照片人的头部和脸上,以免影响辨认效果,因为钢印的凹凸作用会使面部发生细微的变化。

（3）保证印迹清晰。按印时要轻重得当，用力均匀，使印色浓淡合适。要避免歪斜、颠倒、模糊、残缺现象，以增加印章的严肃性和美感。加盖钢印后，照片必须印有字迹和图案，不能仅有钢印外圆印迹，以免被仿造或自行更改照片。

（4）正确骑缝骑页。带有存根的文件材料如介绍信等用印，除在规定处用印外，还应当加盖"骑缝章"，以备参考。对于需要证明的各页之间完整联系的材料，应当将同一文件的每一页均匀错开，骑各页加盖公章。如果文件太厚，就多盖几个，比如 1～11 页盖一个章，12～19 页盖一个章，顺着 1～11 页的章，在 1～11 页章下面的位置盖，以此类推。

（5）用印登记方法。要建立详细的用印登记册，将用印编号、用印日期、用印单位、经办人姓名、内容、批准人姓名、签署的意见、发往何处、监印人姓名及留存材料等填写清楚。每次用印都必须详细登记，即使是为了证明某人为本单位的职工，或在包裹单、汇款单上加盖单位印章，也要严格履行登记手续，以备发生意外时查核。

妙招提示

用印登记表参考示例见表 1-6-1。

表 1-6-1 　　　　　　　　　　用印登记表

日期	用印部门	申请人	事由	批准人	用印人	备注

任务实施

同学们以小组为单位（4 人一组），以情景模拟的形式，模拟用印的过程并作用印过程的说明。

任务完成PK

	明确印章的使用范围10分	检查用印申请手续10分	加盖印章方法正确10分	用印登记方法科学合理10分	总分
第一组					
第二组					
第三组					
第四组					

拓展任务

下面的情况如果是你,你该如何处理?

某厅办公室印鉴管理员,一日中午将近下班时,遇到下属公司一个常来办事的党支部书记兼经理,拿着一份他女儿参加成人高考的登记表,要求其签署主管部门意见,并加盖厅的公章。开始印鉴管理员要他找厅人事主管盖章,但这位经理借口"已经下班,没时间了",并说"单位已同意盖章了",碍于"熟人面子"并且以经理说"她考上才算数"为理由,印鉴管理员在登记表上签署了意见,并加盖该厅的印章。

知识链接

机关公章使用管理制度

一、印章的使用范围

1. 公章使用:由单位名义签发的文件、文书,包括各类通知、通报、报告、决定、计划、纪要、函件、报表等,代表局对外工作联系的介绍信,需证明的各类材料,与我局的各类合同、项目协议、授权书、承诺书及其他需要的签章等。

2. 其他情况需加盖公章时,必须由局长签批。

3. 局属单位及局属各科室的公章及业务专用章使用由各单位及科室负责人明确使用范围及要求。

二、印章的使用要求

1. 凡在局红头文件、账目款项、重要数字、以单位名义发信息与我局的各类合同、项目协议、授权书、承诺书等重要材料上加盖公章的,必须由局长签字同意后,方可盖章。

2. 凡涉及财务、人事、工资等内容的各类型报表、报告、申请、便函、介绍信等必须由单位负责人签字后盖章,否则,不予盖章。

3. 凡涉及个人事项需加盖公章的材料,如贷款、担保、落户口等一律由局长签字同意后,方可盖章。

4. 一般报送材料、便函、需加盖公章的,由审核材料的分管领导或办公室主任签字同意后,方可盖章。

5. 单位介绍信盖章时均应由分管领导批准或办公室主任批准;单位介绍信由办公室统一编页,存根由专人保管存档。

6. 公章禁止带出本单位外使用。如因特殊需要,必须经局主要负责人同意后方可带出。公章带出期间,借用人只可将公章用于申请事由,并对公章的使用后果承担一切责任。

7. 对一些行文不规范(字迹潦草、有明显涂改痕迹、表达不清、落款单位不明)的文档,拒绝加盖印章。

8. 单位印章一律不得在空白纸页上使用。严禁在空白的纸张、表格、信函、证件等上面加盖局行政章或业务专用章。严禁填盖空白合同、协议、证明及介绍信,如遇特殊情况,必须提出书面申请,经主要领导签字同意后,方可用章。

9.凡启用公章,经办人都要先出示领导签字,然后认真填写公章启用登记表,经办人在"公章启用登记表"上签字并填写清楚文件材料名称、份数、时间和需要说明的事项,公章管理人员进行审核,严格按文件核准印数加盖公章,确保无误后方可盖章。

10.特殊情况急需使用公章的,由公章使用人注明事由,并同分管负责人和主要负责人取得联系后可先行用章,但公章使用人应在事后及时补办手续。

11.负责管理公章人员必须认真负责、严格管理,按照管理程序办事,应当认真核对有关内容,使用人所填写的内容和拟使用公章的文稿材料不符的,不予用章。否则,出现事故,责任由公章管理人员自己承担。

12.规范使用印章,做到"骑年盖月"(即印章的左边缘压在落款日期的年份上,月、日盖在印章的下面);盖章时用力要均匀,落印要平衡,印泥(油)要适度,保证印迹端正、清晰。

13.有下列情况,公章必须停用:单位名称变动;公章使用损坏;公章遗失或被盗,声明作废。

14.经批准停止使用的公章由局办公室统一封存或送相关部门销毁,不得私自处理。

三、印章的保管

1.本局所有公章由专人负责管理,未经领导批准不得私自转交他人代管;保管人员要建立"公章启用登记表",按照规定程序使用,严禁私自交于他人。

2.保管人需负责对印章保管的安全,公章存放在指定安全的地方,严禁擅自携带外出。

3.公章保管人因事离岗时,须由部门主管指定人员暂时代管,以免贻误工作;公章专管员外出,移交公章时,需由主管领导同意。

4.保管人需负责对印章的保养,使用中达到干净、字迹清晰、色调鲜艳。

5.保管人因工作需要调离,需办理公章交接手续。

6.公章遗失应及时上报,对外登报作废。

四、本制度自公布之日起实施

岗位任务七

沟通与协调

学习目标

1. 知识目标

掌握秘书沟通协调的原则、要求和方式、方法。

2. 能力目标

能根据实际工作情况进行有效沟通与协调。

3. 情感目标

培养耐心细致的工作态度和严谨规范的工作习惯。

任务情境

情境1：

琳达是通用机械(沈阳)公司销售部经理的秘书。这天琳达的上司去哈尔滨出差了，上午10点左右琳达接到长春一个客户打来的电话，对方怒气冲冲地说产品出了质量问题，要与琳达的上司直接通电话。上司今天回不来，具体负责与对方签合同的业务员彼特正好在办公室。面对这种情况，琳达应该怎么办？

情境2：

杰西是东泰医疗设备(上海)公司营销总监的秘书。这天上午11点多钟，杰西接到上司从外面打回来的电话，说原计划下午1点之前返回公司，现在急着要去拜访另一个客户，所以要到下午3点以后才能回来。那么，上司今天下午原定的工作应该如何处理？

想一想，试一试：

　　上面两个情境需要秘书具备较强的沟通与协调能力。沟通与协调就是妥善处理部门与部门、上级与下级、同事之间以及公司与客户之间的人际关系的能力。沟通是手段，协调是目的。办公室文员经常扮演着上传下达的角色，在领导员工之间起着桥梁般的连接作用，而与客户的沟通更是企业的生命线。沟通和协调能力对秘书来说十分重要。想一想，面对上面的情境，你会怎么做？

任务指引

一、什么是沟通协调

沟通是两个或两个以上的人或群体之间传递信息、交流信息、加强理解的过程。这种社会性的沟通,特点在于每一个参与者都是积极的、主动的主体,沟通的目的在于相互影响、改善行为。

沟通协调是指管理者在日常工作中妥善处理好上级、同级、下级等各种关系,使其减少摩擦,能够调动各方面的工作积极性的能力。

一个优秀的管理者,要想做到下级安心、上级放心、同级热心、内外齐心,必须要有良好的沟通协调能力。

二、如何做好沟通与协调

(1)力求表达清楚完整。要明确中心思想,思维严谨,措辞恰当,不用模棱两可的词语,在知识经验上有差异时,要进行信息改编,使接收者能够理解,易于接收。

(2)应用双向沟通。当自上而下传递信息后,要及时反馈信息接收情况。如果出现信息失真,应立即进行纠正。最好是信息发出者能经常亲自到基层走访了解情况,与信息接收者进行面对面的沟通。

(3)控制信息量。面对大量的信息,要对信息传递范围进行一定的限制,并分轻重缓急进行传递。

(4)以诚相待。沟通要有诚意,取得对方的信任,要有民主作风,能兼收并蓄,豁达大度,要经常深入基层和实际,消除被沟通者的心理障碍,与他们建立良好的关系。

(5)选择合适的沟通网络。不同的网络结构有不同的作用和特征,因此,要根据组织目标、计划和任务等选择合适的沟通网络,这样才能保证沟通的畅通。

三、沟通协调的个人特质

(1)积极沟通。重视且乐于沟通,愿意与人建立联系;在遇到沟通障碍时,能够以积极的心态和不懈的努力对待冲突和矛盾,而不是强权或回避。

(2)换位思考。能够打破以自我为中心的思维模式,尝试从对方的角度和立场考虑问题,体察对方感受,促进相互理解。

(3)及时反馈。重视信息的分享,用心倾听各方的意见,并根据实际情况及时做出调整和回应。

(4)机制保证。能够有意识地在组织中搭建沟通平台,通过机制建设确保沟通渠道的顺畅。

四、沟通协调的等级

A—1级:平时不注重沟通,遇到冲突与矛盾以强权或回避来解决。习惯以自我为中心的思维模式,缺少全方位思考,缺少协调与沟通。

A－0级:了解沟通的作用,与工作中的各方都有比较好的关系;遇到问题与冲突时愿意体谅与理解别人,能及时回复一部分信息;懂得聆听的艺术,愿意以制度方式明确沟通职责。

A＋1级:与工作中的各方保持密切联系与良好关系;能够体谅和理解他人,愿意就具体情况做出调整与妥协;愿意就对方疑问做出及时的回应,确保信息的准确表达;倾向于以制度的形式明确沟通职责;懂得倾听的艺术。

A＋2级:企业内部的桥梁,有着卓越的协调能力,能与上下级做好沟通,并妥善处理好各级关系,促进其相互理解,获得他们的支持与配合。

五、沟通工作管理

(一)秘书沟通协调的基本方式

1.传达命令式沟通

一般都是领导人采用的方式,秘书也可采用,但要注意恰当的时机。

2.协商式沟通

在协商过程中,秘书受权代表领导,约定各相关方面进行商讨,寻求解决问题的办法和具体步骤。采用此法,有利于协调各方在商讨沟通中加强理解、互相体谅,自愿调整各自的行为。

3.说服式沟通

说服的过程,实际上就是沟通思想、明白事理、统一认识、增进感情的过程。通过说服,使各方面从思想上认识协调的必要性和紧迫性,产生协调的愿望,接受协调方案,贯彻协调措施。

4.建议式沟通

秘书人员在适当的场合,以适当的方式向对方提出自己的看法或建议,供对方参考。

5.渐变式沟通

秘书人员在工作中逐步改变原有的不利因素,稳定地进行有计划的协调,以实现组织整体的协调运转。

(二)秘书沟通协调的基本方法

1.座谈讨论

有利于集中意见,研究问题,求得行动的一致和协调。

2.会谈与对话

在处理事务时,各有关人员可以举行会谈或对话,从而达到互相理解,行动一致。

3.会议与会商

当关系到各有关方面问题时,秘书应于事前集合有关人员举行会议或会商,以求得共同的了解和认识。

（三）秘书沟通协调的基本要求

秘书的沟通协调工作，也就是一种调解矛盾的过程。

1.沟通化解矛盾

秘书采用信息沟通手段，使有关方面明白真相，也可以化解矛盾，恢复协调状态。

2.变通淡化矛盾

在发现矛盾双方有情绪失控的可能性时，秘书可提出另外一个双方共同关心而见解接近的问题，转移话题，使可能激化的矛盾缓解，或者暂时分离。这种变通淡化矛盾的方法，实际上是矛盾的双方自我失控后，秘书帮助其协调控制情绪。

3.融合缓解矛盾

秘书可以从分析问题的相关因素入手，找出双方认识的共同之处和相容相近点，将其融合成一个双方都能接受的过渡方案，使问题解决。

六、协调工作管理

（一）协调工作的范围

1.内外部关系协调

内部关系协调。即对本系统中单位与单位之间、本单位部门与部门之间各种关系的协调，如：办公室及其文秘人员根据领导的授意或授权，去调整和改善本单位内部两个职能部门之间的关系。

外部关系协调。即对与本系统、本单位同级的系统、单位或不相隶属的外系统、外单位之间各种关系的协调，如：办公室及其文秘人员根据有关领导的授意或授权，去调整和改善本单位与外单位之间的关系。

2.上下级关系协调

对上关系协调。即办公室文秘人员根据领导授意或授权对其上级领导人和领导部门的工作上的协调。这种协调一般通过正确贯彻上级的政策、指示，全面领会领导的意图，促使局部利益与整体利益保持高度一致，不折不扣地完成上级下达的工作任务，并及时汇报执行情况。

对下关系协调。即办公室文秘人员根据领导授意或授权对本单位的下级单位工作上的协调。这种协调要求在管理过程中充分考虑到下级的实际情况，能够倾听下级单位的意见和要求，进而科学地做出决策或改进决策，保证有效地将决策意图贯彻到下级各执行单位，使之自觉地协调运转。

上下双方关系协调。即办公室文秘人员根据领导授意或授权对本单位或部门的上级与本单位或部门的下级进行的协调，理顺上下双方的关系，使上下双方在思想和行动上能够保持一致。

此外，办公室及其文秘人员还经常根据领导授意或授权协调群众关系等。

（二）协调工作的原则

1.从属性原则

从本质上讲,协调应当是领导的职责范围。办公室及其文秘人员的协调特别是工作关系方面的协调,是对领导协调工作的一种有效辅助,多是在领导授意或授权之下开展的辅助性协调活动,不可以自行其是。

2.疏导性原则

很多情况下,造成失调的原因是由于信息流通不畅,所以办公室及其文秘人员在开展协调工作过程中,要重视协调信息的收集、传递和反馈,加强沟通,积极疏导,消除误差。

3.协商性原则

办公室文秘工作的性质决定了文秘人员在开展协调工作中必须遵循平等协商的原则,多采取软性的、协商式的方式,不能采取硬性的、命令式的方式,要研究协调的艺术和技巧。

4.应变性原则

即使在开展协调之前,文秘人员已经根据领导的授意或授权制订了可行的协调方案,但在具体实施过程中,一定要根据时间、地点、条件的变化而灵活应变,不可使协调陷入僵化的状态。

（三）协调好与领导的关系

1.协调与领导关系的基础

(1)要了解领导。办公室文秘人员要了解领导的个性特点、工作职责、工作思路、交往范围等。

①了解领导的个性特点。办公室文秘人员了解领导的个性是为了使自己适应领导的性情,便于密切配合。有的领导性格内向,有的领导性格外向,有的小心谨慎,有的粗放豁达,只有适应领导的个性,才能够与之和谐相处。

②了解领导的工作职责。办公室文秘人员要很好地了解所在组织的结构情况,如领导负责部门情况、领导在人员财物等方面的权限等,这样就能够在工作中根据自己的实际情况,迅速采取对应的行动,高效地完成辅助工作。

③了解领导的工作思路。办公室文秘人员了解领导的工作思路,能够使自己与领导目标一致,言行合拍,捕捉意图,领会精神。另外,还要具体了解领导的工作方法,使自己能够适当地为领导做好安排工作日程等工作。

④了解领导的交往范围。办公室文秘人员只有适当地了解领导的个人交往范围甚至家庭私事,才有可能帮助领导处理一些人际关系,也只有熟悉领导的交往范围,才能够妥善应对和处理各种突发的情况。

(2)理解领导。办公室文秘人员要理解领导的价值观念、苦衷忧愁、不足之处等。

①理解领导的价值观念。办公室文秘人员除了要了解领导的个性特点之外,还要理解领导的价值观、人生观等,否则就很难与之达成默契,甚至这也不理解、那也看不惯,这

样不但做不好本职工作,而且也很痛苦。

②体谅领导的苦衷忧愁。领导在工作、生活中遇到这样那样的困难,办公室文秘人员应当理解和体谅其苦衷和忧愁,尽自己的能力为其分忧,帮助领导克服困难,不让领导为琐事分心,集中精力应对难题。

③理解领导的不足之处。领导同样会有这样或那样的缺点和不足,甚至会出现错误。办公室文秘人员应当发现并承认领导的优点,同时正确理解领导的不足,尤其当领导出现失误时,一定要积极提醒,并自觉承担文秘人员的责任。

2. 处理与领导关系的方法

(1)摆正自身位置。办公室文秘人员自始至终要把自己置于辅助地位,找准自己的位置,什么时候都不能越权越位,这是文秘人员的职业角色所决定的。任何越权越位的行为都会从根本上动摇文秘人员与领导关系的和谐。

(2)尊重领导权职。办公室文秘人员是服务性人员,不是决策者,因此必须按照职责规定办事,不能越职代权,借领导名义发号施令。文秘人员应当发挥主观能动性,但不能超越权限,给领导工作造成被动。

(3)维护领导威信。办公室文秘人员在任何情况下都不能破坏领导的威信,不能散布有损领导威信的言论,不能做出有损领导威信的行为。即使领导出现差错或失误,也不能随便乱发议论,而应当通过正常的方式反映问题。

(4)贯彻领导意图。办公室文秘人员要围绕领导意图开展工作,正确领会、贯彻、执行领导意图是处理好与领导关系的一个基本出发点。尤其在传达贯彻领导意图时,不能延误传达时间,不能截留领导意图,不能曲解领导意图等。

(5)及时汇报请示。及时向领导汇报请示,既是办公室文秘人员的职责,也是尊重领导的表现。比如需要变通执行的问题要向领导请示,领导交办的事项处理完毕应当及时汇报,领导外出回来要向他汇报事件的重要情况等。

(6)加强思想沟通。思想沟通是密切办公室文秘人员与领导关系的重要方法。但文秘人员与领导沟通要适时、适地、适当。比如在领导情绪烦闷、焦躁的时候,文秘人员实际动机再好、理由再充分,领导可能也很难认真倾听。

(7)联络个人感情。办公室文秘人员与领导之间的个人感情本身就是文秘人员与领导关系的重要组成部分,它有助于密切相互关系,也有利于清除彼此误解。良好的个人感情是双方工作相得益彰的基础。

(8)保持适当距离。联络个人感情不等于亲密无间,领导与办公室文秘双方工作上关系密切,可是毕竟身份不同。一个优秀的文秘人员能够存在于领导身边,是因为工作的需要和文秘人员的价值,而绝非单纯的私人感情。

(四)协调好与同事的关系

1. 与同事交往易犯的错误

(1)心态不平和。表现之一是傲视同事。有的办公室文秘人员不能正确看待自己与领导的关系,故意抬高自己的身份,过于张扬,看不起同事,甚至给人狐假虎威之感,让同事敬而远之。表现之二是嫉贤妒能。同事之间有合作更有竞争,每个人都有自己的优秀之处,也都有劣势所在。有的办公室文秘人员心胸狭窄,容不得别人比自己强,结果自己能力不行,就千方百计地阻碍别人进步。

(2)亲疏不恰当。每个人的性格、志趣、脾气都不能完全一样,有的办公室文秘人员会不自觉地以自己的喜好为标准来处理与同事的关系。一方面对一些性情不合的同事有意疏远,不理不睬,等到需要工作上合作时,人家自然不会积极配合;另一方面对于脾气相投的同事又过于亲密,彼此之间没有距离,把工作之外的个人情感带到工作中来,甚至以领导的好恶来舍取,结果导致工作不能够做到公事公办。

(3)嘴巴不牢靠。表现之一是轻易泄露秘密。办公室文秘人员由于工作在领导身边,近身辅助,所以常常是知悉单位秘密最多、最早、最深的人,有意无意说出不该说出的信息,甚至以"消息灵通者"自居,传播小道信息。表现之二是喜欢飞短流长。一方面传播领导的个人隐私,如领导的社会关系、个人喜好、家庭生活等;另一方面背后议论评价其他同事,甚至传播一些低级趣味的消息。

2. 处理与同事关系的方法

(1)尊重同事。尊重是处理人际关系的基石,每个人都渴望得到尊重。办公室文秘人员与同事之间也应该以尊重为本,彼此之间可能会存在资历、经验等差异,但是实质上大家都是平等的,人各有所长,要取长补短才能共同提高,没有尊重就不会有良好的同事关系。

(2)欣赏同事。欣赏是在尊重基础上的一种处理人际关系技巧的提升,是一种平和的心态。办公室文秘人员与同事相处,应该多以欣赏的眼光看到同事身上的优点,并能够充分肯定,适度赞美,谦虚学习;而不是嫉贤妒能,那样只能使自己心态失衡,失去同事之谊。

(3)团结同事。合作精神是现代组织重要的文化构成和动力支持,一项工作往往需要同事之间的相互协作、相互支持才能够完成。办公室文秘人员应当乐于并善于和同事合作,彼此支持,相互体谅,共同提高,不会团结同事的办公室文秘人员只能使自己走向孤立。

(4)关爱同事。真诚的关爱自然会取得同事的好感。每一个人都可能遇到困难、挫折乃至失败,同事的关怀爱护会让人感到雪中送炭的温暖。关爱同事还表现为平日工作上的互相帮助,如老文秘人员帮助新文秘人员适应新环境、新工作,既是责任,也是美德。

(5)宽待同事。办公室文秘人员与同事不可避免地存在竞争,而宽容之心可以让竞争充满和谐。宽容善待同事,要有容人之量,不要斤斤计较;要求同存异,不要苛求一致;更要为人宽宏,不要纠缠私怨。尤其当他人不慎触犯你的利益时,宽容的心态最能够展现人品,赢得尊重。

(6)克制自己。办公室文秘人员处理与同事关系的基础是文秘人员能够严格要求和约束自己。同事之间相互了解、熟悉。要注意防止感情用事,伤害对方,如不说过火话,不做过火事等。当自己与同事交往不慎伤害了对方时,应当及时真诚地道歉。

(五)协调好与外界的关系

1. 与外界沟通易犯的错误

办公室文秘人员在与客户、媒体、社区、同行等的交往中,容易出现以下错误:

（1）轻易许诺。有的办公室文秘人员在与外界沟通中不注意自己的身份,未经领导同意或背着领导甚至打着领导的旗号向他人做出承诺,使工作陷入被动。

（2）以利相交。有的办公室文秘人员片面地认为只要有钱没有办不成的事,通过送礼行贿的方式处理外部关系,比如对于媒体记者通过钱财收买,严重损害单位声誉。

（3）激化矛盾。有的办公室文秘人员在处理单位与外部矛盾时,不能冷静对待,靠一时的冲动而为之,结果不但不利于矛盾的解决,甚至激化矛盾,使单位树敌太多。

（4）被动消极。有的办公室文秘人员缺少公关意识,在与外界沟通中被动行事,消极应对,甚至过河拆桥,人走茶凉,使单位缺少良好的合作伙伴。

2.处理好与外界关系的办法

办公室文秘人员在与外界沟通过程中,除了讲究沟通技巧外,还要特别注意以下几点:

（1）注意身份。办公室文秘人员在工作中涉及与单位外部的关系都是工作关系,而不是纯粹个人间的交往。

（2）注意目的。办公室文秘人员进行外部人际交往是为了单位的利益,考虑问题一定要站在单位或领导的角度。

（3）树立形象。办公室文秘人员在交往中要注重塑造和树立单位形象,提高所在单位的美誉度,为后续合作打下基础。

（4）广结良缘。广结良缘会使办公室文秘人员的形象富有亲和力,使其工作保持"通畅"的状态,提高效能。

妙招提示

1.客户要求尽快答复

琳达是隆泰通讯（上海）公司总经理的秘书。这天上午 10 点半,上司对琳达说:"我马上要开个会,估计一个小时,在会议期间任何电话都不要转接,待我开完会后再说。"不久,琳达接到客户李总打来的电话,对方要求上司就双方合同中付款方式今天上午给予答复。面对这种情况,琳达应该怎么办?

妙招:下面有四个回答都是不错的选择。

（1）实在不好意思,总经理正在开一个紧急会议,能否再等 1 个小时?

（2）非常不好意思,总经理正在与客户商量事情,请您稍等,总经理会中午之前给您答复。

（3）实在不好意思,总经理外出了,1 个小时左右回来,回来后会马上与您联系。

（4）实在不好意思,总经理不在办公室,回办公室后就马上给您答复,请您稍等。

因为会议 11 点半左右结束,上司上午之前完全可以给对方答复,所以,琳达只要找个借口说上司现在不能接电话就行了。如果告诉对方说上司交代不要转接电话就不太合适。

2.张秘书的协调艺术

京胜实业总公司张总经理与王副经理因为工作上的分歧,产生了误解,最近一段时间,隔阂越来越大,矛盾也在加剧。总经理办公室张秘书想方设法在其间协调,但收效甚微,分歧和矛盾依然存在,双方都认为,是对方故意跟自己过不去。

机会终于来了。一天,张总经理病了,住进了医院,张秘书到医院看望,把带来的礼品放到床头,然后对张总经理说:"我是代表王副总经理来的。总经理病了,王总听说后,很关心,叫我同他一起来看望你,但在来医院的路上被销售部经理叫去了,说有急事,非要他去处理不可。"张总听后很感动。过了一段时间,王副总经理病了,住进了同一家医院,张秘书到医院看望,又买了礼品放到床头,然后对王总说:"我是受张总委托来的,张总原定下班后与我一起来医院看望你,临时业务部经理有急事,硬把他给拉走了。张总要我转达他对您的问候,并祝您早日恢复健康,说公司离不开您!"躺在病床上的王总听后,感动得热泪盈眶,心想自己过去是错怪张总了,今后一定要配合张总积极工作。

经过张秘书从中协调,缩短了两位经理之间的距离,驱散了笼罩在他们心头的乌云。王总出院后,主动与张总打招呼,张总也热情问候,两人和好如初。

问题讨论:这个案例给做秘书的你有什么启迪?

任务实施

以小组为单位进行任务情境的模拟演练,拿出解决问题的最佳办法并说出理由。

任务完成PK

	情境1模拟解决问题满意程度15分	情境1模拟理由合情合理15分	情境2模拟解决问题满意程度15分	情境2模拟理由合情合理15分	总分
第一组					
第二组					
第三组					
第四组					

拓展任务

一、当别人不愿与你合作时

大新糖果糕点饮料公司秘书陈青青,是刚调来公司办公室工作的。一天,办公室主任交给她一项新任务,负责全公司的黑板报宣传工作。但是陈秘书不会编排版面,美术字也不过关,主任又选派了同一办公室有美术功底的杨秘书负责版面编排工作,让陈秘书专门负责组稿、改稿等工作。杨秘书很有才干,编排版面、写美术字、画画在公司是小有名气的,他根本就没把陈秘书这"黄毛丫头"放在眼里。碰到他工作忙起来,就把出黑板报的事儿抛到九霄云外去了,弄得主任常常催促陈秘书:"怎么黑板报又延期了?"陈秘书又不好明说,只好硬着头皮去催杨秘书,可杨秘书根本不配合,还拿冷眼对她,陈秘书

只恨自己没用,不能动笔画。面对这种情况,陈秘书有几种方案可选择:

1.凭自己的关系,在公司内部另外找一个人来帮忙,按时把黑板报办好。

2.把杨秘书不愿合作的事直接告诉办公室主任,并向主任表明责任不在自己,看主任怎样处理。

3.再一次去催促杨秘书,并和他摊牌,告诉他:"如果再这样下去,就当面到主任那里去解决。"

4.过一天算一天,听之任之。

5.抱着与人为善的态度,采取委婉的劝说方式,启发他与自己合作。

二、部门经理的材料有问题

琳达是腾越机械(大连)公司总经理的秘书。这天下午琳达将研发部牛经理起草的开发新产品的报告交给上司不久,上司就发现了好几处错误。他把这份报告交给琳达,让她退回牛经理重新修改。琳达将报告交给牛经理时应该怎样对他说?

下面有五个选项:

a.老板说你这份报告有不少差错,让你注意一点。

b.老板发现你这份报告有不少差错,很不高兴,你赶紧打个电话说明一下吧。

c.你这份材料我也没看,老板说有些差错,今后真的要注意呵!

d.老板说你这份报告有几个地方出了差错,所以请你再检查一遍。

e.我听老板说你这份报告有几个地方出了差错,所以今后给老板交报告之前一定要多检查几遍。

请从上面五个选项中挑选出一个你认为合适的,并说明理由。

三、上司怒火中烧

琳达是天发探矿设备(中国)公司总经理的秘书。一天,老总怒气冲冲地把琳达叫到自己的办公室,因为一位交往多年的代理商给他寄了一封非常无礼的电子邮件。他自己起草了一封简短的回信,让琳达马上用电子邮件回复给对方。信的内容是这样的:我没有想到会收到你这样的来信,尽管我们之间已有那么长时间的往来,但事到如今,我不得不中止我们之间的一切交易,并且我要让所有的同行知道你的行为!

面对这种情况,琳达应该如何处理?下面有五个选项:

a."好,我马上就办!"说完,琳达立即回到自己的办公室,将邮件发走了。

b.如果将邮件发给对方,对公司和老总本人都非常不利。琳达想到自己是老总的助手,有责任提醒老总,为了公司的利益,得罪了老总也值得,于是她对老总这样说:"老总,这封邮件不能发,别发啦!"

c.琳达不仅没有退下去发邮件,反而前进一步向老总提出忠告:"老总,请您冷静一点! 给人家回一封这样的邮件,后果会怎么样呢? 在这件事情上,难道我们自己就没有值得反省的地方吗?"

d.当天快下班的时候,琳达对已经心平气和的老总说:"老总,可以将邮件发走了吗?"

e.默默地回自己的办公室,当作什么也没听见。

知识链接

上级和下属的对话

上级：你认为，要多久才能完成这个计划书？

（上级的理解：我请他参与决策）

（下属的理解：他是老板，他为什么不直接告诉我）

下属：不知道，你认为要多久？

（上级的理解：他拒绝承担责任）

（下属的理解：我请他指示）

上级：你自己应该清楚要多久？

（上级的理解：我逼他自己应该对自己的行为承担责任）

（下属的理解：真是胡说！看来我必须要给他一个回答才行）

下属：30 天。

（上级的理解：他缺乏估计时间的能力）

（下属的理解：我就是随便说的，肯定不准确）

上级：那么 15 天怎么样？15 天内完成？

（上级的理解：我和他约定并希望他主动）

（下属的理解：他下达命令了。我只好接受）

实际上，这个计划书需要 30 天才能完成。所以下属只好夜以继日地工作，但 15 天过得很快，他还需要一天的时间。

上级：计划书呢？

（上级的理解：我想确认他是否完成了工作）

（下属的理解：他要看我的工作绩效呢）

下属：明天就可以完成啦。

（上级的理解：我就知道他完成不了）

（下级的理解：明明要一个月的工作）

上级：我们不是说好了，15 天完成，今天就应该完工了。

（上级的理解：我要让他承担责任，完成工作）

（下属的理解：他让我十几天就干了一个月的活，我不再替这样的人干活了）

……

下属提交了辞职申请。（上级与下级的沟通不仅无效，而且还影响了工作进度）

岗位任务八

信息的收集处理

学习目标

1. 知识目标

掌握秘书信息收集处理的要求和方法。

2. 能力目标

能根据实际工作情况有效地收集处理信息。

3. 情感目标

培养耐心细致的工作态度和严谨规范的工作习惯。

任务情境

金晨公司是经营小型超市的连锁公司,今年公司打算在一个新建小区附近开一家连锁超市,不知是否可行,市场调查部的秘书小刘需要收集哪些信息供领导决策?

想一想,试一试:

行政办公室是向各级领导报送信息的重要渠道,信息工作是办公室及文秘人员一项重要的业务,包括信息的收集获取、整理加工、传递、存储和利用等,是领导决策、实现科学管理的重要依据。

任务指引

一、信息工作在秘书活动中的作用

(一)信息是科学决策的需要

决策是领导工作中最重要、最关键的一个环节。进行科学预测,确定决策目标,拟订决策方案,确定决策方略,整个过程实际上就是一个收集信息和处理信息的过程。秘书部门不是决策机关,不参与决策,但必须为领导决策服务,为领导决策提供及时、准确、有

参考价值的信息。在新时代的要求下,新情况、新问题、新经验层出不穷,这就对领导的决策提出了更高更快的要求。这一要求促使秘书部门必须协助领导处理好决策与信息之间的关系,把决策的制定和实施同收集和处理信息结合起来。领导在做决策时掌握的信息越广泛、越精确,决策的基础就会越牢固,也就越具有科学性。

(二)起草文件必须依靠信息

秘书人员撰拟公文,不能闭门造车,而是要在掌握各种信息的基础上,根据领导意图,经过分析、综合,形成更系统、更准确的书面信息。可以说,秘书撰拟公文,就是运用信息为机关服务。

(三)加强信息工作是科学管理的需要

对于党政机关来说,管理就是通过领导者(管理者)有组织有计划的控制和调节工作,合理地安排各项政治活动和行政活动;正确处理干部、职工在工作中形成的相互关系,减少内耗,提高工作效率。信息是实行科学管理和决策的基本要素,是实行现代化管理的必要条件。

总之,信息工作是秘书部门发挥参谋助手作用非常重要的一环。秘书工作离不开信息,新时期特别要求秘书强化信息意识,研究并掌握信息工作的规律,只有这样,才能发挥好参谋助手的作用。

二、秘书信息收集工作的方法

人类社会今天已进入信息时代,人们每天都生活在各种信息的海洋之中。那么,对于秘书来说,信息到底是什么呢?一切对上司决策有用的东西,而且是上司决策必需的东西,都可以称之为决策信息。因此,作为"为上司创造最佳决策环境"的助手,秘书要能快速地为上司收集各种及时准确的信息。收集信息工作就是对各种各样、形形色色的信息进行鉴别,去伪存真、整理归类,并加以妥善保管,从而能随时为上司的决策服务。

下面,着重介绍一些行政机关信息收集的常用方法:

(一)筛选分类

秘书每天要收到大量的信函、传真、电子邮件等,它们的内容五花八门,有的是给上司的请柬,有的是上司之间相互交换看法的私人信件,也有的是推销产品的广告,不一而足。秘书负责处理这些信函,就是对它们进行筛选,然后进行分类:哪些要马上送交上司;哪些可以暂缓;哪些要送给上司过目;哪些可以直接转给有关业务部门,等等。

(二)去伪存真

判断各种信息的可信度,对于秘书来说是一项非常重要的工作,也是一项难度很大的工作。如果没有丰富的生活常识和专业知识,缺乏清醒的头脑和开阔的视野,就难以胜任这项工作。因此,任何人都不可能一蹴而就,这种判断力只有逐步提高。在判断信息时注意以下几点:

(1)切忌照搬照抄。不管你收集到的信息有多大的价值,都不要立即照搬照抄,要在自己的头脑中多划几个问号:这些信息的可信度如何?有没有实际价值?为了把握事情的真相,秘书应当到现场去观察,查对原物,核实证据,总之能多掌握点真实情况,就多一分准确的把握。

(2)不要随意发挥。秘书为上司收集的信息一定要真实客观。对于收集到的信息,秘书在把它交给上司之前,不要出于各种原因而过于加工美化信息,这样常常会改变信息中最有价值的部分,从而使上司很难利用这些信息来做出最佳的决策。

(3)不偏听偏信。对于人们的各种议论,甚至包括各种流言蜚语,既不要偏信,也不要轻疑。如果可能的话,最好找当事者本人,听听他自己的看法,替他设身处地想想,然后再听听周围人的意见,使了解的信息尽量全面。

(4)力戒先入为主。事物总是在不断的变化之中,对于某些日常工作,秘书总以为自己十分清楚,在听取汇报或者看汇报材料时,显得漫不经心。有时,对于对方的建议听不进去,总以为自己的观点对。如果秘书总是这样先入为主,不注意研究新问题,对新问题不采取新的对策,就难免会犯主观主义的错误。

(三)整理与保管

信息的整理和保管对于秘书来说,是一项非常重要的日常工作。整理信息,就是在辨析信息主要内容真伪的基础上,将信息进行分类。信息分类的常用方法有:

(1)按主题分类:按照信息的内容和反映的主题的不同进行分类;

(2)按部门分类:按照公司或单位不同部门的信息进行分类;

(3)按时间段分类:按照信息形成或采集的先后顺序来进行分类;

(4)按地区分类:按照信息所产生的地区进行分类。

在以上分类的基础上将信息进行登记,然后分别以纸质材料或光盘的形式进行存储保管,确保安全,方便使用。

三、秘书信息收集工作的途径

(一)网上搜索

网络信息是指通过计算机网络发布、传递和存储的各种信息。现代社会,网络越来越普及,它为我们提供了广泛而全面的信息资源。通过网络,秘书人员可以获得大量的工作上所需要的信息。应该注意的是,网络上的信息不一定都是真实的,这就需要秘书人员慎用慎选网络资源,不能为领导提供不实的虚假的信息。2011年3月中旬我国大部分地区发生的"抢盐事件",最先是通过网络传播开的,政府部门及时发现问题,向公众发布公告澄清了事实。毫无疑问,因特网的出现,对秘书的工作带来的影响可以说是革命性的。秘书的一项主要工作就是为上司的决策收集信息,而因特网可以说是信息的海洋。

(二)报纸杂志等文字信息

收集一般的信息,并不是一件很困难的事,大部分可以从各种公开发行的报纸杂志和网上找到。这类信息虽然容易找到,但它们式样多、容量大,因此要能熟练地收集、储存这类信息,不是一件简单的事。

收集这类文字信息,平时要注意以下几点:

标记重点。秘书要留心报纸上刊登的杂志广告,一旦发现有用的资料,马上加以标记。如果有重要的内容,秘书一定要用红笔划上重点线,以引起上司的注意。

复印或扫描。在翻阅报纸杂志的时候,发现里面有感兴趣的东西,就用红笔在底下划上波浪线,或者把它复印或扫描,然后用订书机统一装订起来,并记清杂志的名称和日期。如果杂志本身还有价值,不应随便剪坏,可以把其中所需要的内容复印下来。

分工合作。复印和扫描得再多,也毕竟只限于秘书本人所能订阅到的报纸杂志,其他部门还订有报纸杂志,特别是一些外国报纸杂志,不可能都收集到,所以秘书就要请其他部门帮忙,适当分工。

说明和注释。对于那些篇幅较长的文章,特别是国外杂志上与本公司有关的最新报道,秘书要在文章旁边加几行提纲挈领的说明文字。遇到一些新名词和英文缩写,要加以必要的注释。

标明信息的来源和去处。这份信息是从哪本杂志和报纸上复印下来的或者是哪个部门送上来的,在后面应该注明;与此同时,这份信息除了给上司一份,还抄送了哪些部门和哪些人,也应该有个说明。上司看了提供信息的部门或人的名字后,也许会给一定的奖励,更重要的是他能根据这些判断出这份信息到底有多大的可信度。

（三）内部材料

公司内部的各种统计报表、汇报总结也是很重要的信息来源,但是光有这些还不够全面,如果时间允许,秘书应经常深入部门现场,如前台、大堂、车间或销售部门实地去看、去听,能从那里得到许多真实可靠的信息。例如,参加车间质量管理小组讨论会,就能了解一些在秘书办公室无法掌握的信息,通过掌握大量的第一手材料,补充书面汇报材料的不足。在获得的各种内部材料的基础上,秘书人员要进行综合归纳,根据领导的工作重心,把握自己工作的重点,将公司内部繁多庞杂的信息条理化、层次化,有利于信息的消化吸收和归纳利用,从而更好地开展工作。

（四）人脉信息

收集信息工作量巨大,秘书人员一定要在工作中强化信息意识,多听多看,由于秘书所处的特殊地位,更容易收集到各种各样的信息。同时也需要各部门的配合,秘书人员要主动求教,处处留心,才能收集到更多有用的信息。总之,秘书要与各部门的同事保持一种和谐而又亲切的关系,即使平时在走廊上,见面打个招呼问声好,这对于沟通协调、广泛收集信息也是有必要的。

妙招提示

下面是某超市消费者满意度调查内容:

消费者需求调查,消费者性别、年龄、职业、收入、消费结构情况调查;消费者购买心理调查、购买动机调查、购买模式调查、购买行为调查;购买习惯、购买原因、影响消费者购买决策因素调查;消费者需求变化的趋势调查、消费者满意度调查;商品质量、安全性、种类多样性调查、定价优惠情况调查;超市购物环境调查、地理位置调查;超市服务及投诉调查,等等。

任务实施

以小组为单位列出收集信息的内容、方法和途径,看看哪一组的信息更全面合理科学,更具有可操作性。

任务完成PK

	信息掌握全面 15 分	信息掌握具有可行性 15 分	信息获取的途径 15 分	信息记录有序合理 15 分	总分
第一组					
第二组					
第三组					
第四组					

拓展任务

1.金翔汽车公司是一家老牌汽车生产制造公司,因为业务需要与许多汽车零件生产公司有业务往来。今年与公司合作的一家汽车零件公司的产品出了质量问题,公司想另外找一家公司进行合作,作为公司秘书小刘要收集哪些信息,为领导决策提供参考?

2.金鼎公司的王经理要约见几个重要的客户,并与客户进行业务洽谈,王经理将洽谈会的准备与接待任务交给了秘书小刘。要做好这个任务,小刘需要了解收集哪些信息?

3.公司想在年终召开表彰大会,领导想找几个业绩突出的员工在大会上进行表彰,领导要求事迹具有典型性,要对公司的其他员工起到模范带头作用。秘书小刘要了解收集哪些信息,如何收集呢?

知识链接

百度是目前比较先进的网上搜索工具,在这里介绍一下它的用法。

步骤一:一般情况下,如果想搜索某个网站或某个品种的东西,只要直接输入名字就可以了。比如,想找到"百度回享计划",只要输入:百度回享计划,点击搜索就可以了。

步骤二:步骤一搜索到的网站,不仅仅是"百度回享计划"这一个网站,相关的网站都可以搜索到。如果仅仅想搜索包含这一个字符的网站怎么办呢?只要在这个词组上加上""就可以了,这一次搜索到的网站全部是"百度回享计划"相关的网站,与步骤一相比就过滤掉了其他不相关的网站。

步骤三:如果想准确搜索相关的内容怎么办呢?比如,想搜索邓丽君的甜蜜蜜,而不想搜索到其他人唱的这个歌曲,只要输入:邓丽君＋甜蜜蜜,在中间加一个"＋"号就可以了。

步骤四:如果只搜索网站的网址怎么办呢?例如:想搜索含有 baidu.com 的网址,可以输入:baidu.com,这样搜索到的网址全部是含有 baidu.com 的。

步骤五:如果只想搜索网站的标题,怎么办呢?例如:百度回享计划,只要在百度中输入:t:百度回享计划,这样含有"百度回享计划"标题的网站就全部搜索出来了。

步骤六:按类进行搜索。如果是图片就点击图片,如果是歌曲你就点击歌曲,等等。这样搜索出来的也很准确。

步骤七:如果想搜索百度回享计划中包含美食这个词的内容,怎么办呢?只要在百度搜索框内输入:美食 intitle:百度回享计划,点击搜索,这样搜索到的全部是百度回享计划的美食的内容。

步骤八:如果只想搜索百度中名字是天意的歌曲,怎么办呢?只要在百度搜索框内输入:天意音乐 site:baidu.com,这样搜索到的全部是百度中名字是天意的歌曲。

办公室常用应用文拟写篇

应用文写作是办公室秘书人员的基本功,是文秘人员的经常性事物。文秘人员会经常会被安排进行各种应用文的写作,如会议通知、请示、报告、请柬、简报、会议记录、工作总结等等。提高写作能力是从事办公室文秘工作、提高服务能力和管理水平的需要。应用文写作并不难,主要是掌握各种应用文的固定格式和写作要求,经过一个阶段的训练会掌握其中的规律提高写作能力。

岗位任务一

事务类应用文拟写

学习目标

1. 知识目标

掌握大事记、推荐信、请柬、介绍信、简报的格式。

2. 能力目标

能根据实际工作情况熟练、规范地撰写大事记、推荐信、请柬、介绍信、简报等事务类应用文。

3. 情感目标

养成规范的应用文写作习惯,形成专业细致的文秘职业素养。

任务情境

情境 1:

金鼎公司办公室张秘书负责撰写公司的大事记,他将刚刚过去一个月里公司的事情进行了梳理,准备撰写大事记。张秘书打开工作记录看到以下内容:2014 年 9 月 6 日公司新股在上海证券交易所上市;9 月 25 日召开公司由董事长参加的高层会议,决定发展新业务部,启动公司内部创业激励计划;9 月 28 日公司组织员工参加徒步活动;9 月 12 日公司荣获由中国电子商务协会授牌的"中国互联网电子商务首批诚信示范企业"。

情境 2:

金鼎科技有限公司想向中职学校招聘几名文秘专业实习生。要求:有较强的表达、写作、沟通、协作能力和独立处理事务的能力;能熟练运用 office 办公软件,熟练操作计算机;工作责任心强,有上进心,有较强的团队合作精神的文秘专业学生。

如果你是应聘者,怎样写自荐信和个人简历?

情境 3:

公司定于 9 月 21 日上午 9 时整在希尔顿酒店 2 楼会议厅召开答谢客户的酒会,计划邀请一些重要的大客户,请经理秘书小刘草拟请柬。

情境4：

公司准备派10名员工参加××外国语大学9月份开办的英语培训班，进行英语口语强化训练，员工要拿着公司出具的介绍信前去接洽。

情境5：

公司青年员工参加英语培训以来，学习热情高涨，取得了较好的成绩，获得××外国语大学领导的好评，在公司对外业务上也取得较好的业绩。秘书小刘准备将青年员工学习英语的情况以简报的形式在公司做一下宣传交流。

想一想，试一试：

事务类的应用文在企事业单位中是一种使用频率极高的实用性文体。包括证明信、推荐信、感谢信、慰问信、贺信、倡议书、建议书、申请书、计划、总结、调查报告、启事、海报、条据，等等。本小节介绍比较常用的几种，主要掌握每种文体的格式和用法，剩下的同学们可以课下自学。

任务指引

一、大事记

（一）大事记的含义及记录内容

1. 大事记的定义

大事记，顾名思义就是记大事，是党政机关、社会团体、企事业单位按照编年体的形式，把机关单位的重要工作、重大事件、重要活动按年、月、日的时间顺序，简要明确地系统记载下来的一种文字材料，是机关单位内部使用的非正式公文。

对于一个机关单位来说，所谓"大事"，是指一定时间、一定范围内发生的具有重要意义、涉及面广、影响深远和有一定历史价值的事件。大事记是对机关单位历史事件的客观记录，具有客观、准确、系统、可信的特点。

2. 大事记的记录内容

（1）全国、全省（市）的重要社会活动、改革措施对本机关（单位、地区、系统）的影响以及干部群众的反映。

（2）本机关单位的重要活动、重要会议及其所作出的重要决策。

（3）本机关单位和本单位批准的主要领导人的调动、任免、奖惩、退（离）休和逝世。

（4）本机关单位及本单位批准的机构的建立、合并、撤销、名称及隶属关系的更改、体制变化、区划调整等。

（5）本机关单位颁发的重要文件、规章制度以及上级领导机关（主管部门）针对本机关单位所发出的各种文件。

（6）上级领导机关和主管部门来本机关单位检查、指导工作，以及著名人物来本单位的重要活动。

（7）本单位领导人参加的重大活动、重要外事接待工作和出访，以及本机关单位著名人物重要的对外活动。

（8）本机关单位制定出台的重大改革措施、取得的重大成绩和重大发明创造。

（9）本机关单位发生的重要案件、事故、事件以及本地区发生的重大社会动态、气象变化以及严重自然灾害及其善后处理情况。

（10）本机关单位对所属部门和先进人物的命名、嘉奖，以及上级领导机关（主管部门）对本机关单位及所属部门和人物的命名和嘉奖。

（11）重要建设项目的竣工、验收、投入使用及其经济效益。

（12）其他需要记载的各种大事、要事。

（二）大事记的类型及作用

1. 大事记的类型

大事记从不同角度可以分为多种类型：

按内容分，有综合性大事记（反映一个机关或单位各方面的大事）和专题性大事记两种；

按格式分，有条目式大事记和表格式大事记两种；

2. 大事记的作用

大事记记载和反映的是一个机关（单位、系统、地区）某一历史时期或某一阶段各方面的大事、要事，它可以为本地区本单位的工作总结、工作检查、工作汇报、工作统计和上级机关掌握情况提供系统的、轮廓性材料。可以从中总结工作的经验教训，不断改进工作，便于了解和查考某一时期的工作情况，为制定某方面的政策措施提供宝贵的基础材料。大事记具有史料价值，它可以用于了解本单位的发展历史，起到录以备查的作用。因此，大事记是每一个机关单位永久性档案的重要组成部分。

（三）大事记的结构和写法

大事记由标题和正文两部分组成。

1. 标题

大事记的标题有两种写法：一种是单位名称、内容和文种（大事记），如《大学外事工作大事记》；另一种是单位名称和文种（大事记），如《重庆市人民政府大事记》。

2. 正文

大事记的正文由时间和事项两部分构成。

（1）时间。时间要连续和有序，反映事物的发生、发展过程和行政管理工作的进展清况。因此，大事记必须按照时间的先后顺序记明年、月、日。有的重要事件还要求记清楚上午、下午或晚上的具体时间；有的工作事项不是一天完成的，则应记明起止日期，时间延续较长的某项工作，可以分为几个主要阶段分别记载。

（2）事项。即大事记需要记载的大事、要事，通常是一事一记。如果一天之内发生几件大事，则按发生的先后顺序逐项记载，每项事一条，每一条一个自然段。如果是连日组成一件大事的,一般是放在事情的最后一天记载。

(四)大事记的写作要求

编写大事记总的要求是站在本机关(单位、地区、系统)工作全局的角度,及时收集管理工作中各项重要工作事项,然后从中提取重要的、有价值的东西具体地说,编写大事记的要求是:

(1)选事准确。要从本机关单位的性质、任务和主要职能等实际出发,选择、确定并记录大事、要事,突出自身活动的特点。属于全国、全省(市)的大事,只记与本机关单位相关部分的事项。

(2)记时清楚。机关单位的任何大事、要事都发生在一定的时间。因此,大事记对每一件大事、要事都必须写清楚发生的年、月、日,特别重要的工作事项还要准确到时、分,甚至秒,原则上不使用诸如"近日""最近""上旬""中旬""下旬""月初""月底"等不确切的日期表述。一般地说,正式文件应记生效日期;会议则记录召开日期,连续几天的会议,记明起止日期;大事记的条款,要严格按照事件发生时间的先后顺序排列,先排有准确日期的,后排接近准确日期的;日期不清楚的附于月末;月不清者附于年末;年不清者,原则上不予记载;个别特别重要的事项,其发生的时间一时搞不清的,也可以留待日后查证补充。

(3)大事突出。每个机关单位在记录大事时,凡认为重要的都应记载下来,这是需要的。但是,其中有的事项对日后工作的参考利用价值并不大,应予鉴别,真正做到大事突出,要事不漏,琐事不录。

(4)只述不评。大事记重在"记",事情是怎样就怎样写,不需要加任何评论;语言要简明扼要,以"记清记准"为标准;表述方式要条文化,不要文章化。

二、推荐信

(一)推荐信的定义

推荐信是单位、团体或个人向其他单位、团体或个人推荐人或物,以便对方采纳的专用书信。

(二)推荐信的要求

(1)必须写清楚推荐的理由。

(2)实事求是地反映所荐人或物的具体情况和长处,绝不能隐瞒实情和虚夸。

(3)推荐信一般由第三者来写。

(三)自荐信

自荐信是用书信的形式向招聘单位所做的自我介绍。一份写得好的自荐信会给对方留下清楚、良好、深刻的印象,有助于自荐人的成功。

要求:

(1)要根据用人单位的需求把自己的特长及主要成绩写清楚。

(2)应表示自己的真诚态度,语言要谦恭有礼而不失自尊自信。

(3)自荐信用第一人称。

（四）推荐信的格式

（1）标题。第一行居中写"推荐信"或"自荐信"三字。

（2）称谓。第二行顶格写称谓,即收信单位的名称或个人姓名。

（3）正文。正文是推荐信的主要部分,一定要具体陈述被推荐者的基本情况和推荐理由。

（4）结尾。即推荐信末尾的祝颂语。一般空两格写"此致",另起一行顶格写"敬礼"。

（5）落款。在结束语的下一行右下方署名,写上推荐者的名称（单位、团体）或姓名（个人）,推荐者为个人的,一般还应写明职务。署名下面写上发信的日期。

（6）附件。自荐信最后一般应写上附件的名称和件数,如学历证书、获奖证书等。

三、请柬

（一）请柬的定义

请柬又称请帖,邀请某单位或个人来参加比较隆重的典礼、会议或某种有意义的活动的一种专用书信。它是人们在节日和各种喜事中请客用的一种简便的邀请信。

（二）请柬的作用

有庄重通知、盛情邀请的作用,也是入场报到的凭证。使用请柬,既可以显示对被邀请者的尊重,又可以显示邀请者对此事的重视态度。

（三）请柬的种类

卡片式、折叠式;横式、竖式。

（四）请柬的格式

各种请柬的内容不同,形式各有区别,但都必须将举办活动的名称、具体时间、详细地点、主办人、被邀请人（职务）写明白。具体来说,请柬的写作格式一般由标题、称谓、正文、结尾和落款几部分组成。

（1）标题。第一行正中。如双折的在封面居中写,可以进行艺术地加工处理。

（2）称谓。第二行顶格。被邀请者个人或单位的名称。双折的,在第一行顶格写。

（3）正文。称谓下面一行空两格。交代活动的时间、地点和内容。以"敬请光临指导""敬请莅临"等收尾。

（4）结尾。正文下面一行。空两格写"此致（恭祝）",另起一行顶格写"敬礼（金安）"。

（5）落款。署名和日期。

注:竖式写的,顺序是由右向左竖着写。

四、介绍信

（一）介绍信的定义

介绍信是机关、团体、企事业单位为了参观学习、了解情况、联系工作、商洽事宜、参加会议、办理事务等给本单位人员外出所开具的专用书信。

（二）介绍信的特点

介绍信具有介绍和证明的双重作用,传递方式是被介绍人持往对方单位,面交对方办事人员,对方凭此接洽业务。

(三)介绍信的种类

(1)用一般公文纸书写的介绍信。

(2)印刷成文,不留存根,随用随填的介绍信。

(3)印刷成文,留有存根的介绍信。

(四)介绍信的格式

1.用一般公文纸书写的介绍信

(1)标题。在信纸的第一行居中位置用较大字体写"介绍信"三字。

(2)称谓。称谓在第二行顶格写,要写明联系单位或个人的单位名称(全称)或姓名,再加上冒号。

(3)正文。正文要另起一行,空两格写介绍信的内容。介绍信的内容要写明如下几点:

①要说明被介绍者的姓名、年龄、政治面貌、职务等。如被介绍者不止一人还需注明人数。其中,政治面貌和被介绍者的年龄有时可以省略。

②写明要接洽或联系的事项,以及向接洽单位或个人所提出的希望和要求等。

(4)结尾。结尾要写上"此致""敬礼"等表示祝愿和敬意的话。

(5)落款。出具介绍信的单位名称写在正文右下方,并署上介绍信的成文日期,加盖单位公章。

一般在介绍信的最后在左侧注明本介绍信的使用期限,数字用大写。

2.印刷成文,不留存根,随用随填的介绍信

标题、称谓、正文、结尾、落款均按一定的格式印好,只在空白处填写有关内容即可。

3.印刷成文,留有存根的介绍信

带存根的印刷式介绍信一般由存根联、正式联和间缝三部分组成。

1)存根联部分

(1)第一行正中写有"介绍信"三字,字体要大;紧接"介绍信"后,用括号注明"存根"两字。

(2)第二行在右下方有"××字××号"字样。如是市教委的介绍信就写"市教字××号";如是县政府商业局的介绍信可写"县商字××号"。"××号"是介绍信的页码编号。

(3)正文。正文要另起一行写介绍信的内容,具体由以下几项构成。

①被介绍对象的姓名、人数及相关的身份内容介绍,还要写明前往何处何单位。

②具体说明办理什么事情,有什么要求等。

(4)结尾。结尾只注明成文日期即可,不必署名,因为存根仅供本单位在必要时查考。

2)间缝部分

存根部分同正文部分之间有一条虚线,虚线上有"××字第××号"字样。这里可照存根第二行"××字××号"的内容填写。要求数字要大写,如"壹佰叁拾肆号",字体要

大些,便于从虚线处截开后,字迹在存根联和正文联各有一半。同时,应在虚线正中加盖公章。

3)正式联部分

(1)第一行正中写有"介绍信"字样,字体较大。

(2)第二行在右下方有"××字××号"字样,内容照存根联填写。

(3)称谓。称谓要顶格写,写明所联系的单位或个人的单位名称(全称)或姓名。

(4)正文。正文应另起一行,空两格再写介绍信的具体内容。内容同存根内容一样,主要写明持介绍信者的姓名、人数、要接洽的具体事项、要求等。

(5)结尾。写明祝愿或敬意的话,一般要写些诸如"请接洽""请指教""请协助"的话,后边还要写"此致""敬礼"。

(6)落款。在右下方要署上本单位名称(全称),并加盖公章,同时另起一行署成文日期,最后要注明该介绍信的有效期限。

这类介绍信写好后,也应装入公文信封内。

五、简报

(一)简报的定义

简报,从字义上来说,就是情况的简明报道。它是机关、企事业单位、社会团体之间用来汇报和反映情况、交流信息和经验、加强沟通联系的一种事务性文书。

(二)简报的种类

简报的种类很多,按性质和内容的划分标准可分为以下几种:

1.工作简报

工作简报是为推动日常工作而编写的简报。它的任务是反映工作开展情况,介绍工作经验,报告工作中出现的问题等。工作简报又分为综合工作简报和专题工作简报两种。

2.会议简报

会议简报是会议期间为反映会议进展情况、会议发言中的意见和建议、会议议决事项等内容而编写的简报。一些规模较大的重要会议,会议代表并不能了解会议的整体情况,譬如,分组讨论时的重要发言、有价值的提案等,需要依靠简报来了解会议的基本面貌。重要会议的简报往往具有连续性的特点,即通过多期简报将会议进程中的情况接连不断地反映出来。会议简报一般由会议秘书处或主持单位编写。

3.动态简报

动态简报是为反映本单位、本系统的思想、政治、经济、文化等方面情况,交流信息而编写的综合性简报。动态简报着重反映与本单位工作有关的正反两方面的新情况、新动向、新问题,为领导和有关部门研究工作提供鲜活的第一手资料,向群众报告工作、学习、生产、思想的最新动态。

(三)简报的特点

1.新闻性

简报有些类似于新闻报道,特点主要体现在真、新、快三个方面。

"真"是内容真实,这是新闻的第一特征。简报所反映的内容、涉及的情况,必须严格遵循真实性原则,时间、地点、人物、事件、原因、结果,所有要素都要真实,所有的数据都要确凿。虚构编造不行,移花接木、添枝加叶也不行。

"新"是内容的新鲜感。简报如果只报道一些司空见惯的事情,就没有多大价值和意义了。简报要反映新事物、新动向、新思想、新趋势,要成为最为敏感的时代晴雨表。

"快"是报道的迅速及时。简报写作要快,制作、发送也要简易迅速,尽量让读者在第一时间里了解到最新的现实情况。

2.简洁性

简报的内容简练,篇幅较短,材料概括集中,语言表述简洁明确、平实准确,字数一般在 2000 字以内,如果内容较多可分几期编发(综合性的情况简报除外)。

3.内部交流性

简报不公开发行,只限内部交流。简报上所登的内容主要是本机关或本单位、本系统的内部情况,或与本机关、本单位密切相关的外部信息,其内容具有明显的内部交流性特征。有些简报的内容涉及国家机密,应在报头注明秘密等级和保密期限。

(四)简报的格式

简报的格式一般由报头、报体、报尾三部分组成。

1.报头

报头一般占首页三分之一的上方版面,用间隔红线与正文部分隔开,报头内容有:

(1)简报名称:简报的名称很多,如内部参考、工作动态、情况反映、信息交流,但用得最多的还是"工作简报""会议简报"这种固定格式。一般用大字套红,醒目大方。

(2)期数:在简报名称的正下方用小号字书写"第×期";有的连续出,还要注明总期数,总期数用括号括入"总第×期"。

(3)编号:排在报头右侧的上方位置。

(4)编发单位:排在横隔线的左上方顶格写,名称要具体,如"××市××局办公室编"。

(5)印发日期:在编发单位同一行的右侧注明××××年××月××日。

(6)秘密等级、编号:如:"绝密""机密""秘密"等排在简报左侧上方位置。有的简报还在报头的右上侧加以编号。

2.报体

报体是简报的主要部分。一般的简报报体由编者按、标题和正文三部分组成。

（1）编者按。在正文标题之前加上编者按，就简报所涉及的内容、情况作必要的说明并提出要求，一般用于主管单位下发给所属基层单位的简报，大部分的专题性简报不写编者按。

（2）标题。简报的标题主要有两种形式：

①单行式标题。将报道的核心事实或其主要意义概括为一句话作为标题，如:《后勤工作今年重点抓好五件事》《我校通过"211 工程"专家审查验收》《查摆突出问题，研究"三讲"教育方案》。标题中间可以用空格的方式表示间隔，也可以加用标点符号。

②双行式标题。双标题有两种情况：

一是正题后面加副题。如:《再展宏图创全国一流市场——××农贸市场荣获市信誉市场称号》。前一个标题是正题，概括事实的性质，后一个标题是副题，补充叙述基本事实。

二是正题前面加引题。如:《尽责社会完善自身——华东师大团委开展"把知识献给人民"的活动》。前一个标题是引题，指出作用和意义，后一个标题是正题，概括主要报道内容。

（3）正文。简报的正文一般包括导语、主体、结尾三个部分。

①导语。要求用简洁准确的语言概括正文的主要内容，常用的表述方法有两种：一是概述式，常用于会议简报的前言，开门见山地点明什么时间、什么地点、开什么会、何人主持、参加会议的主要成员是谁、有哪几位领导同志讲了话，并概括这次会议取得的成效。二是结论式，即将问题的结论用一段话点明。反映情况、揭露问题的简报常用这种开头方式。

②主体。主体是简报的主要部分，它的任务是用足够的、典型的、富有说服力的材料把导语的内容加以具体化，用材料来说明观点。写好主体是编好简报的关键。主体的内容，或是反映具体的情况，或是介绍具体的做法，或是叙述取得的成绩和经验，或是指出存在的问题，或是几项兼而有之，要视具体情况而定，没有固定的框框。

主体的层次安排有"纵式"和"横式"两种形态。纵式结构按事件发生、发展的时间顺序来安排材料，横式结构按事理分类的顺序安排材料。如果内容比较丰富，各层可加小标题。

③结尾。简报要不要结尾，因内容而定。事情比较单一，篇幅较短的，可以不单写结尾，主体部分说完就结束，干净利落。事情比较复杂，内容较多的，可以写个结尾，对全文作一个小结，以加深读者印象。有些带有连续性的简报，为了引起人们注意事态的发展，可用一句交代性的话语作为结束，如"对事情的发展我们将继续报告""处理结果我们将在下期报告"等。

3.报尾

在末页的下方，用两条平行线框住，左侧写报、送、发单位的名称或个人姓名、职务，右侧写本期印发份数。

妙招提示

一、表格大事记模板

××公司大事记

记录部门：　　　　　　　　　　　记录人：

日期时间	工作主题	大事记	备注

二、个人简历模板

个人简历

姓名		性别		出生年月		照片
年龄		民族		身高		
政治面貌		学历		专业		
家庭现住址						
户口所在地						

联系方式		
通信地址		邮编
联系电话		QQ
E-mail		

教育背景		
毕业院校		学历
毕业时间		所学专业

受教育经历		
时间	机构	内容

专业课程

获奖情况

（续表）

工作能力及其他专长
自我评价

三、自荐信模板

自荐信

尊敬的领导：

　　您好！我是××学校的应届（学历层次）毕业生，所读专业是……，从……（获取信息途径）获知贵公司正在招纳贤才，我希望能成为贵公司的一员。

　　_____（个人简历）。

　　_____（求职优势）。

　　_____（获职打算、获职强烈愿望）。

　　_____（请求答复联系）（表达感激之情）。

　　　　此致

　　敬礼

×××

××年×月×日

附录：

学历证书、获奖证书

四、请柬模板

请　柬

××××：

　　兹定于××年××月××日上/下午××时，在（具体地点）举行（具体内容）。请

_____（可以提出一些要求）。

　　敬请光临

　　　　此致

敬礼

××××

××年×月×日

五、介绍信模板

介绍信

×××字×××号

×××：

　　兹介绍×××，×××等××名同志（系×××），前往贵处联系……事宜，敬请接洽并予以协助。

　　此致

敬礼

×××单位（公章）

（有效期××天）　　　　　　　　　　　　　　×××年×月×日

介绍信（存根）

×××字×××号

兹介绍××等同志×人前往××××联系××××××××××。

×××年×月×日

···············字·········×·········×·········号···············

介绍信

×××字×××号

×××：

　　兹介绍××等同志×人，前往你处联系×××××××××××，请予接洽并给予协助。

　　此致

敬礼

×××单位（公章）

（有效期××天）　　　　　　　　　　　　　　×××年×月×日

六、简报模板

秘密等级（秘密\机密\绝密）　　　　　　　　　　　　　　编号

大连信达科技有限公司
会议简报

第×期（总第×期）

大连信达科技有限公司宣传部编印　　　　　　　2014 年 6 月 3 日

公司周例会会议简报

二〇一四年五月三十日上午 9：30 至 10：30，王总经理在公司会议室主持召开公司周

例会,营销部、生产部及总务部等全体职员参加会议。会议围绕上周工作情况进行,有关内容记录如下:

××××××××××××××××××××××××××××××××××
××××××××××××××××××××××××××××××××××
×××××××××××××

主　送:总经理　　　　　　　　　　抄　送:参加会议的相关部门、存档

2014 年 6 月 3 日印发

任务实施

以小组为单位分工完成上面的几种事务类应用文。

任务完成PK

	大事记格式 正确10分	推荐信格式 正确10分	个人简历格式 正确10分	请柬格式 正确10分	介绍信格式 正确10分	简报格式 正确10分	总分
第一组							
第二组							
第三组							
第四组							

拓展任务

1.新华女子职业中专正在进行国家级示范学校建设工作,示范办秘书王晓负责起草示范校建设的大事记,下面是学校示范校建设一个阶段的工作,王晓该怎样进行记录?

沈阳光明职业学校校长于 2013 年 5 月 2 日一行 20 多人到校参观学习示范校建设情况;韩国明和大学院长一行 4 人到校进行友好交流,参观示范校建设项目并就未来深度开展合作签订了合作协议,时间是 2013 年 12 月 19 日;2013 年 10 月 12 日市妇联单主席一行 3 人到校考察,就市妇联在学校开设女性课堂、聘请美容美发专业教师开展女性课堂等事宜进行洽谈协商;2014 年 3 月 8 日学校荣获大连市妇女联合会颁发的"三八"红旗集体……

2.设计一款请柬,可以是卡片式、折叠式或横式、竖式。

3.设计填写留有存根的介绍信。

4.完成自己的个人简历。

5.编辑一份班级动态简报。

知识链接

大事记的分类

1.根据制文机构职权范围的不同,大事记可以分为:

世界大事记;

全国大事记;

地区大事记;

部门大事记;

单位大事记等。

2.根据制文机构性质的不同,大事记可以分为:

党政组织大事记;

国家行政机关大事记;

社会团体大事记;

企业或事业单位大事记等。

3.根据记载内容、性质的不同,大事记可以分为:

综合性大事记;

专题性大事记。

4.根据时间跨度的不同,大事记可以分为:

古今大事记;

断代大事记;

年度大事记;

季度大事记;

每月大事记;

每周大事记;

每日大事记等。

简报制作

1.页面设置

选择"页面设置"选项卡,点击"页面设置"在此对话框中可以进行页面设置。

(1)选择"页边距"附签,将页边距设置为以下相应数值:上 3.7 cm,下 3.5 cm,左 2.8 cm,右 2.6 cm。

(2)选择"纸张"附签,纸张大小选择:A4(21 cm×29.7 cm)。

(3)选择"版式"附签,在"页眉和页脚"的"奇偶页不同"选择前打"√",然后将"页眉"设为 1.5 cm,"页脚"设为 3.1 cm,设置完成后单击"确定"。

2.发文机关标识

(1)"公共管理学院理研会工作简报",字体设置为方正小标宋简体,字号设置为45,选择两端对齐。

(2)选择字符缩放选项卡,选择其他缩放方式,缩放选择75%,间距选择标准。

3.期数、总期数

(1)先将字体设置为仿宋GB2312,三号字体。空一行,另起一行写上第几学年,第几期以及总的期数。

(2)字体不缩放,选择标准。字体颜色用黑色,并选择居中对齐。

4.红色反线的制作

单击"插入"选项卡,点击插图中的"形状"下拉菜单,选择"线条"中的第一个图标"线段"。然后鼠标在页面内变成一个十字,左手按住键盘上的Shift键,右手拖动鼠标从左到右划一条水平线,然后选中直线单击鼠标右键,选择"设置自选图形格式",红线的属性在这里进行设置。

(1)选择"颜色和线条"附签,"颜色"设置为标准色中的"红色";"虚实"设置为"实线""粗细"设置为1.5磅。

(2)选择"大小"附签,"宽度"设置为156.01 mm,高度设置为0.02 mm。

(3)选择"版式"附签,单击"高级"按钮,水平对齐:"对齐方式"设置成"居中"相对于"页面";垂直对齐:"绝对位置"设置成49.78 mm,下侧选择"页边距"单击"确定"。

5.正文

(1)正文应该在反线下空一行后开始,开头应空4个字符。第一期简报在正文开始前应该写上"发刊词",第二期应该写上"编者按",字体设置为方正行楷简体,加粗,字号设置为小二。

(2)正文字体设置为仿宋GB2312,三号字体,不加粗。

(3)正文每个模块标题字体设置为方正小标宋简体二号,加粗,居中。

(4)每个模块下的分点,"一、二"之类的字体设置为黑体,三号,加粗。

(5)每个模块结束后注意空一行另起下一模块。

(6)正文结束后记得写上发文机关(公共管理学院理论学习研究会)和日期。

6.版记的制作

选择"插入"—"表格",通过插入一个4行1列、列宽为15.6 cm的表格来制作版记。

(1)表格基本设置。单击鼠标右键—表格"属性"—表格附签,然后单击"边框和底纹"按钮,将线的宽度设置为"1磅";在"预览"窗口中将每行的下线选中,其他线取消,然后单击"确定","对齐方式"设置为"居中",单击"确定"即可,最后一行的反线需要单独取消。

(2)在表格中填写具体内容:主题词用三号黑体,加粗。抄报、抄送单位、印发单位及印发日期用三号仿宋GB2312,并首行缩进1个字符。("段落"—"特殊格式"—"首行缩进")

7.页码的制作

(1)插入页码。单击"插入"选项卡,选择"页码"—"页面底端",注意:奇数页选择右侧页码,偶数页选择左侧页码[在 Office 2003 中,方法如下:选择"插入"—"页码","位置"设置为"页面底端(页脚)";"对齐方式"设置为"外侧";选中"首页显示页码"。],然后单击"格式"按钮,"数字格式"设置为"半角",单击"确定"按钮,完成页码设置。

(2)更改页码格式。双击页码,选中页码更改"字号"为四号,"字体"为仿宋 GB2312。在页码两边各加一条全角方式的短线,方法是:将光标挪动到页码范围内闪烁,将输入法切换成中文输入法,在页码的左右各输入一个破折号"——",再去掉一半,变为"—"即可。将光标挪动到页码范围内闪烁,选择"格式"菜单下的"段落","缩进"设置:奇数页:将"缩进"的"右"设置为 1 字符;偶数页:将"缩进"的"左"设置为 1 字符;然后单击"确定"即可,至此,页码设置完成。

岗位任务二

行政公文拟写

学习目标

1. 知识目标

掌握事务性通知、通报、报告、请示、批复、函的格式写法。

2. 能力目标

能根据实际工作情况熟练、规范地撰写事务性通知、通报、报告、请示、批复、函等公文。

3. 情感目标

养成规范的应用文写作习惯,形成专业细致的文秘职业素养。

任务情境

情境 1：

由于业务的不断扩大,金鼎公司和国外的业务往来日益频繁,对公司员工的英语要求也随之提高,公司领导准备安排青年员工进行英语培训。王经理让秘书小刘起草一份会议通知,通知各部门经理于本月 15 日在公司大会议厅召开会议,商讨英语培训相关事宜。会后王经理让小刘将此次培训的事宜通知公司的各个部门。

情境 2：

××职业学校学生王莉莉在放学回家的公交车上拾到一个钱包,钱包内有 2400 元的现金、身份证和多张银行卡,为寻找失主,王莉莉同学多坐了两站车将钱包送到公交车调度站,后来钱包被送回失主手中,××职业学校决定对王莉莉同学这种拾金不昧的事迹进行全校通报表扬。

情境 3：

××职业学校"第十九届校园文化节礼仪礼节大赛"已经落下帷幕,作为全市职业学校技能大赛的一个内容,学校要把此次大赛的情况上报市教育局。

情境 4：

××职业学校教学使用的电脑因年代太长很多已经不能使用,学校打算向上级主管部门市教育局申请经费 20 万元用于购置教学电脑 40 台。市教育局收到××职业学校购置新电脑的申请,经研究决定,同意学校的请求。

情境 5：

金鼎公司对青年员工进行英语培训以来,员工的英语基础水平得到了提高,为适应工作的需要,公司决定对青年员工进行下一轮的培训。××外国语大学刚好要在 9 月份开办英语培训班,进行英语口语强化训练,公司准备派 10 名员工参加学习,委托××外国语大学代培。秘书小刘准备以公司的名义给××外国语大学发文。

想一想,试一试：

以上情境,作为文秘人员应该用什么文种来行文？它们的行文关系是怎样的？

任务指引

一、通知

(一)通知的概念

通知是批转下级机关、转发上级机关和不相隶属机关文件、发布规章、传达要求下级机关和有关单位需要周知或者共同执行的事项、任免和聘用干部等使用的公文。

(二)通知的特点

1.使用范围广泛

无论哪一级行政机关都可使用,不受级别限制。通知的内容广泛,可涉及国家事务和社会生活的各个方面。比如下达指标,部署工作,告知事项,联合举办活动,转发上级、同级、下级机关的公文,任免聘用干部,召集会议等,均可使用"通知"。

2.使用频率高

因为通知适用范围广泛,行文简便,写法多样,所以在现行公文中使用频率最高。

3.种类多

按其内容性质分,有部署性通知、发布性通知、事务性通知、会议通知、转发性通知、任免性通知等。

二、事务性通知

(一)事务性通知的概念

用于处理日常工作中带事务性的事情,常把有关信息或要求用通知的形式传达给有关机构或群众。事务性通知使用范围非常广泛,使用频率也非常高。它的行文简便、灵活,主题单一,一文一事,讲求应用性、时效性。

（二）事务性通知的写法

通知的格式,包括标题、主送机关、正文、落款。

1.标题

通常有三种形式:

①发文机关＋事由＋文种,如《国务院关于设立食品安全委员会的通知》;

②事由＋文种,如《关于进一步加强旅行社经营价格管理的紧急通知》;

③只写文种,如《通知》,这种形式常见于基层单位所发的事务性的通知或一般性会议通知。

2.主送机关

被通知的单位或部门名称。一般在标题的下一行顶格写,后加冒号。如受文单位有好几个,则在每个受文单位之间用逗号或冒号隔开。

3.正文

另起一行,空两格写正文。

正文开头写明印发通知的依据,正文主体把通知事项的主要内容写清楚。由于这种通知所涉及事项都比较具体,因此要写得简短、明了,一般主要交代要办什么事、什么时间办、怎样办以及需要提醒注意的事情;正文的结尾可用"特此通知",也可不用结束语。事务性通知只把通知事项写清楚即可,不必发表议论;结构上既可用条款式,也可用分段陈述的形式。

会议通知正文必须交代清楚召开会议的机关或单位(部门),会议的起止时间、地点,会议名称、基本内容,参加会议的人员以及报到时间、地点等。

根据会议任务、规模等情况的需要,有些会议通知还要写清其他有关内容。例如,属于表彰先进的会议要交代评选的范围、评选条件、评选方法、名额分配等有关事项;有的座谈会、讨论会,须写清要求参加会议人员进行必要的调查研究和材料准备工作;有的会议要求提交参加会议人员名单。如果参加会议人员距离较远的,要求预先告知乘坐的交通工具及车次(航班)等。

4.落款

在正文末的右下方写明发文单位和发文日期,并加盖单位公章。

三、通报

（一）通报的概念

通报是用于表彰先进、批评错误、传达重要精神和告知重要情况时使用的公文。

通报由领导机关发出,一般指向具有普遍意义的典型事例、成功的经验和失败的教训,起到表彰、惩戒、指导和宣传教育的作用。

通报按其性质和功用,可分为表彰性通报、批评性通报和情况通报。

通报不同于通知,它有两大主要特点:一是知照性,即要将有关情况告诉读者;二是指导性,即通报对读者的思想、行动有指导作用。

（二）通报的写作方法

(1)标题。通报标题的写法是"发文机关名称＋事由＋文种名称"。

(2)上款。在标题的下一行顶格写主送机关,一般用泛称,也有的不写上款。

(3)正文。通报的正文一般由主要事实、事实评析、决定和要求三个部分组成。

①主要事实:概述事实发生的时间、地点、单位或个人、经过、结果。事实要有一定的代表性和典型性。文字表述要抓住主要内容,做到简明扼要、清楚明白、准确无误。

②事实评析:对通报的事实恰如其分地议论分析,指出事实的性质和产生的原因,阐明通报的意图。表彰先进,要指出先进事迹的精神实质、意义和影响;批评错误,要分析其性质、原因和危害性;传达重要精神或者情况,要全面和辩证。

③决定和要求:针对通报事实,做出表彰决定或对错误者的处分(处理)决定,并由此引申出应当吸取的经验或教训,有的放矢地提出希望与要求。文字表述要简略、概括,针对性强。

正文的三个部分,在具体写作时也可以有所变化。情况通报可采用夹叙夹议的写法,叙述部分将告知的情况一一列出,议论部分则是对情况进行分析和预测。

(4)落款。落款注明发文机关和日期。

四、报告、请示、批复

（一）报告、请示、批复的概念

报告是向上级机关汇报工作、反映情况、提出意见和建议、答复上级机关的询问时使用的公文。

请示是向上级机关请求指示、批准时使用的公文。

批复是答复下级机关的请示事项时使用的公文。批复是下行文,具有指示性、针对性和简要性等特点,是针对请示作出答复的公文。

（二）报告和请示的区别

报告和请示都是上行文,但是两种文种不能混用、错用,更不能写成"请示报告"。报告与请示的区别主要有:一是行文目的不同。报告的目的是下情上传、陈述情况,不要求答复;而请示的目的是要求上级对请示事项给予指示、批准或答复。二是行文时机不同。报告所涉及的事项大都是过去的或正在进行中的,可以事后行文,也可以事中行文;而请示必须在事前行文,在得到上级的批准、指示后方能行事,不允许"先斩后奏"。三是内容"宽窄"不同。报告一文一事、数事皆可;而请示必须坚持"一文一事"的原则。四是办理要求不同。报告多是汇报工作、反映情况,答复上级机关的询问,报请上级阅知,是"阅件";而请示多是就有待解决的问题,请求上级答复办理,是"办件"。

（三）报告、请示、批复的写作方法

报告、请示和批复的结构都由标题、上款、正文和落款四部分组成,但各个文种的具体写法却有所不同。

(1)标题。这三种文种的标题通常都要写明发文机关、事由、文种。

(2)上款。报告和请示写明主送机关,批复写受文机关。

(3)正文。报告的正文一般由开头、主体和结尾三部分组成。按作用、内容划分,可把报告分为呈报性报告和呈转性报告两类。

呈报性报告不要求上级机关批转,一般先总述开展工作的背景、成绩或问题作为发文依据,然后常用"现将有关情况报告如下"作为过渡句,引起下文。主体写报告内容,要重点突出,详略得当。最后常用"特此报告"或"以上报告如有不当,请指出"等惯用语结束全文。

呈转性报告要求批转有关单位或部门执行,一般先概述开展工作的依据、背景和目的,常用"现提出如下安排意见"或"为此,建议做好如下工作"等惯用语引出正文的主体部分。主体部分具体阐述工作安排的有关规定、措施和方法,因要求有关部门贯彻执行,所以这部分内容应带有指示性。最后常用"以上报告如无不妥,请予批转执行"作结尾。

请示的正文一般由请示起因、请示事项和请示结尾三部分组成。起因是行文重点,要交代请示事项产生的背景、原因,阐述请示的理由和依据。请示事项是行文的落脚点,必须写得具体明确。结尾另起一行,用"以上请示当否,请批复"等惯用语结束全文。

批复的正文由批复引据和批复意见两部分组成。一般先引述下级来文日期、标题和文号,告知收文情况,接着写批复意见,或同意或不同意,写明具体意见和要求。

(4)落款。写发文机关和日期,并加盖单位公章。

五、函

(一)函的概念

函是不相隶属机关之间商洽工作、询问和答复问题,请求批准和答复审批事项时所使用的公文。函是一种平行文,一般不用于上下级机关。

(二)函的分类

(1)按作用可分为商洽函、询问函、答复函、邀请函等。

①商洽函用于平行机关、不相隶属机关之间商洽工作、联系有关事宜。如商洽事务、洽谈业务、联系参观访问等。

②询问函用于向无隶属关系的上级或平级机关询问情况或向下级机关催办事宜。

③答复函用于答复下级或平级来函询问、商洽的问题。

④邀请函用于任何机关之间邀请外单位代表和个人参加会议或活动。

(2)按行文方向分为去函、复函两种。

去函是为商洽工作、询问事项,主动给其他机关发函。复函是针对来函作复,为被动行文。函一般不具备批示作用,但上级给下级的复函,在业务上有指导作用,下级机关应按复函中的要求执行。

(三)函的适用范围

(1)平级机关或不相隶属机关单位之间的公务联系、往来。

(2)向无隶属关系的业务主管部门请求批准有关事项。

(3)业务主管部门答复、审批无上下级隶属关系的机关请求批准的事项。

(4)机关单位对个人的事务联系,如答复群众来信等。

(5)凡无上下级隶属关系的单位都视为平级单位,都可以使用函,但函有时也用于有隶属关系的上下级机关之间。例如,上级机关向下级机关询问有关情况等。

(四)函的格式

函的写作格式一般包括标题、主送机关、正文、落款。

1.标题

一般由发文机关、事由和文种构成。

去函的标题一般是"×单位(发函单位)关于××事给×单位(收函单位)的函"或"×单位关于××事的函"。如:《××部关于选择出国人员的函》。

复函的标题一般为"×单位(发函单位)关于××事的复函"。如:《国务院办公厅关于悬挂国旗等问题给湖北省人民政府办公厅的复函》。

2.主送机关

即函的送达对象。

3.正文

(1)开头。交代写函的根据。发函要写清发函的起因,复函一般只写"××(单位)×××(批年号)《××函》(×字〔 〕×号)函收悉。"或者"××(单位)×年×月×日《××函》(×字〔 〕×号)收悉。"

(2)主体部分。

①去函。主要用于与有关单位商洽工作,询问有关问题或向有关部门请求批准等,其行文是主动的。这种函一般包括缘由、事项和结尾三个部分。缘由部分一般须把所商洽的工作、询问的问题或请求批准的事项具体写清楚。如果内容较多,要采用分条的写法,使之条理分明。结尾只需写出"请研究函复""请函复""盼复"或"以上意见当否,请函复"等语即可。

②复函。复函是用于答复商洽、询问的问题或批准有关单位的请求事项。这种函的行文一般是被动的,具有很强的针对性。复函的正文包括缘由、答复、结尾三部分。缘由部分要针对来函写收函情况,然后用"经研究,函复如下"过渡到下文。答复部分是复函的主题,要根据来函的内容做出具体的答复。结尾可写上"此复"或"特此函复",也有的不写。

4.落款

在正文末的右下方写发文单位和发文日期。

5.函的写作要求

(1)开门见山。尽快点明主题,不要漫无边际,故意绕弯子。

(2)叙事简洁,要求明确。发函要将商洽、询问的事项写得具体、明白,以便对方能准确回复。复函要有的放矢,不能偏离来函的要求。

(3)用语得体,注意分寸。用于商洽、询问事务的函,措辞要得体,掌握分寸,语气力求平和、礼貌,不能生硬地强迫对方按自己的意愿办事。用于答复问题的函,要有问有答,语气肯定,不能模棱两可。

妙招提示

一、通知模板

××关于开展……的通知

××××：

　　为了……，××决定＿＿＿＿＿＿＿＿＿＿＿＿＿＿＿＿＿＿＿＿＿＿＿＿＿＿。

现通知如下：/特作如下通知：

　　一、＿＿＿＿＿＿＿＿＿＿＿＿＿＿＿＿＿＿＿＿＿＿＿＿＿＿＿＿＿＿＿＿。

　　二、＿＿＿＿＿＿＿＿＿＿＿＿＿＿＿＿＿＿＿＿＿＿＿＿＿＿＿＿＿＿＿＿。

　　三、＿＿＿＿＿＿＿＿＿＿＿＿＿＿＿＿＿＿＿＿＿＿＿＿＿＿＿＿＿＿＿＿。

　　以上通知，望认真执行。/特此通知

×××
××年××月××日(公章)

××关于召开……会议的通知

××××：

　　为了……，××决定＿＿＿＿＿＿＿＿＿＿＿＿＿＿＿＿＿＿＿＿＿＿＿＿＿＿。

现通知如下：/特作如下通知：

　　一、会议内容。＿＿＿＿＿＿＿＿＿＿＿＿＿＿＿＿＿＿＿＿＿＿＿＿

　　二、参会人员。＿＿＿＿＿＿＿＿＿＿＿＿＿＿＿＿＿＿＿＿＿＿＿＿

　　三、会议时间、地点。＿＿＿＿＿＿＿＿＿＿＿＿＿＿＿＿＿＿＿＿

　　四、相关要求。＿＿＿＿＿＿＿＿＿＿＿＿＿＿＿＿＿＿＿＿＿＿＿＿

　　特此通知

×××
××年××月××日(公章)

二、通报模板

××关于表彰……的通报

××××：

　　＿＿＿＿＿＿＿＿＿＿＿＿＿＿＿＿＿＿＿＿＿＿＿＿。(主要事实)

　　＿＿＿＿＿＿＿＿＿＿＿＿＿＿＿＿＿＿＿＿＿＿＿＿。(事实评析)

　　＿＿＿＿＿＿＿＿＿＿＿＿＿＿＿＿＿＿＿＿＿＿＿＿。(决定和要求)

　　希望……

××××

××年××月××日（印）

三、报告模板

呈报性报告：

××关于……的报告

××××：

_____。现将有关情况报告如下：

一、_____。

二、_____。

特此报告。/以上报告如有不当，请指出。

××××

××年××月××日（印）

呈转性报告：

××关于……的报告

××××：

_____。现提出如下安

排意见。/为此，建议做好如下工作。

一、_____。

二、_____。

以上报告如无不妥，请予批转执行。

××××

××年××月××日（印）

四、请示模板

××关于……的请示

××××：

为了……（请示起因），特请求……（请示事项）。

以上请示当否，请批复。（请示结尾）

××××

××年××月××日（印）

五、批复模板

××关于……的批复

××××：

你处《关于……的请示》(发文字号)收悉。

经研究,批复如下:

一、_____。

二、_____。

此复/特此批复。

××××
××年××月××日(印)

六、范文欣赏

➡ **范文欣赏 1:**

××大学化学系关于参观××化工研究所的函

××化工研究所：

当今化学科学发展速度很快,为了培养学生的学习兴趣,提高对本学科的认识,了解当代有机化学发展现状,特请求贵所接纳我系学生前往参观。如有可能,请安排贵所著名研究员×××教授,为同学们作《当代有机化学的现状与发展》的讲座。为了培养我国化学事业接班人,望贵所大力支持为盼。

附:回函请寄本市×××路××大学化学系办公室,邮政编码:××××××。

××大学化学系
2012 年 12 月 5 日(公章)

➡ **范文欣赏 2:**

××化工研究所关于××大学化学系前来参观的复函

××大学化学系：

贵系 2012 年 12 月 5 日《关于参观××化工研究所的函》(××大学〔2012〕16 号)收悉。

经所长办公会议研究,同意贵单位组织学生前来参观,届时本所安排×××教授为同学作报告。为了办好此次活动,我单位决定由办公室李××负责相关事宜,特请贵单位派人前来共同研究具体活动安排。

联系电话:××××××

××化工研究所

2012 年 12 月 10 日（公章）

任务实施

以小组为单位分工完成上面的四种公文。

任务完成PK

	会议通知格式 正确10分	培训通知格式 正确10分	通报的格式 正确10分	报告的格式 正确10分	请示的格式 正确10分	批复的格式 正确10分	函件格式 正确10分	总分
第一组								
第二组								
第三组								
第四组								

拓展任务

1. 根据下面的信息拟一则通知。

国庆节即将到来，公司根据国务院办公厅有关通知精神安排放假事宜。放假时间按照国家规定 10 月 1 日（星期六，国庆节）至 7 日（星期五）放假调休，共 7 天，10 月 8 日（星期六）、10 月 9 日（星期日）上班。秘书小刘准备起草放假通知并要求各处室做好值班安排和安全保卫等工作。9 月 30 日下班前关闭电源，检查好门窗，9 月 20 日下班前上报假期值班人员安排表。

2. 指出下面这篇公文最少 9 处不妥之处，并说明正确的写法。

××大学关于我校聘请外籍教师的请示报告

省教育厅领导：

我校坐落在南方名城广州市，毗邻港澳，处在改革开放的前沿，有着得天独厚的地域优势，校园内湖光山色交相辉映，绿树繁花香飘四季，环境优美，文化底蕴深厚。

但由于我校是新办学校，急需师资，尤其缺国际贸易和国际金融专业的教师。目前虽然从各地调进部分教师，但仍满足不了教学需要。美国××大学师资力量雄厚，且信息通信技术的综合研究在国际已有名望，我校拟从该校聘请两名外籍教师，作为客座教授。

妥否？请尽快函告，否则将影响下学期按时开学。

××大学

2010 年 6 月 19 日

3.请将下面的这段文字改写成一篇情况通报。

职教学生就业行情看涨

学生"贷款"也要上培训课

如今大学生勤工俭学、助学贷款早已司空见惯,可是贷款上职业教育培训班却还是头一回听说。

对于职教市场火爆到学生贷款上培训班的现象,职教领域的资深专家表示,这可以看作整个社会职业教育观念正在发生深刻变化的一个标志。2004年职业教育招生人数达到历史最高水平。促使职业教育招生人数增长的直接原因是——职业教育就业率从2002年开始水涨船高,就业机会的增加使人们学习的天平开始向职业教育倾斜。教育部抽样调查显示,中等职业教育的就业率已经达到94%,全国各地"20万年薪招高级技工""蓝领走俏"等消息更是不绝于耳。职业教育的高就业率让众多年轻人越来越看重职业教育的分量。

在刚刚结束的全国职业教育工作会议上,温家宝总理重点强调,要大力发展职业教育,提升和优化我国的产业结构,把巨大的人口压力转化为人力资源优势,使我国经济建设切实转到依靠科技进步和提高劳动者素质的轨道上来。

4.杭州市神奇食品厂打算扩大生产规模,但其建筑面积已用完,无法再向外扩展。经研究,公司决定租用离公司300米左右的江通路附近的一块面积为1000平方米的空地,用作生产需要。为此,杭州市神奇食品厂向杭州市国土资源管理局请示,请求租用这块地,租期为5年。请你拟写这则请示。

5.根据下述内容,拟写一份报告。

黄利县四水乡永平粮站于2004年6月20日晚突降暴雨,凌晨一点左右山洪暴发,冲毁了仓库两座,冲走稻麦等粮食5万公斤,冲垮宿舍平房八间。事前,气象站未发出准确预报,所以事情刚发生时全站职工措手不及,财产损失严重。目前大雨仍时断时续,粮站职工正在全力抢救国家财产。已有3万公斤粮食转移到安全处。四水乡永平粮站需将上述情况报告给黄利县粮食局。

6.请以××外国语大学的名义给公司就代培英语事宜草拟一篇复函。

知识链接

《党政机关公文处理工作条例》:七个变化,九个细节

2012年4月6日,中共中央办公厅、国务院办公厅联合印发了《党政机关公文处理工作条例》(以下简称《条例》),同时废止了1996年中共中央办公厅印发的《中国共产党机关公文处理条例》和2000年国务院办公厅印发的《国家行政机关公文处理办法》(以下简称《办法》)。《条例》的发布施行,对推进党政机关公文处理工作的科学化、制度化、规范化将发挥重要作用。与《办法》对比,《条例》中出现了许多新的变化,主要表现在以下七

个方面：

一、公文处理的概念更加科学

《办法》规定"公文处理是指公文的办理、管理、整理（立卷）、归档等一系列相互关联、衔接有序的工作"，《条例》中按照公文办理的工作流程将公文办理工作概括为"拟制、办理、管理"三个相互关联、衔接有序的工作环节，简洁明了。"拟制"包括"起草、审核、签发"三个环节（《办法》中隶属于发文办理），同时将整理（立卷）、归档划归至公文办理范畴。

二、公文的种类更加丰富

《办法》中规定公文种类为13种，《条例》中规定公文种类为15种，增加了"决议"（适用于会议讨论通过的重大决策事项）和"公报"（适用于公布重要决定或者重大事项），同时将"纪要"改为"纪要"。

三、公文要素作出了调整

《办法》第三章第九条规定"公文一般由份号、密级和保密期限、紧急程度、发文机关标志、发文字号、签发人、标题、主送机关、正文、附件说明、发文机关署名、成文日期、印章、附注、附件、抄送机关、印发机关和印发日期、页码等组成"，增加了"份号""发文机关署名""页码"，减少了"主题词"。同时，对涉密文件、紧急公文、联合行文、公文标题等有了明确的规定：涉密文件要标注份号；紧急公文需标注"特急""加急"；联合行文可以单独用主办机关名称；公文标题应标明发文机关，有特定发文机关标志的普发性公文可以不加盖公章，等等。

四、行文规则上做了具体规定

《条例》中规定向上级机关行文"原则上主送一个上级机关"；"党委、政府的部门向上级主管部门请示、报告重大事项，应当经本级党委、政府同意或者授权"；"请示"应当一文一事，并要提出倾向性意见；"除上级机关负责人直接交办的事项外，不得以本机关名义向上级机关负责人报送公文，不得以本机关负责人名义向上级机关报送公文"；向下级机关行文也有明确的规定："党委、政府的办公厅（室）根据本级党委、政府授权，可以向下级党委、政府行文，其他部门和单位不得向下级党委、政府发布指令性公文或者在公文中向下级党委、政府提出指令性要求。需经政府审批的具体事项，经政府同意后可以由政府职能部门行文，文中须注明已经政府同意""党委、政府的部门在各自职权范围内可以向下级党委、政府的相关部门行文"。

五、文件签发程序更加规范

《条例》规定"重要公文和上行文由机关主要负责人签发"（《办法》只对上行文作此规定），"党委、政府的办公厅（室）根据党委、政府授权制发的公文，由受权机关主要负责人签发或者按照有关规定签发"。

六、公文办理环节更加简明

收文办理环节增加了"承办"和"传阅"环节，对"承办"和"传阅"环节也作出了具体的规定和要求；发文办理环节减少了四个，将"起草""审核""签发"环节划归到"公文拟制"部分，"用印"划分到"印制"部分。

七、公文管理环节更加严格

第七章第二十九条规定"党政机关公文由文秘部门或者专人统一管理。设立党委（党组）的县级以上单位应当建立机要保密室和机要阅文室，并按照有关保密规定配备工作人员和必要的安全保密设施设备"，第三十二条对"复制、汇编机密级、秘密级公文"也作出了明确详细的规定。

应注意的细节：

1.明确密级及保密期限。经过定密程序定为秘密文件的，应当在文件上标注密级及保密期限，规范用语为"绝密""机密""秘密"。

2.明确紧急程度。有时审计工作时间紧、任务重，在安排部署工作发文时，要在文件上标明紧急程度，文件上的规范用语应标注"特急""加急"，电报上的规范用语应标注"特提""特急""加急""平急"。

3.规范发文标志。《条例》中规定发文标志"由发文机关全称或者规范化简称加'文件'二字组成，也可以使用发文机关全称或者规范化简称。联合行文时，发文机关标志可以并用联合发文机关名称，也可以单独用主办机关名称"，对于一个部门一个单位应有一个统一规定，是用发文机关全称，还是用规范化简称加"文件"二字，必须统一。

4.落实签发人。在《条例》中文件格式部分对"签发人"有明确的要求：重要公文和上行文应当标注签发人姓名。

5.规范文件标题。文件标题由发文机关名称、事由和文种组成。在工作实务中，有时由于文件标题太长，文件上又有发文标志，往往在标题中忽略了发文机关名称，亟须规范。

6.规范文件落款。在《条例》第三章文件格式部分中，增加了"发文机关署名"的内容"署发文机关全称或者规范化简称"，在现实中因为要加盖单位公章，或文件头上已有发文标志，往往只署发文日期，没有署发文机关，亟须改正。

7.规范成文日期。《条例》规定："署会议通过或者发文机关负责人签发的日期。联合行文时，署最后签发机关负责人签发的日期。"

8.删除主题词一栏。在公文的要素上，《条例》中减少了"主题词"的内容，在以后制文时就需删除这一栏内容，同时还规范了抄送机关和印发机关及印发日期：除主送机关外需要执行或者知晓公文内容的其他机关，应当使用机关全称、规范化简称或者同类型机关统称。

9.严格上行文的报送程序。党委、政府的部门向上级主管部门请示、报告重大事项，应当经本级党委、政府同意或者授权；属于部门职权范围内的事项应当直接报送上级主管部门。

岗位任务三

经济类应用文拟写

学习目标

1. 知识目标

掌握意向书、经济合同、广告的格式写法。

2. 能力目标

能根据实际工作情况,熟练、规范地撰写意向书、经济合同、广告语。

3. 情感目标

养成规范的应用文写作习惯,形成专业细致的文秘职业素养。

任务情境

情境1:

××省××包装印刷厂(以下简称甲方)与香港××贸易公司(以下简称乙方)想合资兴办一次性餐具加工厂。双方先后于2012年3月2日、2012年4月5日两次就合作事宜进行了协商,初步商定结果为:

双方按《中华人民共和国中外合资经营企业法》及其他有关规定合资兴办一家一次性餐具加工厂,合资企业名称暂定为"华利快餐餐具有限公司"。甲方以现厂区东部的4幢车间、1幢办公楼、20亩厂区空地和其他生产生活资料作价入股。作价入股股份的计算以双方认可的资产评估机构、土地评估机构评估结果为准。乙方一次性投入约人民币550万元。其中包括提供一次性餐具生产机器4套,生产和工作用车5辆,现有企业改造、配套资金和企业生产周转金。具体投入数额视甲方资产、土地作价情况而定。

甲乙双方的投资比例确定为甲方占55%,乙方占45%。合资企业的主导产品是纸饭盒、纸碟、纸碗、纸杯等各式纸质餐具,预计年产量为1.2亿只。其中60%由乙方负责出口销售。

甲方负责合资企业的申报立项、登记注册、场地设施改造、财产保险等工作,乙方负责提供和安装设备、培训技术人员、提供国际市场信息。合营期限定为两年整,即从2013

年6月1日起至2015年6月1日止。期满后如需继续合作,应经双方协商同意,并向有关部门申报办理延期手续。产品价格由双方协商确定。所需原材料根据出口需要,可由乙方进口,或由甲方在国内解决。合营期满后,其固定资产残值归甲方所有。双方按认可的投资比例分配利润及承担亏损责任。双方定于2012年4月25日签订合作意向书,然后经过进一步协商后签订合同。

情境2:

乙方负责产品的销售,乙方销售部门准备进行产品的广告宣传。请同学们为此广告设计一条广告语。

> **想一想,试一试:**
>
> 你能根据情境1的描述,完成两个公司合作的意向书和经济合同吗? 广告语的设计有什么方法?

任务指引

一、意向书

(一)意向书的定义

意向书是协作各方通过初步谈判,就合作事宜表明基本态度、提出初步设想、表达某种意图或目的的协约文书。

(二)意向书的种类

意向书按其签署方式可分为单签式意向书、联签式意向书、换文式意向书,其中最常用的是联签式意向书。

(三)意向书的基本特点

临时性。意向书只是表达谈判的初步成果,为今后的谈判作铺垫,所以一旦深入谈判,最终确定了合作双方的权利和义务时,意向书的使命便告结束。

协商性。意向书是共同协商的产物,也是今后协商的基础。在双方签署之后,仍然允许继续进行协商修改,有时甚至可以提供几种方案,供今后谈判协商时选择。

一致性。意向书虽然只是谈判的某一阶段而不是最终阶段的成果,但它的内容是经过双方协商一致同意的,能反映双方的共同意愿。只是具备了一致性,意向书才能成为双方认可的今后谈判的基础。

(四)意向书的格式

意向书的结构一般包括标题、正文、落款三大部分。

(1)标题。意向书的标题有三种形式:一是只写"意向书"三个字;二是在"意向书"前写出协作内容,如《关于合资兴建竹编工艺品厂的意向书》;三是在协作内容前标明协作各方的名称。

(2)正文。正文包括引言和主体两部分。

①引言。写明签订意向书的依据、缘由、目的。有的意向书的引言写得比较简单,与经济合同的引言大致相似;有的意向书的引言写得较具体,要说明双方谈判磋商的大致情况,包括谈判磋商的时间、地点、议题、考察经过等,篇幅相对较长。有的意向书不在标题下单独列出立约当事人的名称,而在引言部分交代清楚签订意向书各方的名称,并在名称后面加括号注明"简称甲方""简称乙方"等。

②主体。联签式意向书的主体部分通常采用条款的结构形式表达合作各方达成的具体意向。如中外合资经营企业,需就合资项目整体规划、合营期限、货币结算名称、投资金额及规模、双方责任分担、利率分配及亏损分担等问题,表明各方达成的意向。一般来说,主体部分还应写明未尽事宜的解决方式,即还有哪些问题需要进一步洽谈,洽谈日程的大致安排,预计达成最终协议的时间等。最后应写明意向书的文本数量及保存者,如是中外合资项目,还应交代意向书所使用的文字语种。

主体部分的语言相对比较平和,具有相互协商的性质,一般不随便使用"必须""应为""否则"之类的词语。另外,意向书因不具有法律约束力,所以不必写违反约定应承担什么责任条款。

(3)落款。意向书的落款包括三项内容:签订意向书各方当事人的法定名称、谈判代表人的签名、签订意向书的日期。

二、经济合同

(一)合同与经济合同

合同是平等主体的自然人、法人、其他组织之间设立、变更、终止民事权利义务关系的协议。

经济合同是合同的一类,是双方或多方当事人为了实现一定的经济目的,通过平等协商,明确相互权利与义务而共同订立的一种具有经济关系的协议,是当事人表示见解一致的法律行为。

(二)经济合同的分类

按内容分类,可分为购销合同、建筑工程承包合同、加工承揽合同、财产租赁合同、仓储保管合同、借款合同、财产保险合同、货物运输合同、能源供应合同、科技协作合同、出版合同等。

按书面表达形式分类,可分为条款式经济合同、表格式经济合同、条款和表格组合式经济合同。

(三)经济合同与意向书的区别

(1)经济合同的内容写得较具体、周密,对双方的权利与义务等有明确的要求;而意向书的内容表述较概括,仅表明当事人双方或多方的意向、设想或打算。

(2)经济合同具有法律效力,无论哪一方违背了合同中规定的条款都要负违约责任;而意向书不具有法律效力,只具有对当事人各方的信誉约束力。

(3)意向书:具有平和、协商性质。合同:简明、严密、准确。

(四)经济合同的主要特点

1.合法性

经济合同的内容要符合《中华人民共和国合同法》的规定。

2.约束性

经济合同是制约性文书,是为保证双方经济目的的实现而制定的双方必须遵守的协议,一经签订,双方就必须如约执行,不得随意违反。否则,就要承担法律责任。

3.协商一致性

经济合同中的所有条款,都必须在当事人双方经协商达成一致的意愿后才能写入,未取得一致意见的条款不能写入。绝不允许一方把自己的意志强加给另一方,其他组织和个人无权非法干预。

4.规范性

合同的写法和格式要规范。正文中的主要条款应完备,标的、数量和质量、价款和酬金、履行的期限和地点、履行方式、违约责任等各项条款都应考虑周详。

(五)经济合同的格式

经济合同的基本结构形式主要由标题、当事人名称、正文、附则、落款几部分组成。

1.标题

标题揭示合同的性质,每一份经济合同都有一个以其内容和类型命名的标题,如购销合同、建筑工程承包合同等。

2.当事人名称

经济合同签订各方要写明单位名称,为了表述方便还必须在各方单位后用括号注明"甲方"、"乙方";也可按合同内容在括号中注明,如是借款合同可写"借方"、"贷方",如是财产租赁合同可写"承租方"、"出租方"。

3.正文

正文包括缘由和主体,缘由是正文的开头,一般只写签订合同的目的或经过。主体即合同的具体内容和条款,一般应按照合同法规定的主要条款及其主次关系的顺序表述。经济合同的主要条款包括标的、数量和质量、价款和酬金、履行的期限和地点、履行方式、违约责任等。

标的指货物、劳务、工程项目等,是当事人权利和义务指向的对象,如购销合同中的货物,货物运输合同中的劳务,建筑工程承包合同中的工程项目,借款合同中的货币等都是合同的标的。标的是订立经济合同条款的前提,没有标的或标的不明的合同是无法履行的,也是不能成立的。

4.附则

附则是经济合同的结尾,主要说明合同的有效期、条款未尽事宜的处理办法、合同的份数和保存的方法等。合同如有附件或实物样品、图表之类,还应在正文之后加以注明,并写明附件的名称和件数,以示为合同的辅助材料,与合同本身具有同等效用。

5.落款

落款部分应分别写上当事人单位的全称、代表人姓名(签字),并加盖法人单位印章或合同专用章;此外,还要写上各签约单位的详细地址、电话号码、邮政编码、开户银行和账号;有的合同还写上鉴证机关;最后在右下方写明合同签订的日期。

(六)经济合同写作要注意的问题

1.内容要合法

经济合同的内容要合法,即必须符合《中华人民共和国合同法》规定的三项基本原则:一是必须遵守国家的法律,必须符合国家政策;二是任何单位和个人不得利用合同进行非法活动,扰乱经济秩序,损害国家利益和社会公共利益,牟取非法收入;三是必须贯彻平等互利、协商一致、等价有偿的原则。

2.表述要简明、严密、准确

经济合同的表述必须简明、严密、准确,用词切忌产生歧义,句意不能含混或有漏洞;表示标的的出卖物、货币等数字应大写,标点符号的使用应准确到位。这些方面只要有一处出现问题,就会被对方钻空子,引起合同纠纷。

3.字迹要清楚,文面要整洁

书写经济合同应使用钢笔或黑色水性笔,字迹要端正清楚,文面要整洁。经济合同一般应打印,打印稿要反复校对,直到没有涂改、没有错别字和其他错误为止。经济合同的正式文本形成后,如发现仍有需要修改之处,必须经当事人各方同意后才能在原合同上用工整的文字加以修改,并在修改处盖上各方印章,以示认可。

三、广告

(一)广告的概念

广告,是借助广播、电视、报刊以及网络通过文字、图像和声音来宣传自己的产品和服务,扩大产品影响、促进产品销售的一种宣传形式。广义的广告:公益性宣传广告和商业广告。狭义的广告:商业广告。

(二)广告的分类

按广告的传播媒体形式分:报刊广告、广播电视广告、路牌广告、橱窗展示广告、邮寄广告等;

按作用分:商品广告、招牌广告、服务广告。

(三)广告的主要特点

1.宣传诱导性

广告通过各种形式、各种媒体,从时间和空间各个层面去宣传商品功用、服务内容、企业形象,从而诱发人们的消费欲望。它是通过劝说或诱导使人接受自己的宣传,而不是把自己的观念强加于人。

2.内容真实性

广告内容必须真实、健康,不得以任何形式欺骗用户和消费者。凡弄虚作假、贬低同类产品的广告,都不得刊播、设置和张贴。

3.消费指导性

商品广告要适时适度地向消费者提供商品信息,引导消费时尚,诱导消费者的购物兴趣,指导消费者正确地认识和选择商品。

4.艺术感染性

广告应重视创意,表现新颖的主题,采用多种美的形式进行宣传,具有较强的艺术感染力,这样的广告才有生命力。

(四)拟写广告语必须注意的问题

1.广告语要力求真、实

真,是讲真话,不讲假话。实,是实实在在,不图虚名。市面上充斥的广告总是大吹大擂,过分放大自己的优点,无法赢得大众的信任。所以,创意的、实话实说的广告反而出奇制胜。

美国某酒店有一则广告妙语:"本店素来出售掺水 10％的陈香美酒,如果不愿掺水者,请预先说明,但饮后醉倒与本店无关。"这则广告语实话实说地告诉你酒里掺了水,这样,容易产生真实感、贴近感。广告语没有用那些"饭香酒美,质优价廉"、"宾至如归,服务第一"等公式化语言,而代之以或亲切,或朴实,或幽默,或创意的妙语,其效用远比那些公式化语言更能被顾客所认同、接受。

2.广告语要力求巧

某出版商手头压了一批书卖不出去,情急之下便给总统送去一本,并三番五次要总统提点意见。总统无暇应付他的纠缠,便回了一句:"这书不错!"于是,出版商便巧借总统名望,写下一句广告妙语:"现有总统喜爱的书出售!"当然,这些书很快便被一抢而空。第二次,出版商又将一本书送给总统,总统上过一次当,这回便贬斥"这书糟透了!"这次,书商的广告妙语又改为了"现有总统讨厌的书出售!"出于好奇和逆反心理,人们自然又是争相抢购。第三次,总统干脆闭口无言了,而书商的广告妙语也改成了"现有总统难以下结论的书,欲购从速!"果然,欲购者竞相购买,书商横财大发。

3.广告语要力求美

优秀的广告语常借助各种手法,读起来朗朗上口,好像一篇短短的美文,让人过目不忘。非典期间著名学者余秋雨写的《共抗非典》广告语:"谁也不想预约灾祸。如果它不期而至,我们却也懂得:人类的互助,大半来自危急;人类的高贵,大半来自灾难。当一切很快过去,回过头来会发现,我们跨出了很大的一步!智者不乱,仁者无惧!"文字精练,句式整齐,既有文采,又富含哲理。

(五)广告语写作技巧

如:以"公民义务献血"为内容拟写公益广告词。公民义务献血是热心公益事业,向社会奉献爱心的表现。广告词可以运用以下方法进行拟写:

1.运用修辞

运用修辞,是为了把词句修饰得优美些、生动些、感人些。以生动形象的文字,准确表达意图,力求简洁鲜明,言有尽而意无穷。

(1)对偶。"真情流淌,血脉相通""民族在奉献中崛起,生命在热血里绵延""点点滴滴汇心海,片片真情暖人间"等,这类公益广告词有节奏有韵律,读来朗朗上口,听起来和谐悦耳,给人以美感,也便于记忆。

(2)对比。例:①澳柯玛冰柜,没有最好,只有更好。②新飞广告做得好,没有新飞冰箱好。

如"献出的血有限,献出的爱无限","好人献上一滴血,病者除却万分忧",通过鲜明的对比,给人深刻的印象和启示。

(3)仿拟。就是套用人们熟知的语句,使其产生一种新的意义,从而达到加深印象的效果。如"鲜血诚宝贵,救人品更高"即是化用了裴多菲的名句"生命诚可贵,爱情价更高","但愿人长久,热血注心田"是化用苏轼的"但愿人长久,千里共婵娟"。这类语句为人熟知,让人感到亲切。作为公益广告词,有利于赢得人们的好感,也有利于迅速传播。

(4)比喻。如"血,生命的源泉,友谊的桥梁",形象生动地说明了血的作用。

(5)设问。运用设问,以激起人们的思考,增强感染力。如"为何血浓于水?因有爱在其中","你想为社会做点贡献吗?你愿为他人献点爱心吗?请参加无偿献血!"构思新颖,提问巧妙,发人深省。

(6)比兴。运用比兴,生动引人,如"波涛让江河澎湃,热血使生命沸腾!"比拟:将物人格化,增加亲切感,增强说服力。

例:①特快专递,当代神行太保。"神行太保"为《水浒传》中人物,传说能日行千里,说明了特快专递速度之快。

②某洗衣机广告——"闲妻良母!"

(7)排比。使用排比铿锵有力,如"我健康,我献血,我自豪!"

(8)反语。例:①杉杉西服,不要太潇洒。②"天仙牌"电扇——实不相瞒,"天仙"的名声是"吹"出来的。这两则广告幽默而风趣,让人在开心一笑中领悟到产品的品质。

2.讲究押韵

就是由字数相等并且押韵的两句话或多句话作为公益广告词。

如"人间自有真情在,献出鲜血播下爱""一点热血助他人,一颗爱心好精神""你血输在我身,你情溶入我心""生命在呼唤,血液在期待,献出您的爱"。上面几句末尾的字韵脚都相同,所以读来上口,易记易诵。

3.力求简洁

爱我中华,捐我热血。

你的鲜血,我的生命。

献血一袋,救人一命。

上面这些词句只有几个字,或为动宾结构,或为主谓结构,或为偏正结构等,结构简明醒目,语言简练通俗,既能给人以视觉的整齐美,又便于记忆,加深印象。

4.句式多样

现代汉语的句式丰富多彩:按句子的结构分,有长句和短句、整句和散句;按句子用途分,有陈述句、疑问句、祈使句、感叹句,各有一定的结构和语气。

①无偿献血人帮人,关爱无限心暖心。(整句,对称和谐)

②比献出的血更宝贵的是你的真情。(循循善诱的陈述句)

③手拉手,心连心,献血不分你我他。(散句,灵活自然)

④让自己的生命为别人开一次花!(带倡导性的祈使句)

⑤生命,因你而奔流不息。(短句,明快有力)

⑥我们爱心的一小部分却是他们生命的全部。(长句,缜密细致)

⑦用爱心为生命加油!(有号召性的感叹句)

5.利用成语

聪明的广告策划人巧妙利用成语及俗语朗朗上口、妇孺皆知的优势,将它们改头换面变为广告词,从而给消费者留下了非常深刻的印象,产生了较强的广告效果。

例:(1)亲亲八宝粥,口服心服。"口服心服"既说明了食用方法,又说明了产品质量。

(2)乘风电扇,蔚然成风。"蔚然成风"说明了产品质量。

(3)车到山前必有路,有路必有丰田车。"车到山前必有路"说明了该车的性能。

(4)某牙刷,一毛不拔。"一毛不拔"说明了牙刷的质量。

这些成语在广告词中或比喻,或双关,或暗示,对消费者的心理穿透力很强,从而刺激了消费。它能使一种默默无闻的产品一夜之间驰名全世界,成为商界中的皇冠。

妙招提示

意向书模板:

(合作)意向书

××××公司(以下简称甲方)与××××公司(以下简称乙方)本着平等互利的原则,就……事宜进行了协商,达成如下合作意向:

一、_____。(合作企业或项目的名称和拟定地址)

二、_____。(合作企业或项目的规模和经营范围)

三、_____。(各方投资金额比例)

四、_____。(利润分配和亏损分担)

五、_____。(原料、设备、技术、企业用地等各由何方提供)

六、_____。(合作期限)

七、未尽事宜,双方在今后协商补充。(签订正式协议时间)

八、本意向书用×文书写,一式×份,双方各执×份。

甲方:××××公司(印)　　　　　　　乙方:××××公司(印)

代表：×××   代表：×××

　　×××   ×××

                                                      ××年×月×日

合同模板：

××合同(内容＋类型合同)

立合同人：××××公司(简称甲方)

　　　　　××××(简称乙方)

为了……,甲乙双方代表经过平等协商,订立如下合同,以资共同信守。

一、＿＿＿＿＿＿＿＿＿＿＿＿＿＿＿＿＿＿＿＿＿＿＿。(标的、数量和质量)

二、＿＿＿＿＿＿＿＿＿＿＿＿＿＿＿＿＿＿＿＿＿＿＿。(价款和酬金)

三、＿＿＿＿＿＿＿＿＿＿＿＿＿＿＿＿＿＿＿＿＿。(履行的期限以及地点和方式)

四、＿＿＿＿＿＿＿＿＿＿＿＿＿＿＿＿＿＿＿＿＿＿＿。(违约责任)

五、＿＿＿＿＿＿＿＿＿＿＿＿＿＿＿＿＿＿＿＿＿＿＿。(合同有效期、

合同份数和保存方法,未尽事宜甲乙双方可签订补充协议)

甲方：××××公司(印)   乙方：××××公司(印)

代表：王××   代表：张××

开户银行：××××××   开户银行：×××××××

银行账号：×××××××   银行账号：×××××××

地址：×市×路×号   地址：×市×路×号

电话：××××××   电话：××××××

鉴证机关：×××工商行政管理所(盖章)

                                            签订日期：××年×月×日

任务实施

以小组为单位分工完成意向书和合同,并为产品设计广告语。

任务完成PK

	意向书格式正确15分	经济合同格式正确20分	广告语设计合理有创意15分	设计广告版面10分	总分
第一组					
第二组					
第三组					
第四组					

拓展任务

1.修改下列借款合同的不当之处。

个人借款合同

立合同人:甲方(借款人)

乙方(贷款人)甲乙双方就借款事宜,在平等自愿、协商一致的基础上达成如下协议,以资双方共同遵守。

一、乙方贷给甲方人民币10万元整,于2014年6月10日前交付甲方。借款利息:5%,借款期限:三个月,还款方式:现金支付。

二、违约责任:

1.借款方不按合同规定的用途使用借款,贷款方有权收回部分或全部贷款,对违约使用的部分,按银行规定的利率加收罚息。

2.借款方如逾期不还借款,贷款方有权追回借款,并从到期日起付日息1%。

3.借款方使用借款造成损失浪费或利用借款合同进行违法活动的,贷款方应追回贷款本息,有关单位对直接责任人应追究行政和经济责任。情节严重的,由司法机关追究刑事责任。

本合同自即日起生效。本合同一式两份,双方各执一份,合同文本具有同等法律效力。

甲方(签字、盖章 附身份证复印件):

乙方(签字、盖章 附身份证复印件):

合同签订日期:

2.设计公益广告

下列任选一题,围绕相关主题,不仅要求设计广告语,而且要求创意出相关的画面,并用文字把画面描述出来。

①垃圾分类②关爱老人③环境保护④推广普通话⑤呼唤爱心⑥保护文物古迹

知识链接

房屋买卖协议书

甲方(卖方):

乙方(买方):

甲乙双方就房屋买卖事项,经协商一致,达成以下合同条款:

一、甲方自愿将坐落在　　市　　区　　街　　号,房屋建筑面积　　平方米,产权证号　　房屋套出售给乙方,并将与所出售房产相关的土地使用权同时出售给乙方。房屋建筑面积为　　　　平方米,　室　厅　卫　阳台,用途为　　　　　　　。该房屋相应的土地使用权取得方式为　　　　　　　　。

二、甲乙双方商定此房屋成交价格为人民币　　　　　　　　元,大写:人民币　　　　　　元整。

付款方式:

在签订本合同时,乙方支付甲方订金　　　　万元,订金支付后甲方即积极配合乙方办理有关房屋过户手续,待房产过户到乙方名下时,乙方应向甲方付清全部房款,办理过户手续之前,乙方将房款进行第三方资金监管。自签订此协议之日起,甲方在　　　　日之前将房屋过户手续准备齐全,乙方在　　　　日之前将购房全款进行资金监管。

三、甲方保证在交易时该房屋没有产权纠纷及债券纠纷,依法对该房屋享有共有权的权利人均已书面同意将该房屋出售给乙方,有关按揭、抵押债务、税项及租金等,甲方均在交易前办妥,如有上述未清事项,由此给乙方造成的损失均由甲方赔偿。

四、甲乙双方签订本合同后,甲方保证室内装修结构不变。房屋交付使用之前的有关费用包括水、电、气、物业、有线电视等费用由甲方承担。

五、违约责任:甲方中途违约,乙方获得甲方违约金　　　　　　元整;乙方中途违约,甲方获得乙方违约金　　　　　　元整。

本协议一式两份,经甲乙双方签字后生效,双方各执一份。

双方约定其他事项:

甲方:　　　　　　　　　　　　　　　　　　乙方:

身份证号码:　　　　　　　　　　　　　　　身份证号码:

电话:　　　　　　　　　　　　　　　　　　电话:

××年×月×日

借款合同

立合同人:甲方(借款人):＿＿＿＿＿＿＿＿　身份证号码:＿＿＿＿＿＿＿＿

　　　　　乙方(贷款人):＿＿＿＿＿＿＿＿　身份证号码:＿＿＿＿＿＿＿＿

甲乙双方就借款事宜,在平等自愿、协商一致的基础上达成如下协议,以资双方共同遵守。

一、乙方贷给甲方人民币(大写)＿＿＿＿＿＿＿＿＿＿＿＿＿＿＿,于＿＿＿＿年＿＿＿＿月＿＿＿＿日前交付甲方。

　　借款利息:＿＿＿＿＿＿＿＿＿＿＿＿＿＿

　　借款期限:

　　还款日期:＿＿＿＿年＿＿＿＿月＿＿＿＿日。还款方式:现金/＿＿＿＿＿＿支付。

二、违约责任

1.借款方的违约责任

(1)借款方不按合同规定的用途使用借款,贷款方有权收回部分或全部贷款,对违约使用的部分,按银行规定的利率加收罚息。

(2)借款方如逾期不还借款,贷款方有权追回借款,并从到期日起付日息1‰。

(3)借款方使用借款造成损失浪费或利用借款合同进行违法活动的,贷款方应追回贷款本息,有关单位对直接责任人应追究行政和经济责任。情节严重的,由司法机关追究刑事责任。

2.贷款方的违约责任

(1)贷款方未按期提供贷款,应按违约数额和延期天数,付给借款方违约金。违约金数额的计算与加收借款方的罚息计算相同。

(2)利用借款合同进行违法活动的,追究行政和经济责任。情节严重的,由司法机关追究刑事责任。

争议解决方式:双方协商解决,解决不成,提交＿＿＿＿＿＿＿＿＿＿人民法院。

本合同自＿＿＿＿＿＿生效。本合同一式两份,双方各执一份,合同文本具有同等法律效力。

甲方(签字、盖章 附身份证复印件):　　　　乙方(签字、盖章 附身份证复印件):

合同签订日期:××年×月×日

经典广告词欣赏:

(1)运用对偶,句式整齐

①北京上联:三海九门,京华迎奥运;上海下联:一江两岸,世博靓申城。

②山东上联:孔子仁,关公义,人文典范;山西下联:泰山日,壶口烟,天地奇观。

③浙江上联:饮龙井茶,品江南丝竹;江苏下联:登虎丘塔,论天下园林。

④文明始于一言一行,和谐来自一点一滴

⑤悠悠岁月酒,滴滴沱牌情。("沱牌曲酒"广告)

(2)运用拟人,形象生动

①海尔冰箱,为您着想。

②麦氏咖啡:滴滴香浓,意犹未尽

(3)运用双关,意味深长

①给电脑装一颗奔腾的芯。("英特尔"广告)

②热气腾腾,蒸蒸日上。("三角牌电饭煲"广告)

③咳不容缓,请用桂龙。("桂龙咳喘宁"广告)

(4)运用夸张,夺人眼球

①百里闻香十里醉,天下美酒论汤沟。("汤沟酒"广告)

②"臭"名远扬,"香"飘万里。("臭豆腐"广告)

③今年二十,明年十八。("上海制皂厂白丽美容香皂"广告)

(5)运用衬托,烘云托月

①太阳最红,长虹更新。("长虹电器"广告)

②今年过节不收礼,收礼只收脑白金。("脑白金"广告)

(6)诗化手法,富有文采

①宝泉佳酿天下闻,车似流水马如龙。

古今谁家酒最好,众望所归杏花村。("山西杏花村汾酒厂"广告)

②年华似水涓涓逝,故土情思日日深。

穿上一款家乡衣,以慰一片思乡情。("浙江丝绸服装"广告)

(7)巧用成语

"当"之无愧(当铺广告)

自讨"苦"吃(药店广告)

"鲜"为人知(味精广告)

一步到"胃"(胃药广告)

"衣衣"不舍(服装广告)

乐在"骑"中(赛马广告)

一"毛"不拔(理发店广告)

百"衣"百顺(电熨斗广告)

无所不"包"(饺子铺广告)

"烧"胜一筹(快餐店广告)

默默无"蚊"(灭害灵广告)

随心所"浴"(热水器广告)

"闲"妻良母(洗衣机广告)

以"帽"取人(帽子公司广告)

一呼四"应"(音响公司广告)

"口"服"心"服(口服液广告)

三十六计"走"为上(鞋店广告)

大"石"化小,小"石"化了(治结石病广告)

百闻不如一"键",不"打"不相识(打印机广告)

文书处理及档案管理篇

　　办公室是一个综合性的职能部门，担负着上情下达、下情上传、沟通协调等诸多职能。文件管理也是办公室工作的一个重要组成部分。办公室文员是否能规范管理各种文件，充分发挥文件档案在实际工作中的作用，是衡量一个办公室文秘人员工作是否称职的重要标准。文件的管理需要科学的方法，更重要的是耐心细致的工作态度和极强的保密意识。

岗位任务一

收文的处理

学习目标

1.知识目标

了解文秘部门的基本职能、任务和具体工作内容,理解公文处理工作的基本原则,掌握收文办理的步骤和方法。

2.能力目标

明确收文的操作流程;正确处理收来的文件。

3.情感目标

培养耐心细致的工作态度和严谨规范的工作习惯。

任务情境

顺达玩具有限公司的办公室秘书小梁每天一上班,都要处理当天收到的各类信函。今天一早,小梁经过传达室时,收发员将一叠信函交给他。小梁接过信函,逐一检查清点。信函包括:

①一封由好孩子玩具展览公司寄来的信函(邀请其参加每年一度的玩具展销会);

②一封由经销商齐心商店寄给公司销售科的函(新产品询价);

③一封附近谷里超市寄送给本公司的宣传册(塑料透明信封);

④一封写着厂长姓名和"亲启"字样的信函;

⑤一封给员工张某的特快专递;

⑥一封客户给顺达玩具有限公司财务科的汇款单;

⑦一封县安监局给本公司的信函(要求厂级领导传阅的《某县关于4.23重大安全生产事故情况的通报》);

⑧一封私人署名寄给本公司的信函;

⑨一封供应商百乐塑料公司给经理的信函(内容为邀请经理出席下月8日该公司举办的新址落成典礼);

⑩一封畅达培训机构给顺达玩具有限公司经理的信函(内容为商洽员工培训)。

想一想,试一试:

1.收文有哪些具体的办理程序?

2.登记的形式有哪些?哪些文件需要登记?

3.收文需要哪些登记手续?

4.请同学们帮助小梁进行收文办理。

任务指引

一、收文办理程序

收文办理指对收到公文的办理过程,包括签收、登记、审核、拟办、批办、承办、传阅、催办、注办、归档等程序。

二、收文操作流程

(一)签收

签收是收件人在对方的传递文书单或送文登记簿上签字,以表示文书收到。目的是明确交接双方的责任,保证文书运行的安全可靠。签收文书的操作步骤如下:

1.清点

检查、核对所收公文的件数是否与公文投递单或送文登记簿上登记的件数相符。

2.检查

检查就是核对所收公文封套上注明的收文机关、收件人是否确与本机关相符,核对封套编号是否与投递单或送文登记簿的登记相符,检查公文包装是否有破损、开封等问题。如有错误,要及时退回;如有包装破损、开封等现象要及时查明原因。

3.签字

经清点、检查无误后,在公文投递单或送文登记簿上签署收件人姓名和收到日期。应该签写收件人的全名,并写上收到的时间,一般件注上收到的年、月、日,急件注上收到的年、月、日、时、分,以备事后查考。签字一定要清晰、工整。

签收之后的启封是非常重要的事情。文书人员不能拆开标有"亲启""保密"等记号的邮件,除非上级授予这样的权力。启封时,文书要在邮件底部轻轻敲击几下,使邮件内的物件落到下部,然后从上部剪开,以免损坏里面的文书或毁坏邮戳等标记。使用开封刀或者自动拆封机开启邮件,小心取出邮件,并仔细检查里面的物件是否全部取出。封内填有公文清单的,应对照清单检查;填有回执单的,应当在回执单上签收并将回执单退回原发机关。

(二)登记

对收进的文书进行登记,目的是便于对收文数量进行统计以及今后的考查利用。登记是文书工作中的一项重要环节和程序。

收文登记的内容和形式。各机关现在一般所采用的登记形式主要有簿式登记和卡片式登记两种。簿式登记就是使用装订成册的专用登记簿(表 3-1-1),先将收文进行分类,然后按流水顺序登记,每类设一个账簿,或在一个账簿上用口取纸分类,在口取纸上注明文件类别。卡片式登记就是使用未装订成册的单页卡片登记表。每张卡片上登记一份或若干份有关的文件,如同一作者的、相同文件名称的、送同一单位承办的文件等"收文登记表"为 16 开纸,双面印刷,年终时分类装订成册。

表 3-1-1 收文登记簿

顺序号	收文日期		来文机关	文件字号	文件标题	份数	附件	密级	承办单位				处理结果
	月	日							单位	签收人	复文号	归卷号	备注

其中必须登记的文件、材料包括:

a.上级机关的指导性、参阅性和需要办理的文件等。

b.下级机关请示性、报告性文件等。

c.重要的、带有机密的刊物、资料。

d.机关内部使用的文件、会议文件和音像文件等。

不必登记的文件、材料包括:

a.各种公开的和内部不保密的出版物。

b.一般性的简报。

c.行政事务性的通知、便函、介绍信和请柬等。

1.收文登记的主要方法

a.流水式登记法。即将收到的文件按照时间顺序不分种类依次登记,同时将文件办理过程和转送手续都记载在同一登记簿上。这种登记方法的优点是手续简便、环节少,缺点是不便查找。

b.分类式登记法。即按文件的来源分门别类,可分上级来文登记、下级来文登记、平行机关来文登记等。分类登记法的优点是查找使用方便,是一种科学的公文管理方法。

2.收文登记的作用

a.管理与保护文件,防止积压和丢失。文件一经编号登记,就记录档案,文书工作人员可以按照编号和登记管理文件,从而做到条理清楚,心中有数,防止积压和丢失文件。

b.便于查找文件。登记簿是查找文件和检查文件运转承办情况的一种工具。通过查看登记,可以了解文件的下落和运转情况。

c.便于文件的统计。完备的登记是完善的统计基础,经统计过的文件,可以准确反映各类文件的数量、运转、办理等情况。

(三)审核

对收到的公文应当进行初审。初审的重点是:是否应当由本机关办理,是否符合行文规则,文种、格式是否符合要求,涉及其他地区或者部门职权范围内的事项是否已经协商、会签,是否符合公文起草的其他要求。如不符合规定的公文,应当及时退回来文单位并说明理由。

（四）拟办

需要办理的公文,文秘部门应当及时提出拟办意见送给领导人批示,或者交给有关部门办理。紧急公文,应提出办理时限。

拟办是对需要办理和答复的收文提出的初步办理意见,以供领导批办时参考。

拟办人员有两类:一是秘书部门的拟办人员,包括办公厅主任或大机关办公室专职拟办的秘书,二是业务部门的拟办人员,包括业务部门的负责人或收文承办人员。

拟办的意见,是一种参谋性意见或建议,协助领导及时、有效地处理文件,为领导节省时间和精力,提高办文效率。如果对一份文件有两种以上的处理方案,要一并提出,同时提出自己的倾向性意见及理由。

提出拟办意见的工作,有的由具体承办人进行;有的由秘书部门的负责人进行;或者由有关业务部门的负责人进行。

拟办文件要附上文件处理单（表 3-1-2）上,要署上拟办人姓名和日期,不可在文件上写、画。为使领导准确地批办,文秘人员在提出拟办意见的同时,应把有关资料和政策依据一并附上,供领导批办时参考。

凡是承办性收文都应拟办。对阅知性收文,不必拟办,应直接分送或进行传阅。

（五）批办

批办是领导人对文件如何办理提出最终的批示意见和要求。通常由单位的负责人对来文做出批示,文件处理单格式见表 3-1-2。

表 3-1-2 文件处理单

收 文 日 期	年 月 日		收 文 号	
来文机关		来文	日期	
			字号	
来文标题		附件		
拟办意见				
领导批示				
办理结果				

（六）承办

承办是按领导人批示执行具体的工作任务,办理有关事宜的过程。

承办包括两方面的工作内容:一是从业务部门的工作来说,针对来文所提出的问题去具体执行或解决办理;二是从文书工作来说,对应办复的文件要根据领导批办意见办理复文。这里所讲的承办主要是指文书工作中的办理复文。承办时要注意以下几点:

（1）办理复文时要注意按政策规定和领导的批示迅速处理。

（2）如来文涉及其他有关文件和材料时,应调阅有关文件材料,报送领导审批。

（3）凡属联合承办的文件,主办部门要主动会同有关部门协商处理。协办部门要积极予以配合,绝对不能互相推诿。

(4)承办任务多的时候,要分清轻重缓急,保证紧要文件优先处理。已处理完毕的文件应及时清理,并注明有关情况,办完的与待办的文件应分别存放。

(七)传阅

根据领导批示和工作需要将公文及时送给传阅对象阅知或者批示。办理公文传阅应当随时掌握公文去向,不得漏传、误传、延误。具体要求如下:

(1)已有明确业务分工的文件,应根据本单位的主管工作范围分送到有关的领导人和主管部门。

(2)来文单位答复本(机关)单位询问的文件,如收到的批复、复函或情况报告、报表等,要按本单位原发文的承办部门或主管人分送,即原来是哪个部门请示、询问或要求下级报送的,复文就送哪个部门办理。

(3)送单位领导人批办的文件,应附上文件处理单,以便负责人签署具体意见。如果以前保存在档案中的文书与手头上的文书有很大的关系,要把两者放在一起。

(4)分送文件要建立并执行登记交接制度。无论是分送给本(机关)单位领导人和各部门的文件,还是转发给外单位的文件,都要履行签收手续。

(5)要求退回归档的文件,要在文件上注明"阅后请退回归档"字样,以便及时收回,防止散失。

当一份文件需要送几位领导和几个部门阅批,单文件份数少,又不允许复印或没有必要复印的时候,就采用分送传阅的方式。

分送传阅,可避免文件挤压和散失。在采用这种方法传阅文件时,要根据文件的不同内容、急缓程度,遵循先主办后协办,先办事后阅知的原则,分清主次,对阅办件要首先送给机关的主要领导、主管领导和承办部门,以便使文件得到及时处理,同时要让需要阅知的领导和部门也能看到文件。

对于一些紧急而又简短的文件,可以利用领导集中学习或开会的机会在会前或会后集中传阅。

有条件的单位可以设立机要阅文室,将需要传阅的文件、资料、刊物放在阅文室内,请应阅人员前来阅读。建立阅文室的好处很多:文件集中,阅读方面;安全保密,便于管理;周转速度快,利用率高。

传阅的要求有:

(1)掌握传阅范围。传阅文件范围,是依据文件的密级和文件本身内容的要求而确定的。文件传阅范围的确定,一般有两种情况:一是按级别和文中已注明的阅读范围确定;二是按领导签批范围确定。在传阅文件时,一定要严格按照规定范围和领导批办范围组织传阅。

(2)传阅文件不要"横传"。传阅文件应以文秘人员为中心,组织传阅路线,不允许抛开文秘人员在应阅人员之间自行横传,以免传阅的文件失去控制,造成文件的积压、丢失与下落不明等情况。

(3)控制文件运行。传阅文件最突出的要求,就是一个"快"字。文件开始传阅后,文书人员要及时了解和掌握文件的运行情况,以便适当调整阅读次序,不使文件在阅读者手中积压,力求以最快的速度完成传阅过程。

（4）传阅文件，要建立必要的传阅手续和制度。要随文件附上传阅登记单（表3-1-3），阅文人员阅后要签署姓名和写明时间，不要只画圈了事，以免发生漏阅和责任不清等情况。

表3-1-3　　　　　　　　　　　　　文件传阅登记单

来文单位			来文字号		
文件标题					
收文日期			收文号		
传阅人签名	阅文时间	备注	传阅人签名	阅文时间	备注

（八）催办

及时掌握公文的办理进展情况，督促承办部门按期办结。紧急公文或者重要公文应当由专人负责催办。

催办包括内催办和外催办。内催办是指单位内部文件的督促办理，外催办是指对其他单位的文件的督促办理。

催办的形式：电话催办、信函催办、催办卡催办、登门催办、会议催办、简报催办等。

（九）注办

由文件承办部门或承办人员在公文办理完毕后对文件的办理情况和办理结果所作的说明。这项工作由承办部门或承办人员完成。将结果填写在文件处理单"处理结果"一栏中。

传阅件应注明阅完的日期；需办理复文的文件，办完后要注明"已复文"，并注明复文的日期和文号；口头或电话答复的要注明时间、地点、谈话或接话人、主要内容等，并由承办人签字；不需复文的文件要注明"已办""已阅""已摘记"等字样。

（十）归档（见本篇岗位任务三第四节）

妙招提示

秘书李刚将收文《关于各分公司财务负责人向集团总公司述职的通知》的拟办意见填写在下列文书处理单上，并让领导提出了批办意见。同时把办理处理结果填写上，见表3-1-4。

表3-1-4　　　　　　　　　　　　　文件处理单

收文日期	年　月　日		收文号		
来文机关		来文	日期		
			字号		
来文标题		附件			
拟办意见	建议公司财务具体落实《通知》中的要求				
领导批示	请公司财务部的刘丽部长按照《通知》中的要求完成此项工作				
办理结果	财务部已按《通知》要求完成述职报告材料的准备及撰写工作				

任务实施

小组合作完成任务：

1. 信函签收

清点信函数量，检查是否完好无损，然后在"邮件签收单"上签字。

2. 拆封查看，内容登记

（1）区别信件是否可以拆封，将不可以拆封的信件与应该拆封的信件分别摆放。

（2）动作规范地拆封，准确分辨信件内容是否需要登记，如果需要，请正确填写登记簿。

3. 填写文件处理单

将应该处理的文件分轻重缓急，分别填写文件处理单或文件传阅单，写上拟办意见或传阅要求。

4. 分送信函

（1）将信函交付厂领导批办。

（2）厂领导批办后交有关部门承办。

（3）将部分不可以拆封或不必拆封处理的信函直接交有关部门或个人（可用座席卡模拟设置相关办公室和科室，同学扮演相关角色）。

5. 登记文件处理单

根据厂领导、有关部门或个人对文件处理的反馈情况，在"文件处理单"上，准确注明文件办理情况（领导批办意见、部门意见、文件传阅情况等）。

6. 呈现成果

与同学交流"文件处理单"。

任务完成PK

采取小组自评互评，设计表格评价各组任务完成情况，得分高者优胜。

	程序完整20分	登记准确20分	分送明确20分	填写清晰20分	检查全面20分	总分
第一组						
第二组						
第三组						
第四组						

拓展任务

一、某管理局通信员李小平给金城机床厂递送一份《××省财政厅、审计厅关于开展××××财务专项资金检查的通知》×财发〔2013〕34号。金城机床厂办公室秘书小王收到文件后，应怎样迅速处理该文件？

二、实践训练

以下是某市某局的四份收文：

1.3 月 1 日收到某市人民政府办公室 2011 年 2 月 15 日制定的文件《关于印发全市机关企事业单位教育培训工作实施意见》（某政办发〔2011〕8 号）

2.4 月 16 日收到中共某市委 2011 年 4 月 6 日制定的文件《关于开展机关中层副职及一般干部双向选择的通知》（某委发〔2011〕80 号）。

3.6 月 13 日收到中共某市委组织部 2011 年 6 月 3 日制定的文件《关于贯彻落实某组发〔2011〕53 号文件若干问题的通知》（某组发〔2011〕77 号）。

4.9 月 6 日收到《中共某市委、某市人民政府关于命名表彰市第八批（2011 年度）拔尖人才的通报》（某委发〔2011〕26 号）

请回答问题：

1.上述 4 份文件，是否属于某市轻工局机关须登记的收文范围？

2.这四份收文，哪几份是承办件？哪几份是阅知件？承办件和阅知件在分送时分别需填写哪种文件处理单？

3.如果这 4 份收文同一天收到，应当优先分送哪几份收文？

4.这 4 份收文是否都需要拟办？若需要拟办应分送本局哪几个部门拟办？试写出拟办意见。

5.这 4 份收文中哪份是传阅件？若有，是否应当向办公室主任请示传阅范围？传阅该收文时，应按什么顺序传阅？传阅的方式是什么？

知识链接

公 文

一、文书的含义

在日常工作中，"公文"一词常与"文件""文书"通用。"文件"与"文书"是两个十分相近的概念，其区别主要源于词语的产生历史与约定俗成的使用惯例。所以人们常常把历史上形成的文件称为"文书"，而现在多称为"文件"，特别是新型载体，如"电子文件"。

"文书"有两种含义：一是指物，即国家机关、社会团体、企事业单位在公务活动中或个人、家庭、家族在私务活动中所形成的文字、图表、声像等记录材料；二是指人，即在国家机关、社会团体、企事业单位里从事文书起草、处理、保管等相关工作的专职人员。本文主要介绍的是第一种含义。

文书是人们在社会实践活动中为了凭证、记载、公布和传递信息的需要，以文字的方式在一定书写材料上表达思想意图的一种书面记录。文书包括私人文书和公务文书。私人文书是指个人或家庭在其活动中形成和使用的文书，内容属于私人性质，例如，著作、手稿、传记、日记、证书、房地契等。公务文书统称为公文，是国家机关、社会团体、企事业单位在公务活动中所形成的具有法定效力和规范体式的文件材料，是传达、贯彻党和国家的方针、政策，发布各项法规和规章，施行各项措施，请示和答复问题，指导、布置和商洽工作,报告情况,交流经验的重要工具。

二、公文的分类

按实际需要和一定标准区分公文的种类,有利于正确认识和选择文种,以免错用和混用;有利于提高公文写作的质量和规范化;有利于提高公文运转和公文处理的效率;还有利于公文的立卷归档和科学管理。

根据不同的标准划分,公文的主要类别有:

(一)按公文来源划分,有外发公文和收来公文

外发公文是指本机关撰制向外部机关发送的公文。外发公文直接反映本机关行使职权、完成工作任务和进行各项公务活动的真实情况。

收来公文是指本机关收进外部机关制发的公文,包括上级机关、下级机关、同级机关和不相隶属机关的各种来文。

(二)按行文关系划分,有上行文、平行文、下行文

上行文是下级机关向上级机关报送的公文。如报告、请示等。

平行文是同级机关或不相隶属机关之间往来的公文。如函等。

下行文是上级机关对所属下级机关的发文。如决定、指示等。

(三)按性质、作用划分,有法定行政公文、事务性公文、规范性公文

法定行政公文是指国务院发布的《国家行政机关公文处理办法》中规定的 15 种公文,即命令(令)、决议、公报、决定、公告、通告、通知、通报、议案、报告、请示、批复、意见、函、纪要。

事务性公文是伴随机关、企事业单位事务工作产生的,为适应和满足机关、企事业单位工作需要而撰写的不具有权威性和强制性的文书,主要有计划、总结、简报、工作要点、汇报提纲等。事务性公文是非法定公文,其权威性不如法定公文,多为惯用而没有法定公文严格规范。

规范性公文包括行政法规,即国务院办公厅制发的《行政法规制定程序暂行条例》中所列的条例、规定、办法、细则 4 种,以及机关、团体、企事业单位制定的规章制度,即章程、守则、规则、制度。

(四)按公文的使用范围划分,有通用公文和专用公文

通用公文是指机关、社会团体、企事业单位中普遍使用的行政公文和事务性公文。

专用公文是指在司法、外交、军事、商务等部门根据特殊需要所使用的特种公文。如司法公文中的起诉状,外交公文中的议定书,军事公文中的战斗命令,商务公文中的市场调查报告等。

三、公文的作用

公文是管理国家政务、企事业单位事务的重要工具。这些作用,具体来说,有以下几点:

(一)法规与约束作用

国家的各种法规都是以公文的形式制定和发布的,法规文件内容包括法律、法令、行政法规三部分,它们都具有法律依据作用。法规文件一经制定和发布生效,必须坚决执行。法规文件在没有修订或废止前,始终有效。领导机关制发的命令、指示、决定、通知、

批复等,虽不属严格的法规性公文,但都要求下级机关和有关人员遵守执行,有一定的强制性和行政约束力,同样也起到法规依据作用。

（二）领导与指导作用

党和国家机关的上级与下级,本来就具有领导与被领导的关系。各级领导机关通过制发各种公文,传达党和国家的方针政策,贯彻领导意图,有针对性地解决实际工作问题,自然具有领导作用。

（三）宣传教育与监督作用

党政领导机关发出的许多文件,特别是一些重要的指导性文件、方针政策性文件、法规性文件,都具有宣传教育作用。公文还具有重要的监督作用。上级机关可以公文条款为准绳,监督下级机关及工作人员的言行;下级机关也可以报告等形式的公文主动行文,接受上级机关的工作监督;广大人民群众还可以党和国家颁布的公文监督各级机关组织及工作人员的言行是否规范或合乎准绳。

（四）联系与沟通作用

在公务活动中,通过公文进行上下左右的联系和沟通,使上情迅速下达,下情及时上报,使机关之间联系密切,关系协调。通过公文往来,相互传递和反馈信息,交流经验,商洽工作和处理各种公务,在纵向、横向的联系沟通中,正常而有秩序地开展工作。

（五）凭证与依据作用

凭证和依据作用是公文的基本作用。公文是制文机关意图的书面表达形式,是为满足传达、贯彻机关意图的需要和作为一种凭据而制发的。如协议书、合同等经过双方签订的文件,可以起到凭据作用,证实双方曾经许诺承担的责任和义务。介绍信、证明信以及各种证件,可以证明某人的身份、职务、资格和赋予他的任务,具有凭据作用。一些公文真实地记录了公务联系和某项活动情况,如决定、纪要、函等,这些都可作为现实和历史查考的依据与凭证。

岗位任务二

发文的处理

学习目标

1.知识目标

理解公文的行文规范、格式规范及印装要求,掌握发文办理的程序和方法。

2.能力目标

明确发文的操作流程;正确处理发出的文件。

3.情感目标

培养耐心细致的工作态度和严谨规范的工作习惯。

任务情境

近几年,电子科技工程公司经理张刚同志自进入公司以来工作勤奋努力,他所带领的团队富有强烈的开拓意识和协作精神,已在电子行业取得了骄人的成绩,为电子科技的员工树立了良好的榜样。经董事会研究,对张刚经理进行表彰,并晋级和给予奖励。总公司人事部门,向所属分公司发文,号召全公司团结协助,共同为企业的发展做出贡献。

想一想,试一试:

1.发文有哪些具体的办理程序?

2.登记的形式有哪些?哪些文件需要登记?

3.收文需要哪些登记手续?

4.请同学们帮助小梁进行收文办理。

任务指引

一、发文处理的步骤和方法

(一)制文过程

1. 草拟

也称拟稿,就是文件的起草过程,是制文的起始环节。

2. 审核

也称审稿,就是在公文送负责人签发前,由办公部门对公文的内容、体式、文字等进行全面的核对检查。

3. 签发

就是单位领导人对文稿进行的最后的审核并签署意见的工作。

凡以机关名义发出的文件,应由机关正职或主持工作的副职领导签发;有关日常性的工作的文件,经授权可由秘书长或办公厅主任签发;经会议讨论修改的文件,可由会议主席或秘书长进行签发;联合发文,一般由主办该文件的单位负责送请有关联署机关或部门的领导会签。(表 3-2-1)

表 3-2-1 　　　　　　　　　　　　×××发文处理单

发文日期	年　月　日	发 文 号	
密级		缓急	
签发		会签	
主送			
抄送			

(二)制发过程

1. 编号

就是指编写发文字号和文件的份数序号。联合行文,只标主办机关的发文字号;绝密和机密公文应当标明份数、序号。

2. 复核

就是指公文正式印刷之前,文书部门对文件定稿进行再次审核的工作。

3. 缮印

就是指对已经领导审批签发的定稿进行排版印制文件正本的过程。需在规定的时间范围内印制完成(表 3-2-2)。

表 3-2-2　　　　　　　　　　　　　　缮印登记表

文件名称	送文单位	送文时间	印文数量	印完时间	取件人姓名	缮印人姓名	备注

4. 校对

就是对缮印文件过程中将印制出来的文本清样与定稿从内容到形式进行全面对照检查的一道程序。

5. 用印

是指在印好的文件正本的落款处,正确加盖单位公章,以示文件生效的过程。

6. 登记

就是发文登记(表 3-2-3)。

表 3-2-3　　　　　　　　　　　　　　发文登记簿

顺序号	发文日期	发文号	文件标题	附件	密级	份数	发往机关	归卷日期	归入卷号	备注

7. 分发

是指对印制完毕、需要发出的文件按分发的范围作分封和发送的过程。

二、公文的行文规范、格式规范及印装要求

(一)行文规范

行文应该注意有关事项和遵守以下几条规则。

(1)严格控制发文数量和范围,避免不必要的行文。

(2)除非确有必要,一般以不越级行文为原则,以免打乱正常的领导关系。

(3)行文要注意隶属关系。

(4)行文应分清主送与抄送机关。

(5)两个以上的机关单位联合行文,其行文的单位应当是同级单位。

(二)格式规范

《党政机关公文处理工作条例》对公文的格式提出了明确的规定和严格的要求。公文一般由份号、密级和保密期限、紧急程度、发文机关标识、发文字号、签发人、标题、主送机关、正文、附件说明、发文机关署名、成文日期、印章、附注、抄送机关、印发机关和印发日期、页码等部分组成。

1. 幅面尺寸

公文用纸采用 GB/T 148 中规定的 A4 型纸,其成品幅面尺寸为:210 mm×297 mm。

2. 页边与版心尺寸

公文用纸天头(上白边)为 37 mm±1 mm,公文用纸订口(左白边)为 28 mm±1 mm,版心尺寸为 156 mm×225 mm。

3. 字体和字号

如无特殊说明,公文格式各要素一般用 3 号仿宋字体。特定情况可以作适当调整。

4. 行数和字数

一般每面排 22 行,每行排 28 个字,并撑满版心。特定情况可以作适当调整。

5. 装订要求

公文应当左侧装订,不掉页,两页页码之间误差不超过 4 mm。

骑马订或平订的公文应当:

(1)订位为两钉外订眼距版面上下边缘各 70 mm 处,允许误差±4 mm;

(2)无坏订、漏订、重订,订脚平伏牢固;

(3)骑马订钉锯均订在折缝线上,平订钉锯与书脊间的距离为 3 mm~5 mm。

包本装订公文的封皮(封面、书脊、封底)与书芯应吻合、包紧、包平、不脱落。

6. 公文格式各要素的划分

为了便于理解和记忆,一般将组成公文的各要素划分为版头、主体、版记三个部分。公文首页红色分隔线以上的部分称为版头;公文首页红色分隔线(不含)以下、公文末页首条分隔线(不含)以上的部分称为主体;公文末页首条分隔线以下、末条分隔线以上的部分称为版记。

(1)版头。又称文头部分,主要包括公文份号、密级和保密期限、紧急程度、发文机关标志、发文字号、签发人等要素。

①份号。公文印制份数的顺序号。主要针对秘密件使用,为分发、清退、查找文件提供依据,便于统计和管理公文。它位于文件首页发文机关版头左上角第一行,一般用 6 位 3 号阿拉伯数字,顶格编排在版心左上角第一行。

②密级和保密期限。密级,是指公文秘密程度的等级,分"绝密""机密""秘密"三级。保密期限是对公文密级的时效加以规定的说明。标识秘密等级用 3 号黑体字,顶格编排在版心左上角第二行;保密期限中的数字用阿拉伯数字标注。同时标志秘密等级和保密期限时,用 3 号黑体字,秘密等级和保密期限之间用"★"隔开。如"绝密★长期"。

③紧急程度。紧急程度是对公文送达和办理的时间限度。公文依紧急程度分别标明"特急""急件",电报分别标明"特提""特急""加急""平急"。公文标注紧急程度的位置顶格编排在版心左上角;如需同时标注份号、密级和保密期限、紧急程度,按照份号、密级和保密期限、紧急程度的顺序自上而下分行排列。

④发文机关标志。发文机关标志是表明公文作者的标志,由发文机关全称或规范化

简称后加"文件"二字组成;对一些特定的公文可只标志发文机关全程或规范化简称。联合行文时,主办机关名称在前。平行文或下行文中的发文机关标志上边缘至版心上边缘为 35 mm。上行文中的发文机关标志上边缘至版心上边缘为 80 mm,留出空白区域供上级机关批示之用。

⑤发文字号。发文字号指发文机关对其所制发的公文依次编排的顺序代码。由发文机关代字、年份和序号组成,发文机关代字不可过长。

编排在发文机关标志下空两行位置,用 3 号仿宋体字,居中排列。年份、发文顺序号用阿拉伯数字标注;年份应标全称,用六角括号"〔〕"括入;发文顺序号不加"第"字,不编虚位(即 1 不编为 01),在阿拉伯数字后加"号"字。

上行文的发文字号居左空一字编排,与最后一个签发人姓名处在同一行。一份公文只编一个发文字号,联合行文时只标注主办单位的发文字号。

发文字号下 4 mm 处印一条与版心等宽的红色反线。上行文因有签发人标识,则发文字号不再居中,而是居左空 1 字,签发人则右空 1 字,二者同处一行。

⑥签发人。签发人指代表机关最后核查并批准公文向外发出的领导人姓名。作用在于标明机关发文的具体责任者。凡上行文均需标志签发人姓名,排列于发文字号右侧。发文字号居左空 1 字,签发人姓名居右空 1 字,签发人用 3 号仿宋体字,签发人后标全角冒号,冒号后用 3 号楷体字标志签发人姓名。如有多个签发人,主办单位签发人姓名置于第一行,其他签发人姓名从第二行起在主办单位签发人姓名之下按发文机关顺序依次顺排,下移红色反线,应使发文字号与最后一个签发人姓名处在同一行并使红色反线与之的距离为 4 mm。

⑦分隔线。发文字号之下 4 mm 处居中印一条与版心等宽的红色分隔线。

(2)主体。一般由标题、主送机关、正文、附件说明、发文机关署名、成文日期、印章、附注、附件等要素构成。

①标题。公文标题应准确、简明地概括公文的内容,明确公文的文种。通常由发文机关、事由和文种三部分构成,其中发文机关名称要用全称或规范化简称,事由部分应用简洁、明了的语言揭示公文主体。文种在任何情况下都不能省略,公文标题中的发文机关有时可以省略,由发文事由与文种构成,有时可省略发文事由,由发文机关与文种组成。

公文标题中除法律、法规、规章名称加书名号外,一般不使用标点符号。

公文标题的位置于公文首页红色版头横线下空两行,用 2 号小标宋体字,可分一行或多行居中排布;回行时,要做到词意完整、排列对称、间距恰当。

②主送机关。指公文的主要受理机关,即对公文承担办理或答复责任的机关。主送机关应使用全程或者规范简称、统称。

主送机关应在标题下空一行,左侧顶格用 3 号仿宋字体标志,回行时仍顶格;最后一个主送机关名称后标全角冒号。如主送机关名称过多而使公文首页不能显示正文时,应将主送机关名称移至版记中的"抄送"之上,标识方法同抄送。

③正文。指公文的主体部分,用于阐述具体内容,表达发文意图。

公文正文的内容一般由导语、主体、结束语三部分组成。导语一般用简洁的语言表明行文的目的、起因、依据等。常使用"为了……""根据……""按照……"的句式开头引起下文。

主体部分要求内容完整,中心突出,数据翔实,语言表达简明扼要。

正文内容在主送机关名称下一行,每自然段左空 2 字,回行顶格。数字、年份不能回行。一般用 3 号仿宋体字。文中结构层次序数依次可以用"一、""(一)""1.""(1)"标注;一般第一层用黑体字、第二层用楷体字、第三层和第四层用仿宋体字标注。

④附件说明。如有附件,在正文下空一行左空二字编排"附件"二字,后标全角冒号和附件名称。如有多个附件,使用阿拉伯数字标注附件顺序号(如"附件:1.××××
×");附件名称后不加标点符号。附件名称较长需回行时,应当与上一行附件名称的首字对齐。

⑤发文机关署名。署发文机关全称或者规范化简称。

⑥成文日期。用阿拉伯数字将年、月、日标全,年份应标全称,月、日不编虚位(即 1不编为 01)。

⑦印章。公文中有发文机关署名的,应当加盖发文机关印章,并与署名机关相符。加盖印章应端正、居中,上距正文 2 mm～4 mm,下压成文时间。印章用红色。有特定发文机关标志的普发性公文的电报可以不加盖印章。

联合行文需加盖两个印章时,应将成文日期拉开,左右各空 7 字;主办机关印章在前;两个印章均压成文日期,相距不超过 3 mm,两印章间互不相交或相切。当联合行文需加盖三个以上印章时,为防止出现空白印章,应将各发文机关名称(可用简称)按加盖印章顺序排列在相应位置,并使印章加盖或套印其上,主办机关印章在前,每排最多排三个印章,两端不得超出版心;最后一排如余一个或两个印章,均居中排布;印章之间互不相交或相切;最后一排印章之下右空 2 字标志成文时间。

当公文排版后所剩空白处不能容下印章位置时,应采取调整行距、字距的措施加以解决,一定使印章与正文同处一面,不得标注"此页无正文"。

⑧附注。附注是需要说明的其他事项,一般是对有关文件的传达范围、使用方法的规定及对名词术语的解释等。公文如有附注,用 3 号仿宋字体,居左空 2 字,加圆括号标注在成文日期下一行。

⑨附件。公文正文的说明、补充或者参考资料。附件应与公文正文一起装订,并在附件左上角第一行顶格标识"附件"。如附件与公文正文不能一起装订,应在附件左上角第一行顶格标识公文的发文字号并在其后标识附件。

(3)版记。由抄送机关、印发机关和印发日期等要素构成。

①抄送机关。指除主送机关以外需要执行或知晓公文的其他机关。标注抄送机关时使用机关全称、规范化简称或者同类型机关统称。

②印发机关和印发日期。印发机关和印发日期位于抄送机关之下,占一行位置,用 3号仿宋字体。印发机关左空 1 字,印发日期右空 1 字。印发日期以公文打印的日期为准,用阿拉伯数字标志。

公文格式如图 3-2-1、图 3-2-2 所示。

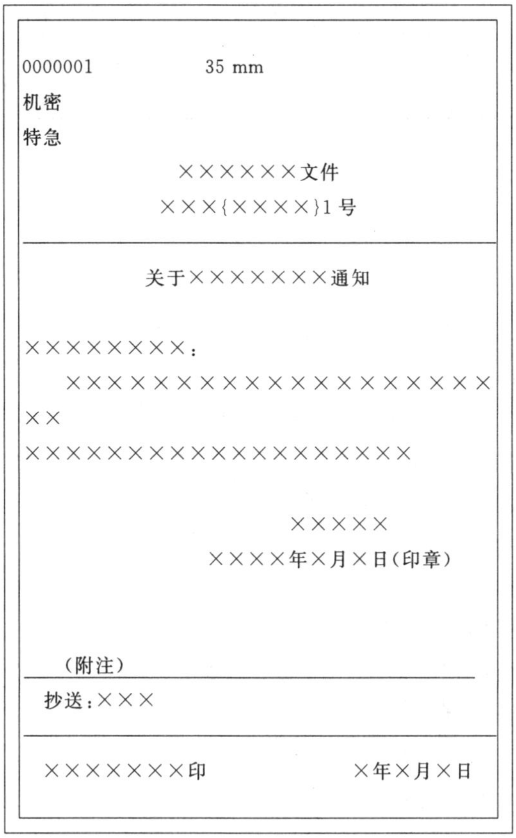

0000001　　35 mm

机密

特急

××××××文件

×××{××××}1 号

关于×××××××通知

××××××××：

　　×××××××××××××××××××××××

××××××××××××××××××××

×××××

××××年×月×日(印章)

(附注)

抄送：×××

×××××××印　　×年×月×日

图 3-2-1　下行文公文格式

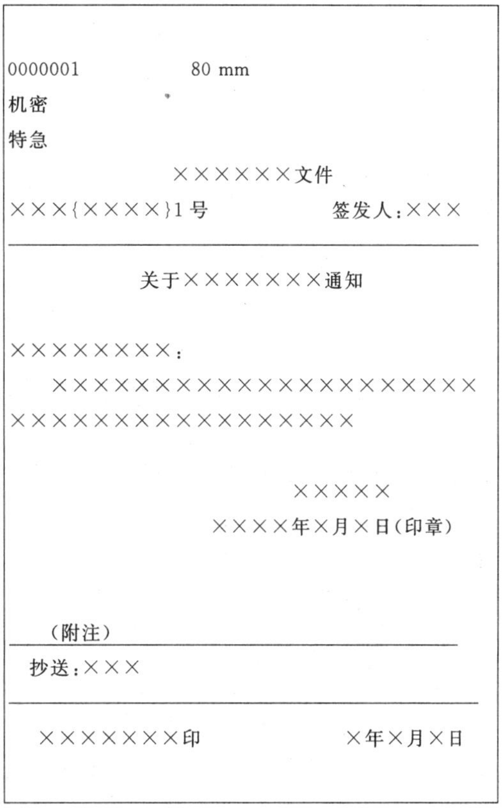

0000001　　80 mm

机密

特急

××××××文件

×××{××××}1 号　　签发人：×××

关于×××××××通知

××××××××：

　　×××××××××××××××××××××

×××××××××××××××××

×××××

××××年×月×日(印章)

(附注)

抄送：×××

×××××××印　　×年×月×日

图 3-2-2　上行文公文格式

(三)印装要求

1. 公文的排版

公文用纸采用国际 A4 型：长 297 mm、宽 210 mm。

字体字号的选用要求：发文机关标志使用标准宋体红色标志；大标题 2 号宋体，小标题 3 号宋体；秘密等级、缓急时限、各标记字符或其他重点推荐使用 3 号黑体；一般的公文发文字号、签发人、主送机关、正文、附件说明、成文时间、附注、抄送机关、印发说明使用 3 号仿宋；签发人姓名用 3 号楷体。

排版规格：正文 3 号仿宋，每面 22 行，每行 28 个字。

2. 公文的装订

公文一律左侧装订。装订时四边留出页边，左右对称，上宽下窄。

妙招提示

电子商贸公司秘书李刚在文件发出之前，将内容进行登记(表 3-2-4)。

表 3-2-4　　　　　　　　　　　　　　发文登记簿

顺序号	发文日期	发文号	文件标题	附件	密级	份数	发往机关	归卷日期	归入卷号	备注
1	2013.7.12	电商发〔2013〕1号	关于申请购车经费的请示	无	无	1	大商集团	2013.12.20	1———4	

任务实施

小组合作完成任务：

1. 以南疆县政府名义,撰写一份《南疆县政府关于表彰支农先进集体和先进个人的决定》草稿。要求:主题鲜明,材料翔实,语言得体。

2. 按照国家机关公文规范格式,在计算机上将草稿制作成标准的电子文书。

3. 将电子文稿打印出来,请办公室劳主任(同学扮演)审核,提出修改意见。经过仔细修改确认无误后,再次请县政府领导(同学扮演)审核,并签字批准下发。

4. 将公文正式文稿打印一份,仔细校对,确认完全符合发文要求后,复印 10 份,并装订整齐。

5. 在文件落款处,按照用印规范,加盖发文单位印章。

6. 发文登记。制作电子表格,题为《发文登记表》,含顺序号、发文日期、发文字号、文件标题、密级、主送机关、份数、备注等栏目。然后逐项填写。

7. 填写发文信封。正确填写受文单位和发文单位的名称、地址、邮政编码,然后将文件折叠整齐,放进信封,封口,检查无误后,投入模拟"邮筒"。

任务完成PK

采取小组自评互评,设计表格评价各组任务完成情况,得分高者优胜。

	起草文件(主题鲜明,格式规范,语言得体) 30分	复核(手续完备,内容简洁,格式规范) 20分	登记(项目完整,清晰) 20分	印制(格式准确,版面美观) 20分	核发(格式正确,印制准确) 10分	总分
第一组						
第二组						
第三组						
第四组						

拓展任务

某市旅游局接到本省旅游局转发的《中华人民共和国旅游局令》第 18 号文件中发布的《出境旅游领队人员管理办法》。办公室文员小张核查、登记完文件后,交给办公室吴主任。吴主任看完文件,批注了拟办意见,交给李局长。李局长当即批示,责成伊秘书起草一份学习《出境旅游领队人员管理办法》的通知,下发给市属旅游公司,组织员工学习。伊秘书接受这项任务后,该怎样进行发文程序各环节的操作?

知识链接

行文制度

公文运转必须遵循各单位相互之间的行文关系、行文方式和行文规则,必须按照有关规定规范统一。行文关系、行文方式和行文规则统称为行文制度。正确地执行行文制度,可以避免行文混乱,防止"文山会海",提高工作效率。因此,《国家行政机关公文处理办法》和《中国共产党机关公文处理条例》都规定了我国各级党和政府机关单位的行文制度。

一、行文关系

行文关系,机关单位之间的文件往来,是根据各组织系统、机关单位的隶属或职权关系来进行的,一般包括机关单位的职权、地位及其与其他机关单位之间的工作关系等。这种机关单位之间文件往来而形成的关系,叫行文关系。行文关系包括上行关系、下行关系、平行关系三种。

1.上行关系

上行关系是指下级向上级的行文关系。具有直接的隶属或业务管理关系的下级机关单位和上级机关单位之间才能形成文件的上行关系。如县人民政府隶属于市人民政府,县人民政府向市人民政府行文就形成了文件的上行关系。再如市财政局隶属于市人民政府,在业务上接受省财政厅的监督和指导,市财政局向人民政府行文,或向省财政厅行文都形成了文件的上行关系。

2.下行关系

下行关系是指上级向下级的行文关系。具有直接的隶属或业务管理关系的上级机关单位和下级机关单位之间才能形成文件的下行关系。如县人民政府隶属于市人民政府,市人民政府是县人民政府的上级,市人民政府向县人民政府行文就形成了文件的下行关系;市人民政府向其隶属的市财政局、市民政局、市工商局等职能部门行文也是下行关系。从业务管理角度讲,市民政局向县民政局行文也是下行关系。

3.平行关系

平行关系是指平行机关之间或不相隶属机关之间的行文关系。平行机关是指互不隶属但隶属于一个共同上级机关或在业务上互不管理但受一个共同上级主管机关管理的机关单位的总称。如某级人民政府的各个职能部门;各级人民政府管辖的下一级各个人民政府;某级人民政府管辖的下一级各个人民政府;某级业务主管部门管理的下一级各个业务主管部门等。

二、行文方式

根据文件的行文关系,可以明确行文方向,确定每份文件的行文方式。行文方式包括上行文、下行文和平行文三种。

1. 上行文

(1)逐级上行文。即下级向直属上级一级一级地行文,它是上行文最基本、最常用的方式。下级机关单位一般都应当直接向上级直属的上级领导机关单位请示或报告工作,下级机关单位的业务部门就某些业务工作问题向直属上一级机关单位的业务部门的行文,也属于逐级行文。

(2)多级上行文。即下级在必要时同时向多层的直属上级行文,例如,江宁区人民政府行文给南京市人民政府并报江苏省人民政府;南京市财政局行文给江苏省财政厅并报国务院财政部等。这种情况并不常见,一般只能在问题比较重大,而又时间紧迫,需及时报请直属上级和更高级机关单位了解或报复时方可采用。

(3)越级上行文。就是下级越过自己的直属上级向更高的上级行文。这种方式只能在特殊情况下采用。一般在下列情况下可越级行文:①因发生特殊紧急情况,如逐级传递将造成损失的事项,如发生战争、严重自然灾害、暴乱、重大事故等;②经多次请示直属上级机关单位,长期不能解决的重大问题;③上级领导或领导机关单位交办的,并制定越级直接上报的事项;④对直属上级机关单位或领导进行检举、控告;⑤直接上下级之间有争议且无法解决的重大问题;⑥询问、联系无须经过直接上级的一般工作中的具体问题等。

2. 下行文

下行文是指上级向所属下级的行文,如"命令""批复""规定"等。下行文以逐级行文、多级行文两种方式为主。

(1)逐级下行文。就是向所属下级一级一级地行文,这是最基本、最普遍、最经常的下行文方式。如省人民政府向所属各市人民政府发文、市档案局向本市各县档案局发文等,这种行文只发到直属下一级机关。

(2)多级下行文。就是指向所属的多层下级同时行文的方式。如中央有许多文件同时发到省、市、县各级组织。采取这种方式可以使下属几级组织迅速直接地看到领导机关的文件,及时领会和贯彻文件精神,可以免去层层传递,提高时效,较快地解决问题。

(3)直达行文。文件一次下达所有的机关单位和群众。党政领导机关行文,必要时可以直接发至最基层的党政组织或者传达到人民群众。不带有机密性质的文件,还可以采取组织宣传、登报、广播、电视等公共媒体形式与手段公布。如"通告""通报"等,可采用张贴的方式,直接与广大人民群众见面。这种行文方式能使基层组织和人民群众及时地、原原本本地了解文件的全部内容,上级的方针政策或法规性文件迅速地起到宣传教育群众、组织动员群众的作用。

3. 平行文

平行文是指互相没有隶属关系的机关单位或平级单位之间的行文。平行文通常使用公函联系、商洽工作。如果机关所发的文件中有某些事情需要不相隶属的机关了解或配合贯彻的,可以将文件抄送给有关的不相隶属的机关,如各专业主管部门制定的关于本专业工作的规定,需要平行机关贯彻的,则需抄送平行机关。平行机关和不相隶属机关之间不能发指导性或指令性文件。

三、行文规则

(1)向上级机关请示问题,应当一文一事,不应当在非请示公文中夹带请示事项。

(2)对不符合行文规则的上报公文,上级机关的秘书部门可退回下级呈报机关。

(3)同级或平行机关单位之间必要时可以联合行文(所谓"同级"或"平行"机关单位,就是指处于平等地位的机关或单位)。

(4)不相隶属机关单位之间一般用函行文。

(5)"报告"中不得夹带请示事项。

(6)经批准在报刊上全文发布的行政法规和规章,应当视为正式文件依照执行,可不再行文。

岗位任务三

临时文件的处理

学习目标

1. 知识目标

掌握办毕公文的处置方法。

2. 能力目标

明确临时文件的处理方法。

3. 情感目标

培养耐心细致的工作态度和严谨规范的工作习惯。

任务情境

小刘在一家大型企业担任秘书,平时主要负责单位收文、发文的处理工作。这天她在整理一批办毕公文。这批已经办理完毕的公文包括:

①一份绝密文件(已给相关领导阅读过),②一份无留存必要的重份公文,③一份一般性公文的草稿,④一份未经本人审阅的公司总经理在公司年终总结表彰大会上的发言稿,⑤一份印制公文过程中形成的校样,⑥一张装有已失去保存价值的电子公文的磁盘,⑦一份有重大错漏的公文,⑧一份本公司关于加强生产质量管理的规定(征求意见稿),⑨一份本公司人事任免的通知,⑩若干份频繁查阅的已整理归档公文的重份文本和具有参考价值的简报,⑪若干份无保存价值的文件。

想一想,试一试:

1. 临时文件有哪几种? 如何存放和处理?

2. 销毁文件的范围和处理方法有哪些?

3. 清退文件的范围及处理方法有哪些?

4. 暂存文件应如何存放?

5. 请你帮助秘书小刘整理并处置这批办理完毕的文件。

任务指引

一、整理归档

具体内容见本篇岗位任务三第四节。

二、销毁

按照有关规定,对办理完毕、不具备归档和存查价值的公文,经过鉴别并经办公厅(室)负责人批准后,予以销毁。"不具备归档和保存价值的公文,经批准后可以销毁。销毁涉密公文必须严格按照有关规定履行审批登记手续,确保不丢失、不漏销。个人不得私自销毁、留存涉密公文。"

(一)销毁范围

包括所有办理完毕、经过清理鉴定确认不具备留存价值或留存条件的公文材料。具体包括:重份公文、多余副本;临时性、事务性公文;外出参加会议带回的无留存价值的公文;一般公文的草稿、校样与其他使用过的会议讨论稿、征求意见稿等;失去留存价值的统计报表、登记簿册、简报等。

(二)销毁程序

凡需销毁的文件,均需登记造册,经主管领导审查签字、监销人核对无误后才能销毁,个人不得自行销毁文件。

销毁重要公文或者标有国家秘密等级的公文,必须填写《公文销毁清单》,由本单位文秘部门负责人审核,保密部门与分管领导人审查批准。

(三)销毁方式

对于纸质公文可以采用粉碎、焚烧、送指定造纸厂化成纸浆等方式销毁;对于确认需销毁的电子公文,直接永久删除。

销毁秘密公文应当到指定场所由二人以上监销,保证不丢失。

三、清退

公文的清退,定期或不定期地将办毕公文经过清理,退还原发文机关或指定机关。公文清退工作的意义在于保证机密公文、重要公文信息内容的安全,避免公文的丢失或失密、泄密现象的发生。

公文清退的范围具体包括:

(1)上级组织下发的绝密文件(下级组织报送的绝密文件一般不予退还)。

(2)限定在一定范围内讨论修改或征求意见使用的文稿。

(3)未经本人审阅的领导人的内部讲话稿。

(4)上级组织或本单位制发的供内部传阅的公文,如重要情况通报、有关统计资料、重要简报和信息等。

(5)发文机关明确要求退还的公文材料。

(6)规定回收的会议文件。

(7)有重大错误的公文或被明令撤销的公文。

公文清退要建立严格的制度,一年至少清退一次。在清退中如发现有丢失或公文不完整的问题要及时报告主管领导和保密部门,禁止将保密文件作为废品出售。清退公文时交接双方应履行交接手续,清退人、收文人双方均应在《公文清退单(表)》上签注姓名和时间,以示对清退工作负责。

四、暂存

公文的暂存,指对既不应归档或清退,又暂时不宜销毁的公文,暂时留存一定时间以备查用,以后再作处置。

妙招提示

电子商贸公司的秘书李刚对一些文件进行销毁并进行登记,见表 3-3-1。

表 3-3-1　　　　　　　　　　　　　　销毁文件清单

序号	时间	文件标题	发文部门	主要内容	备注

任务实施

小组合作完成任务:

杨帆集团总裁办公室下属的机要室,根据国家的有关标准对公司 2007 年的文件进行归档,可以按照以下步骤进行:

步骤一:判断杨帆集团 2007 年的文件哪些属于归档范围,哪些不属于归档范围。

分四个部分判断:

1.上级来文。

2.本单位形成的各种文件。

3.同级单位和非隶属单位的文件。

4.下级报送的文件。

步骤二:对运转处理完毕,而又无保存价值的文件材料进行焚毁。

1.明确销毁文件材料的范围。

2.对销毁的文件要予以登记,保存销毁文件清单。

3.选择合适的销毁方式:粉碎型碎纸机粉碎(适用于任何纸面文件);到郊外垃圾处理站监督烧毁(适用于非机密性、量较大的文件);送造纸厂监督打成纸浆(适用于公司过期宣传资料的销毁)。

拓展任务

1.大华公司使用"年度—机构—保管期限"进行文件分类,但同时又单独设计了统计报表分类,将本公司编制或报送的各类人员、工资等基本数据报表等归档文件归入其中,这种做法是否正确?

2.瀚海公司一个案件的处理工作从1998年开始至2003年结束,前后整整持续了5年,为了遵守归档制度,办案人员每年6月以前都向综合档案室移交该案件前一年形成的档案文件,这样做是否正确,为什么?

知识链接

档案"八防"

1.防火。建立档案库房防火制度,档案库房附近严禁存放易燃、易爆物品,库房内严禁吸烟,并备有灭火器,经常进行检查更换。

2.防潮。库房内备有温湿度计,经常检查记录,并根据室内温湿度不同情况,通过适当开窗通风、地面喷洒水、放置干燥剂等办法调剂,使库房内的温湿度符合规定标准。

3.防尘。搞好室内外卫生环境,经常保持清洁,档案库房配备有关防尘设备,如窗帘、吸尘器等,对案卷及所有库内设备、墙壁和地面定期、不定期地进行吸尘,使档案库房符合规定卫生标准。

4.防鼠。首先着眼于堵塞鼠害漏洞,经常查看是否有鼠迹,定期放置灭鼠药。

5.防盗。库房门窗用铁皮和钢筋焊接加固,门安装三保险锁和报警器,节假日加封条。

6.防光。库房窗户装挂遮光窗帘,使档案柜不直接被阳光照射。

7.防虫。档案入库前首先要进行检查和杀虫处理;档案库内放置防虫剂,经常查看是否失效;另外严禁存放滋生虫害的物品(如食物等)。

8.防水。一要在雨季未来前注意查看房顶,发现问题及时处理;二要在取暖期注意暖气管破裂,跑、喷水的情况,经常检查,发现迹象及时采取措施,把问题消灭在萌芽状态,确保案卷质量,以免损坏。

岗位任务四

归档文件的处理

学习目标

1. 知识目标

明确归档文件的处理方法和程序。

2. 能力目标

正确处理归档文件。

3. 情感目标

培养耐心细致的工作态度和严谨规范的工作习惯。

任务情境

阳光公司是一家市属企业,2011年2月初的一天,实习秘书高雅在整理公司上一年度的一批办理完毕的文件,准备整理归档。她把所有文件进行分类整理,然后把需要归档的文件进行系统整理。以下是需要整理的文件:

阳光公司关于职工活动中心大修的请示(2010年1月26日),某市政府关于同意阳光公司职工活动中心大修的批复(2010年2月3日),阳光公司关于张林、王云等同志职务任免的通知(5份)(2010年3月17日),阳光公司关于召开第六届职工代表大会的通知(2010年11月28日),某市政府关于命名蓝天公司等为市先进集体的决定(2010年5月26日),阳光公司人事部工作计划(2010年8月6日),阳光公司工作简报(1~12期),阳光公司关于产品质量管理的处理办法(2010年7月26日),阳光公司关于利用科技成果开发新产品的奖励规定(2010年3月2日),阳光公司2010年国庆放假的通知(2010年9月24日),某市人民政府办公室关于印发《公文处理工作细则》的通知(2010年3月21日)。

想一想,试一试:

哪些文件应放在一起归档?

任务指引

一、文书档案的整理

将机关单位在公务活动中形成,已经办理完毕的应当归档的文书,按照一定的原则和要求,进行科学地分类、排列,确定保管期限,组卷(装盒)、编目等,使之系统化、条理化的过程,即文书档案的整理。

归档文件的整理方法:按件整理。2000 年 12 月 6 日,国家档案局发布了档案工作行业标准《归档文件整理规则》,2001 年 1 月 1 日起施行。自此之后,这种方法取代了按卷整理,它的优点是简化整理环节,提高工作效率;便于管理,方便利用;便于实现计算机文档一体化;有利于档案的编研开发工作。

二、文书档案整理的基本原则

遵循文件形成的客观规律,保存文件之间的有机联系,区分文件的不同价值,便于保管和利用。

三、归档文件整理的步骤

(1)归档文件与不归档的文件材料分开;

(2)分类:按年度分开,按机构或问题分开,按保管期限分开等;(此为重点)

(3)整理与装订;

(4)排列;

(5)编号、盖归档章;

(6)编目;

(7)装盒。

四、归档文件的分类

(一)确定归档文件整理保管的单位——"件"

应归档文件收集齐全完整后,就应正确确定归档文件的整理保管单位——"件",具体做法如下:

(1)一般以一份文件为一件。

(2)文件的定稿和正式印发件合为一件,这种情况主要是本机关的正式发文和机关内部制定的规章制度等。

(3)正件与附件合为一件。

(4)转发文与被转发文合为一件。

(5)来文与复文可为一件,如请示与批复、函与复函等。

(6)文书处理单与相关文件合为一件。

(7)报表、名册、图表、介绍信存根、会议记录等类似文件材料,按其本来的形式,以一个自然本(册)为一件。

(8)原件与复印件合为一件整理。重要的热敏纸传真件保存期限很短,归档时必须采取复制的复印件。

(9)会议文件一份文件为一件。一次会议形成几份文件,就是几件。

(10)干部职工调动介绍信,以一人为一件。

(11)干部任免、录聘、调资、离退休、津贴补助等材料。

(12)文件的中文与外文为一件;文件的汉文本与少数民族文本为一件。

为一件的公文装订在一起,编目时只体现为一个条目。

(二)分类方法

1. 年度分类法

就是区分文件材料的所属年度,把属于同一年度的文件集中,把不同年度的文件分开。现行机关的归档文件整理工作,是按年度分开进行的,不同年度的文件原则上不得放在一起归档。年度分类法有两种情况:

第一种情况是一般文件,归入文件的制发年度。

第二种情况是跨年度的文件,归入文件内容所针对的年度。

(1)跨年度的请示与批复,一并归入批复年度;没有批复的,归入请示年度。

(2)跨年度转发上级机关或批转本机关(包括批转下级机关)的文件,一并归入批转、转发年度。

(3)跨年度的表彰决定,考评结果、审计结论等文件。归入表彰、考评、审计所专指的年度。

(4)跨年度的规划,归入规划针对的第一年度。

(5)跨年度的总结,归入总结针对的最后一个年度。

(6)跨年度的会议文件,归入会议开幕年度。

(7)年度工作计划、总结和各种基础数字统计报表,归入文件内容所针对的年度。

(8)工作计划与总结一般不应写在一起,如写在一起的应视文件内容的主次来决定归档的年度。

(9)法规性文件,归入通过、公布或批准生效年度。

(10)回顾、纪念性文章,归入定稿或发表年度。

(11)翻印的文件,归入原件的所属年度。

(12)专业部门使用专门年度所形成的文件,按专门年度立卷归档。如教学年度是指每年的9月1日至次年的8月31日为一个学年。

(13)非诉讼案件材料,归入结案年度。

(14)未标示文件形成时间的文件,根据文件的内容、制成材料、制作形式等予以考证后,归入其所属年度。

2. 组织机构分类法

组织机构分类法是将归档文件材料按其形成或承办部门进行分类。也就是按照立档单位的内部机构,将全宗内的文件材料分成若干类别的方法。单位内有几个机构,就设几个类,机构名称就是类名。如办公室、人事处、业务处、法规处、科教处就是五个类名。

采用组织机构分类法分类的层次,主要依据本机关大小和形成文件数量的多少来确定。

类别排列方法:通常依据编委批准的内设组织机构编制文件的顺序排列,也可依据本机关习惯的排列顺序或是依据其重要程度排列。

3.问题分类法

问题分类法是按照单位内文件材料所记述和反映的问题分类的方法,即将记述和反映同一问题的文件集中,记述和反映不同问题的文件分开。也就是说,不管是机关内哪个组织机构形成或办理的文件,只要是记述和反映同一问题的文件,都归入一个类别内,以集中反映某一个问题的来龙去脉及办理情况。如党群类、行政类、业务类等。

组织机构分类法和问题分类法不能同时使用。

4.保管期限分类法

如何判断一份文件的保管期限:参考本单位的《归档范围和保管期限表》,参考国家档案局8号令附件《文书档案保管期限表》,参考专业档案管理办法中的保管期限规定。

保管期限,就是文件材料的留存年限,划分保管期限,就是根据文件材料自身所具有的使用价值,确定文件材料存留的年限。

根据国家档案局《机关文件材料归档范围和文书档案保管期限规定》,文书的保管期限为永久和定期两种。永久,即在正常情况下,无限期地保存;定期,分为10年和30年两种。

5.复式分类法

将年度、组织机构(问题)、保管期限几种分类法结合使用。《归档文件整理规则》不限定年度、组织机构(问题)、保管期限在复式分类法中的先后顺序,但对可选择性作了规定:年度、保管期限必选,大的机关组织机构(问题)必选。复式分类法的分类方案如下:

年度－组织机构－保管期限——适用于现行机关,推荐使用(适用于学校);

保管期限－年度－组织机构——便于向档案馆移交,应预留空架,推荐使用;

组织机构－年度－保管期限——适合于机构基本固定的单位及撤销机关;

年度－问题－保管期限——适合于机构变化复杂、分工不明确以及没有内部机构或内部机构简单的单位,推荐使用;

保管期限－年度－问题——多用于现行机关;

问题－年度－保管期限——适用于撤销机关、整理历史档案;

年度－保管期限,保管期限－年度——多用于文件数量少、内部机构简单的基层单位或小机关。

(三)归档文件的整理与装订(略)

(四)归档文件排列

排列文件,就是根据一定的方法确定全宗内归档文件先后顺序的过程。通常使用的是排列法,就是将同一事由的相关文件排列在一起。按事由排列的具体步骤如下:

（1）在一个全宗内将同一年度的归档文件分别按其划定的保管期限排列，即按永久、定期分别排列。不同保管期限的文件不得混在一起排列。

（2）在同一期限内的文件，按其划定的类别分别排列。类与类之间、类与属类之间的文件排列，要按照分类方案进行。①可依据编委下达的编制文件中的内设组织机构（处室）为序或习惯为序，结合重要程度排列。即：党群下设部门在前，行政下设部门在后，综合性部门在前，业务部门在后。②也可依据党群工作类在前，行政管理类、业务工作类在后；综合类在前，专题类在后，并结合重要程度排列。

（3）在同一类别内的文件，按事由结合时间、重要程度来排列。即在同一类别内，将文件先按不同事由分开，将同一事由的相关文件排列在一起，再按重要程度对不同事由的文件进行排列。

（4）零散文件的排列。零散文件，即在当年归档文件整理完毕若干年后，又收集到属于该年度的个别文件。

（五）编号和加盖归档章

编号包括编件号、页号。归案文件编号，指将归档文件在全宗内的位置，标志为符号，并以归档章的形式在归档文件上注明。

1. 加盖归档章

归档章加盖在每份文件的首页右上角，如果有其他标记或文字时，可以酌情向左或向下适当移动。

2. 归档章的规格

具体样式参见表 3-4-1。

表 3-4-1　　　　　　　　　　　归档章样式

全宗号	年度	组织机构（问题）	
保管期限	页数	室编件号	盒号

注：全宗号、年度、保管期限、室编件号均是必填项。

（六）编制归档文件目录

编制归档文件目录，是整理工作中的重要环节之一，也是其他编目工作的基础，为档案保管、鉴定、检索、统计、利用等工作的开展提供基本条件。

归档文件目录的样式见表 3-4-2：

表 3-4-2　　　　　　　　　　归档文件目录

年度：2010　　组织机构（问题）：办公室　　保管期限：永久

件号	责任者	文号	题　名	日期	页数	备注
1	国家档案局	档办〔2010〕8号	国家档案局办公室关于加强档案安全保管的通知	2010 0305	2	

（续表）

件号	责任者	文号	题　名	日期	页数	备注
2	辽宁省档案局	辽档〔2010〕56号	辽宁省档案局关于转发国家档案局关于加强汛期档案安全管理的几点意见的通知	2010 0610	3	
3	大连市人民政府	大政〔2010〕12号	关于进一步加强我市精神文明建设的决定[附:市民公约]	2010 0220	8	

1.“件号”项

按照归档章内的“室编件号”进行填写。

2.“责任者”项

填写责任者。

3.“文号”项

填写文件的发文字号,不得省略其中的某一部分,无文号的文件材料此项不填写。

4.“题名”项

一般情况下,填写目录中题名项时应照实抄录,不得省略或简化。

5.“日期”项

填写文件的形成时间,一般以落款时间、会议通过时间或发布时间为准;用8位阿拉伯数字标注年、月、日,不得省略。例如:“2012年6月10日”标注为“20120610”。“2012年12月8日”标注为“20121208”。这里要注意的是,月或日如果是一位数时,其前应加写一个“0”,在打印目录时应分为年和月日两行。

时间不详或没有时间的文件材料,应进行必要的考证。

6.“页数”项

填写每份文件的总页数,总页数以文件材料的最后一个页号为准。页数项以阿拉伯数字填写一件文件的总页数,以有图文的页面为一页,空白页不计。文件签发单或文件办理单与文件一并归档时,统计页数应加上文件签发单或文件办理单的页数。

7.“备注”项

必要时简要注明需要说明的特殊情况或问题,如果说明文字比较多时,应填写在备考表中。

（七）归档文件目录的装订

应使用计算机档案管理软件生成打印目录,归档文件目录应单独装订成册并编制封面。档案盒内可不放置归档文件目录。

(1)永久、长期、短期目录分开装订,每本厚度不超过2 cm。如果一种保管期限一年的目录比较少,可以几年的合在一起装订。

(2)每本目录均从"1"开始统一编写页码,以便于检索。

(3)装订目录时应使用统一规定的目录夹。

(4)目录夹封面样式如图 3-4-1 所示:

归档文件目录

全宗名称:xx 省水利厅
年　　度:二〇〇二年
保管期限:永久
组织机构:____________
(问题)

图 3-4-1　归档文件目录

(八)归档文件装盒

归档文件装盒的方法步骤如下:

(1)按照永久、长期、短期三个编号顺序分别装盒。一个组织机构或类别的文件比较多,可以按排序单独装一盒或几盒;几个组织机构或类别的文件比较少,可以按排序合装一盒;不同保管期限的文件不能混合装盒。

(2)每盒文件之前不再放置目录,但要在文件之后放置一张备考表。

(3)档案盒封面项目填写方法。封面只有一个"全宗名称"项,填写产生档案全宗的单位的全称或通用简称,具体与目录夹封面项目相同。如果一个机关单位用盒量比较大,可以要求厂家直接将单位名称印上去;如果一个机关单位用盒量比较小,或者已经购买了未印制单位名称的文件盒,可以设计刻制一个大小适当的条形章,在使用文件盒时逐个盖上去。这样做既方便快捷,又整齐美观。

(4)档案盒脊背样式与项目填写方法。

①"全宗号"项:与归档章 1 号格填写的方法要求相同。

②"年度"项:填写盒内文件的形成年度。

③"保管期限"项:填写盒内归档文件的保管期限,即"永久""定期"。

④"组织机构(问题)"项:如果本单位每个内部组织机构或每个问题类别的文件比较多,可以单独装盒,此项填写;如果本单位每个内部组织机构或每个问题类别的文件比较少,多数盒内都装了若干个内部组织机构或问题的文件,则此项不填写。

⑤"起止件号"项:在"室编"栏填写盒内第一份文件和最后一份文件的件号,之间用"—"连接;"馆编"栏暂时空置,以后编不编以及怎样编,待移交进馆后由档案馆根据需要确定。

⑥"盒号"项:用铅笔分别编写"永久""定期"临时顺序号,逐年延续。以后如果移交进馆,盒号如何编写,由档案馆根据需要自行确定。

（5）填写文件盒脊背各项目的要求。

①"全宗号""年度""起止件号"等数字项,应选购或刻制大小适当的数码章,统一盖上去。

②"保管期限""组织机构（问题）"两个项,应刻制大小适当的"永久""定期"章和"组织机构名称"章,统一盖上去。

③盖章使用的印泥的颜色,一个单位要统一,不能今年红色明年蓝色。

④盖章的上下位置应统一居中,要年年一样,坚决避免高的高、低的低的随意现象出现,使得所有档案盒上下六个项目盖章后,排列在一起形成六条直线,做到整齐统一、美观大方。

至此,一个年度的归档文件就全部整理完毕,即可入柜上架。

妙招提示

如何判断"重要的"和"一般的"?

上级机关、上级领导检查、视察本地区、本机关工作时形成的文件材料,凡省部级领导的检查、视察形成的文件材料,属"重要的",省部级以下的是否重要,视情况而定。

重要业务问题与一般业务问题的区分,关键在于对业务内容的把握。法规政策性、方针性、重大业务建设方面的内容属"重要的"。

行政处罚、处分、复议、国家赔偿中形成的文件材料是"重要的"还是"一般的",应结合处罚的种类加以区分。凡"警告"以上的处分均为"重要的",永久保存;"警告"为"一般的",保存 30 年;一般性的通报批评,保存 10 年。国家赔偿过程中形成的文件材料,一般来说都属于"重要的",归档时应永久保存。

重要职能活动、重要专题与一般活动、一般问题的总结、调研材料的区分,要从职能活动的规模、影响力、问题的大小等因素加以考虑。

机关与外单位签订的合同、协定、协议、议定书等文件材料,应从文件材料法律价值出发,结合事由重要程度,合同、协定、协议等的有效时限,或涉及资金多少来具体区分档案的"重要性"和"一般性"。

机关国有资产管理文件材料归档时,重要的划分为永久保管,一般的划分为 10 年,区分的原则是国有资产的规模、数量和价值大小。

上级机关制发的属于本机关主管业务的文件材料,"重要的"永久保存,"一般的"保存 30 年。"重要的"和"一般的"的区分原则,在于把握上级机关制发的、属本机关主管业务的文件材料是否具有政策性、法规性、方针性。

"重要的"文件材料中,绝大多数是永久保存的,仅有两种情况是保存 30 年,一是本机关为协办重要业务问题的文件材料;二是接待工作的计划、方案。

"一般的"文件材料中,多数保存 30 年,仅有三种情况保管期限为 10 年,一是一般性活动的总结、调研材料;二是上级机关制发的属于本机关主管业务的一般性的文件材料;三是机关与有关单位签订的合同、协定、协议、议定书等一般性的文件材料。

任务实施

小组合作完成任务：

以小组为单位，在老师指导下，整理本校某一职能处室一个年度的归档文件。要求：

1. 根据归档范围，将文件分为"归档"与"不需要归档"两部分，按"件"装订归档文件。

2. 根据文件内容，确定合适的分类方法进行分类。

3. 按事由结合时间、重要程度排列这些文件。

4. 给归档文件逐件编号，在文件首页上端空白处加盖归档章并填写相关内容。

5. 编制并填写归档文件目录，将归档文件目录用 A4 型纸打印出来，装订成册并编制封面。

6. 将文件按件号顺序放入档案盒，填写备考表和卷盒封面、盒脊。

任务完成PK

采取小组自评互评，设计表格评价各组任务完成情况，得分高者优胜。

	分类准确 30 分	排列有序 20 分	编号清晰 20 分	填制清楚 20 分	放置规范 10 分	总分
第一组						
第二组						
第三组						
第四组						

拓展任务

某公司是一家中小型的公司，秘书李力兼管档案工作，她采用组织机构—年度—保管期限分类法对规定文件进行分类。公司成立 9 年多来，总经理换了三任，由于管理活动的需要，内部组织机构变化频繁，部门的调整变化很大，而李力采用的归档文件的分类方法一直没变。一天，总经理要查一份 5 年前的文件，由于部门变动的频繁，李力已经记不清这份文件的形成部门了，结果翻遍了所有的档案柜，才找到这份文件。类似的情况还发生了多次。问题：为什么会出现这种情况？如何解决？

知识链接

一、档案库房"三室分开"

库房、阅档室、办公室分开。

★制作档案库房排列示意图，并上墙

★有条件的单位可以设置展室

二、档案室应配备的设备设施

档案整理：电脑、打印机、复印机、刻录机、照相机

档案保护：空调、除湿机、灭火器、窗帘、防盗门、防盗窗、防虫药、监控器

档案现代化：扫描仪、移动硬盘

会务服务篇

　　会议是现代社会机关单位、社会团体协商事项、传达信息、研究问题的经常性活动。现代职场中，文秘人员会遇到各种会议的组织和安排，会议同办公室工作人员的关系极为密切。要组织服务好会议，文秘人员必须对会议有一个全面深入的了解。

岗位任务一

小型会议的承办与服务

___

学习目标

1.知识目标

掌握小型会议承办与服务的相关流程与方法。

2.能力目标

能根据实际情况完成小型会议的承办与服务。

3.情感目标

培养服务意识,养成细致、严谨的文秘职业素养。

任务情境

公司周五上午要召开各部门经理的工作例会,对本月工作情况进行汇总,制订下月工作计划,秘书小刘要做会议的准备。

想一想,试一试:

会议是各级领导机关和组织经常采用的管理方式之一。无论是大中型会议还是小型会议,都要有专门机构或专门人员负责会议的组织和保障工作,秘书人员必须掌握会议工作知识,提高办会能力。各部门经理的工作例会属于什么类型的会议,刘秘书应该做什么呢?

任务指引

一、关于会议、会议工作

(一)会议的概念

会议是在一定时间内有目的、有组织地把有关人员召集起来,做出决策、部署工作、研究问题、协商事项、传达信息,以口头交流为主的群体性活动。会议是领导者实施领导的工具,是管理者履行责任的手段,也是机构组织行政管理的活动方式。

现代意义上的会议,是有组织、有领导地召集人们商议事情的活动。会议是自有人类以来就存在的一种社会现象,它是一种社会交往方式,也是一种组织管理方式。在管理活动中,会议是一种民主管理方式和集体领导制度,也是一种重要的工作方法。无论科学技术如何先进,领导方式如何改进,会议这种领导方式永远不会过时。

会议工作,是指秘书机构对会议的筹备、组织和保障工作。会议工作是秘书工作的重要内容之一,任何机关要实施领导和管理,都离不开会议,有会议必有会议工作。在机关日常生活中,秘书经常负责一些小型会议的组织保障工作。如果机关召开大中型会议,还要成立会议秘书机构,专门负责会议工作。做好会议工作,对于改进会风,消除"会灾",提高会议效率,发挥它在现代管理活动中的积极作用,为社会主义现代化建设服务,具有十分重要的意义。

(二)会议的要素

会议的要素即会议的组成因素,它可以分为基本要素和其他要素。

会议的基本要素包括会议的时间、场所、与会者、议题、议程。

会议的其他要素即可供选择的,并非所有会议所共有的要素,主要包括形式要素:会议名称、会议机构、会议方式等;内容要素:指导思想、会议任务、会议作用、会议文件等;会议程序要素:会议准备、会议进行、会议结束、会后落实等;会议财务要素:会议经费、会议设备、会议服务设施、会议耗材等。

(三)会议的种类

按不同标准有不同的分类:

按规模分——特大型会议(万人以上)、大型会议(千人以上)、中型会议(百人至数百人上下)、小型会议(数人至数十人)。

按会议不同的性质任务分——党代会、人代会、行政会、董事会、现场会、总结会、研讨会、纪念会、庆祝会、茶话会、表彰会、联席会、会商会、新闻发布会、记者招待会。

按会期分——定期会议、不定期会议。

按召开方式分——集中会议、分散会议(电话会议、电视会议、广播会议、网络会议)。

按密级分——公开会议、内部会议、机密会议。

(四)会议工作的原则

1.充分准备原则

会前准备与会议召开,其关系如同"十月怀胎,一朝分娩"。准备工作是会议成功召开和顺利进行的前提和基础。"凡事预则立,不预则废。"因此,秘书人员一定要充分准备,包括拟制会议预案,成立会议筹备机构,草拟会议文书,布置大会会场,采买会议用品,安排与会人员食宿,联系会议用车,等等。总之,会议准备工作越充分,会议召开越顺利。否则,就可能出问题,既影响会议效率,也影响单位形象。

2.严密组织原则

大中型会议的组织,是一项十分复杂的工作,必须严密组织,才能保证会议目标的顺利实现。

要做到组织严密,一是要科学安排会议的议程和日程,有张有弛,符合人的生理思维节律;二是会场调度指挥要统一,协调好会议主持者、参加者服务保障之间的关系,使会务秘书组、材料组和生活保障组密切配合,形成一个指挥有序的会务工作整体系统;三是会务活动要有条不紊,参观、照相、文娱活动安排适当;四是要能控制会议过程,排除干扰,随时发现问题和解决问题,果断处置突发事件。严密组织,一靠责任心,及时请示汇报,求得领导支持;二是靠平时积累办会经验,才能做到临机不乱,应对自如。

3.周到服务原则

会议工作的本质就是为会议服务。周到服务既是开好会的重要条件,也是会务人员作风的体现。这一原则要求全体会务人员都要热情地为会议服务,为与会人员服务。做到热情接待与会人员,周到安排与会人员的食宿,搞好医疗保健和文化娱乐活动,想方设法购买与会人员的返程车、船、机票,和蔼解答与会人员提出的问题,主动征求与会人员对工作的意见,努力为与会人员创造一个良好的环境,使他们集中精力开好会议。

4.勤俭节约原则

召开会议需要一定经费保障。勤俭节约原则要求量力而行,既要把会开好,让与会人员感到舒适、方便,又要尽量少花钱多议事,反对铺张浪费。贯彻这一原则,首先要计算会议成本。会议成本 $=2A×B×T$。其中 A 为与会人员平均工资(以小时计)的三倍。这是由于劳动产值远比工资高,乘2是由于开会使经常性工作中断,造成损失。B 为会议人数,T 为会议时间(以小时计)。上述公式只计算了会议的直接成本,未将会议效果计入。如果会议无效或产生负效应,则该会议的全部费用(包括间接成本)将比直接成本大得多。计算会议成本是坚持节约原则的有效方法。其次,要建立会议审批制度。对可开可不开的会议不予批准,对小会大开、短会长开的现象要坚决杜绝,不许突破限制标准。

5.安全保密原则

组织任何规模的会议,秘书部门都要高度重视会议的安全保密问题,切不可掉以轻心。大型会议通常根据会议的性质和安全任务的轻重,专门设立会议安全保卫组。确保会议的安全,就是保证与会人员的人身安全和会议文件安全,包括主要领导人的人身安全保障、生活安全保障、车辆安全保障、会场安全保障和会议文件安全保障。要制定必要的安全保障措施,查验有关证件,非保密人员不许记录会议机密事项,发给与会人员的秘密文件,用后要及时收回。

6.提高效率原则

会议工作必须遵循提高效率的原则。为了提高会议效率,应当努力改进会风。

首先,要树立正确的会议观念,倡导务实精神和负责精神。开会从来只是手段而非目的,召开那些无效或成效不大的会议,只能造成各种浪费。要进行会议成本核算和会议经费预算。其次,应建立健全会议法规制度,破除形式主义,力戒官场习气,注重会议成效,实现会议工作的科学化、规范化和制度化。再次,要变革会议方式和手段。在方式上,可多采用现场办公会、限时发言、站着开会等方式;在手段上,可多借助广播、电视、电话、互联网络等现代化通信手段开会。这样,就可大大提高会议效率。

二、小型会议的承办与服务工作

（一）会前筹备工作

1.会前筹备工作内容

（1）确定会议名称；

（2）确定会议议题；

（3）确定与会人员；

（4）确定会议时间；

（5）确定会议方式；

（6）确定会议场所；

（7）确定会议议程；

（8）制发会议通知；

（9）准备会议用品；

（10）布置会场；

（11）准备会议文件。

2.会前筹备工作方法

（1）确定会议名称。确定会议的名称一般采用揭示会议的性质和主要内容的方式。

例如：局长办公会议、月工作总结会、2014年先进工作者表彰大会、国际性金融危机防范对策学术研讨会、中国科学院知识创新试点工作咨询座谈会、广州商品交易会。

（2）确定会议议题。会议为议事而开，要讨论的核心内容即为议题。会议前要确定明确的会议议题，会议议题的提出有两种情况：一是由领导提出；二是由秘书拟订，领导审定。会议议题要有必要性、针对性、可行性、单一性，一次会议的主要议题不宜过多，重大议题以一会一题为妥。

（3）确定与会人员。合理确定与会人员，应根据会议性质、议题、任务，确定出席会议人员的范围、资格、条件等。与会人员一般包括主持人、记录员、来宾、会议代表、列席代表、听众等。对出席会议的人数要有较为精确的统计，以便做好其他准备工作。

确定与会人员要考虑的问题：

①与会议议题所要实现的目标有直接或主要关系的；

②与会后的行动有直接关系的；

③在会议中心议题方面具备专门知识经验的；

④与会者是否有能力或者权利形成一项决议的；

⑤与会者是否多余或者可有可无。多余的不必通知出席；可有可无的，在通常召开工作性会议时也尽量不通知出席。

（4）确定会议时间。会议时间的确定包括两方面内容：一是确定会议召开的日期、时间；二是确定会期的长短。

确定会议召开的日期，一要考虑会议筹备工作是否来得及；二要考虑参加会议的人员能否准时出席；三要考虑选择最佳的召开日期。

(5)确定会议方式。根据会议议题和与会者的具体情况,考虑采用何种方式召开会议:或集中开,或利用电话、广播、电视、网络等方式分散开。小型会议一般采用集中开或电视分散开等。

(6)确定会议场所。会场选择要考虑的问题:

①大小适中。小型会议可选会议室、办公室等。

②地点合适。与会者比较方便到达,或者符合会议保密要求等。

③设备齐全。桌椅、照明、音响、空调、通信、安全、信息化设备等。

(7)确定会议议程。会议的议程是整个会议议题性活动的总体安排,是对议题性活动的程序化安排,列出发言或讨论的先后顺序,不包括会议期间的仪式性、辅助性活动。会议议程通常由秘书拟写草稿,交领导批准后,复印分发给所有与会者。对于小型会议来说并非都必须拟订书面的议程,但是与会者应该事先了解议题或会议主要讨论的事项,以便有所准备。

(8)制发会议通知。会议通知是会议召集单位或个人的书面通知。在确定了议题时间、地点、与会者之后,就应拟写出会议通知并及时在会前发出,以确保有关人员收到并做好出席准备。会议通知的拟定,通常要求用简明扼要的语言写清以下内容:

①开会的原因、目的、意义,可以使与会人了解会议宗旨,做好必要的思想准备。一般的小型会议可以不写。

②会议出席人员,包括与会者的范围和人数。有的会议代表需要分配名额,经民主选举产生,这类会议通知应及早下发。

③开会的时间,要具体写明会议召开的日期和时间,即会议从哪天开到哪天,何时报到,何时正式召开会议,短会则只要写明开会的日期和时间即可。

④开会的地点,具体写明在什么地点召开,如在某市某街某号某某会堂召开,必要时,要交代如何乘坐交通工具到达并附简单的交通线路示意图。

⑤会议的内容,包括会议名称和会议议题。

⑥其他须知事项,如参加会议的要求、注意事项,参加大型会议需要缴纳的会务费数额,会议主办人的联系方式,回执的时限等。

会议通知具体格式参见办公室文员岗位篇事务性通知的拟写。

(9)准备会议用品。小型会议用品一般是纸、笔、座位名签、公司宣传册;饮料、茶叶、茶杯、烟缸、纸篓;音频、视频会议系统;电脑、投影仪、白板等演示用品;照相、摄像设备。

(10)布置会场。会场的布置和准备是会前会务准备工作中的一项很重要的内容。其完成情况的好坏,将直接影响到会议效果的好坏。会场布置包括会场座位安排,座次安排,会场装饰等方面的工作。

①会场座位安排。会场的座位如何安排,是根据会议的规模、性质和需要来确定的。日常办公会议、座谈会等小型会议宜采用圆形、椭圆形、长方形、"T"字形等摆法,这些形式可以使参会人坐得比较紧凑,消除拘束感,而且有利于增强与会者思考发言的参与感。如图 4-1-1、4-1-2、4-1-3、4-1-4 所示。

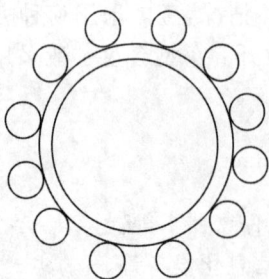

图 4-1-1 圆形

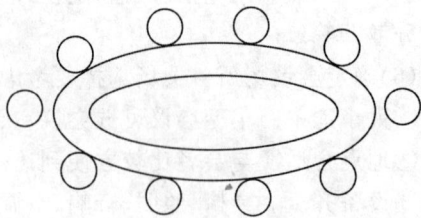

图 4-1-2 椭圆形

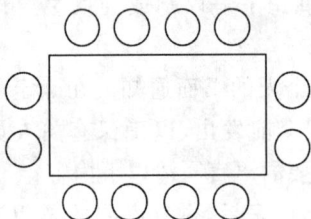

图 4-1-3 长方形

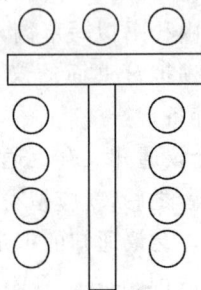

图 4-1-4 "T"字形

②座次安排。座次的排列是指对与会人员在会场内座位次序的安排。一般小型会议主要分清上下座,一般离入口远处,离会议主席位置近的座位为上座,反之为下座。主持人或主席的位置应远离入口且面朝门。

小型会见会谈要注意宾主的位置。我国习惯客人坐在主人的右边,其他客人按礼宾顺序在主宾一侧就座,主方陪见人在主人一侧就座。

如果主宾相对而坐,就有横排式(桌子与门平行)和竖排式(桌子与门垂直)两种。如图 4-1-5、4-1-6 所示。

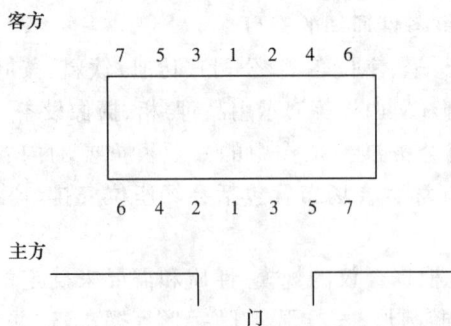

图 4-1-5 横排式会谈座位

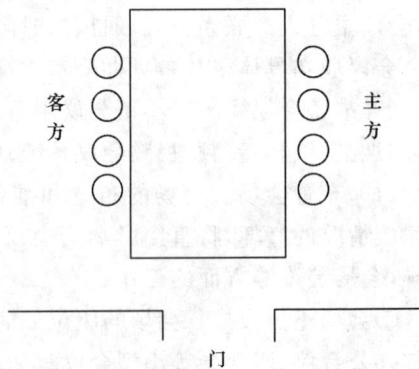

图 4-1-6 竖排式会谈座位

③座次标识。座次标识是指表明会议成员座次的名签、指示牌或表格。小型会议座次一旦确定,可以在主席台或者会议桌上摆放姓名签。

(11)准备会议文件。会议文件,是指适应会议活动需要,体现会议主要精神的文字材料,它是会议活动中使用的各种文字材料中最重要的文书。

会议材料主要包括:会议通知,会议请柬,开幕词,工作报告,会议记录,会议简报,纪要,会议决定,会议决议,闭幕词,会议总结等。这些会议文件,有的是必须在会议召开过程中形成的,如会议记录,而大部分会议文件则须在召开会议前准备好,其中有的写成初稿,在会议过程中再加以修改。

此外,还有会议活动中使用的其他文字材料。如会议方案类材料、会议名单类材料、会议审查类材料,等等。

对于小型会议来说,一般情况下准备好会议所需的工作报告、简短发言稿、宣传材料,记好会议记录,整理好纪要、工作简报。

(二)会中服务工作

1.会中服务工作内容

(1)签到;

(2)分发文件;

(3)引导就座;

(4)内外沟通,传递信息;

(5)处理临时交办的事项;

(6)收集会议相关信息;

(7)做好会议记录;

(8)编写会议简报;

(9)其他服务工作。

2.会中服务工作方法

(1)签到。参加会议的人员在进入会场时一定要签到。会议签到是为了准确地统计到会人数,更好地安排会议工作。有些会议只有达到一定人数才能召开,否则会议通过的决议无效,如选举会、决议会、股东会等。因此,会议签到是一项重要的工作。它是出席会议的人员到会的第一件事,也是会中任务的重要内容之一。

签到的方法一般有以下两种:

①簿式签到。与会人员在会议工作人员预先备好的签到簿上按要求签署自己的姓名,表示到会。签到簿上的内容一般有姓名、职务、所在的单位等,与会人员必须逐项填写,不要遗漏。簿式签到的优点是利于保存,便于查找。缺点是这种方法只适用于小型会议,一些大型会议,参加会议的人数很多,采用簿式签到工作量太大。

②会务人员代签。小型会议由秘书人员、会议工作人员代为签到。会议秘书、工作人员事先做好参加本次会议的花名册,开会时,来一人就在该人名后画上记号,表示到会。缺席、请假人员也要用规定的记号表示。

(2)分发文件。小型会议一般所需的会议材料种类较少,可以当场分发,或者事先分发好,整齐摆放在会议桌面上,可由会议秘书发放。文件分发注意准确性和保密性。

(3)引导就座。小型会议与会者座位事先安排好,与会者可以自己坐到自己的座位上。事先打好座位牌或者划分好区域,对于不熟悉环境的来宾,秘书人员要引导入座。

（4）内外沟通，传递信息。开会时，对于从外部来的信息如电话、来访者等，秘书人员要做好妥善处理。一般情况下如果不是特别紧急的电话，可以记录下内容，待会议中间或散会后交当事人，内容十分紧急的电话可以用纸条通知当事人。对来访者，应问明情况，做好登记，如有急事，可请来人稍候，然后用纸条征询的办法告诉当事人来处理。在内外沟通、传递信息中，会议工作人员应该注意会议内容的保密，一切需要保密的会议内容不可泄露出去。会议工作人员说话要有分寸，谨慎行事。

（5）处理临时交办的事项。会议过程中，可能发生一些出乎意料的临时变动，比如调整议题、人员的增加、临时复印打印文件及其他特殊情况，秘书人员应当根据领导指示和实际情况，采取应急措施，妥善予以解决。

（6）收集会议相关信息。秘书人员在会议期间要多听、多记、多看，将会上讨论的信息和会下的信息及时反馈给主持者。在会议信息的收集中，不仅要掌握第一手资料，还应搜集音像信息，用照相机、摄像机为公司留下一些有价值的资料。在广泛收集信息的基础上，应做好信息整合，使领导一目了然。

（7）做好会议记录。会议记录要求真实、准确、清楚、完整、迅速。为做好记录，会前要准备好做记录的本或表格、足够的笔，有时要准备录音、录像设备。记录前应了解议程，熟悉会议发言人的姓名、身份。会议记录根据需要，可以摘要记录，也可详细记录。完成后要交专人保管以备存档。

会议记录由标题、会议组织情况、会议进行情况、尾部四部分组成。

①标题。会议记录的标题有两种写法：会议名称加"记录"二字构成标题，如《××厂工会小组长座谈会记录》；会议内容加"记录"二字构成标题，如《××中学关于进一步深化课堂教学改革研讨会记录》；会议记录的标题应写在页首笺头分隔线下的中间。

②会议组织情况。会议组织情况包括时间、地点、出席人、缺席人、列席人、主持人、记录员、议题共8项。每项分行依次排列，详细记录清楚。各项内容记录的具体要求如下：

会议时间。应写清楚年、月、日、午别、时、分，如：2014年9月6日上午8:30～11:30。

会议地点。应写清具体的地点，便于日后查证。

会议出席人。重要会议应由出席者亲笔签到；大型会议由代表签出席人数；一般会议由记录员记录出席人姓名，或写出与会人员的范围，如："××车间全体职工""市直属中学中层以上干部"等。

缺席人。重要会议应记清楚缺席人的姓名和缺席原因，如"王×因公出差未到"。

列席人。特邀列席的人员，应详细记录其姓名、职务。可由列席人亲笔签到，也可由记录员填写。

主持人。一般直书姓名，主持人如有职衔，一般在姓名前冠写，如"××市××公司经理×××"。

记录员。应写清楚姓名，有几个记录员就签几个姓名。

议题。有时只有一项议题，有时如有几项议题，则应分条列写。议题可从会议通知、主持人的开场白或会议内容的记录中归纳出来。

会议组织情况的8项内容通常记录在会议记录专用笺首页上。

③会议进行情况。会议进行情况包括主持人开场白、大会主题报告、讨论发言、决议共4项内容。这是整个会议记录的重点部分,应认真记录。

主持人开场白。这是了解会议意图的主要依据,应着重记录。

大会主题报告。这是会议的核心。如果发言者有书面讲话稿的,则应记录报告的题目,并注明"原文见附件";如果中心发言者没有书面发言稿,则应记下发言的要点。

讨论发言。按发言顺序将每个发言人的姓名及发言内容记录下来。发言人的姓和名应齐全,职务可在姓名后加小括号注明。

决议。会议最后如形成决议,则应把决议梳理概括清楚,然后分条列写出来。决议有时可从主持人的总结讲话中记录下来,有时则需要记录员根据表决发言的内容加以归纳概括。有些会议经过讨论暂时议而不决的,应在记录时注明"暂不决议",以示交代本次会议的结果。

④尾部。会议记录的尾部包括下列两项内容:

结束语。会议进行情况已记录完毕,应另起一行空两格写出"散会"或"休会",以示记录已结束。

署名。会议记录经记录员过目或稍作文字整理和补充后,在"散会"的右下方签上记录员姓名;然后交主持人过目,签上主持人的姓名。

(8)编写会议简报。写作格式参见行政秘书岗位篇岗位任务二:事务类应用文拟写。

(三)会后工作

1.会后工作内容

(1)会后检查会场;

(2)收集会议文件;

(3)会议文书的立卷归档;

(4)会议精神的传达与催办。

2.会后工作方法

(1)会后检查会场。会议结束后,秘书人员要抓紧时间组织有关人员收拾清理会场,将桌签、文件夹撤走,关闭影音设备,归还借用物品,保持会场原貌。如发现与会者遗失物品,应及时联系归还。

(2)收集会议文件。会议结束时,秘书人员要做好会议文件的收集、整理和归档工作。如有需要收集的发言稿、讨论记录稿、初步拟定的意向书、word文档、ppt文件等,在散会时应请相关人员留下。有些文件无保存价值,应带回按规定销毁,不要随便丢在会场。

(3)会议文书的立卷归档。会议结束后,收齐会议的整套文件、材料,包括通知和讲话,会议决议或纪要,有关文件、简报、会议记录、会议报道等,按档案管理的规定整理档案。

(4)会议精神的传达与催办。一般稍为重要的会议都需要传达,凡有决议需要贯彻执行的会议则必须传达。会议决定事项的传达方式有:口头传达、录音录像传达、印发文件等。其中印发文件包括会议决议、会议简报、纪要、会议决定催办通知单等。实际采用什么方式传达取决于会议的性质、内容和要求。

任何会议产生的文件、精神及议定事项,会后都要层层传达、贯彻并且落实,以真正发挥会议的作用,产生实效。秘书人员在这一过程中,要起到检查督促的作用。

要做好催办工作要注意以下方面:

一是要加强催办人员的责任感,健全责任制,明确分工,责任到人,一人负责一项或几项催办工作,并设专人负责催办工作,及时了解催办情况,解决出现的问题;

二是要健全登记制度,建立催办登记簿,逐项列出检查催办的事项,并由催办人员根据实际情况,定期记载催办事项的进展情况;

三是建立反映汇报制度。催办人员可采用口头汇报、书面汇报、专题报告等多种方式定期或不定期向领导反映催办事项的落实情况,遇到紧急情况应立即汇报,不能耽误,对于一些重大问题不能自作主张,要听领导的指示。

检查催办的具体办法常用的有发催办通知单,打电话催办,直接派人检查催办。

妙招提示

会议记录模板:

×××会议记录

时间:

地点:

主持人:

出席者:

缺席者:

列席者:

记录员:

议题:

1.＿＿＿＿＿＿＿＿＿＿＿＿＿＿＿＿＿＿＿＿＿＿＿＿＿＿＿＿＿＿＿＿

2.＿＿＿＿＿＿＿＿＿＿＿＿＿＿＿＿＿＿＿＿＿＿＿＿＿＿＿＿＿＿＿＿

主持人开场白

××主题报告

讨论发言

决议

1.＿＿＿＿＿＿＿＿＿＿＿＿＿＿＿＿＿＿＿＿＿＿＿＿＿＿＿＿＿＿＿＿

2.＿＿＿＿＿＿＿＿＿＿＿＿＿＿＿＿＿＿＿＿＿＿＿＿＿＿＿＿＿＿＿＿

散会

主持人:

记录人:

×年×月×日

任务实施

以小组为单位进行情景模拟,模拟公司各部门经理的工作例会的全过程。

任务完成PK

	会前准备30分	会中服务30分	会后工作30分	精彩点10分	总分
第一组					
第二组					
第三组					
第四组					

拓展任务

1.下面三则案例给你怎样的启示?

案例一:

天地公司总裁秘书施林受总裁委托,去公司的生产车间主持第一季度的生产运营会议。会议开始时,她首先发言道:"今天,我们主要谈一谈2011年第一季度的生产运营计划,大家自由发言吧!"大家先是面面相觑,会议出现冷场,过了一会儿,张副厂长开始说到生产设备需要更新的问题,王副厂长又由生产设备更新说到职工食堂设备也需要更新,大家七嘴八舌,施林发现讨论越来越偏离主题,谈了半天,正题也没说几句,而且就听几个人在夸夸其谈,大多数人无法发表自己的见解。会议就这样不了了之了。

案例二:

本周三下午,公司要召开一个临时重要会议,由秘书初萌负责通知三位部门主管参加。初萌认为反正是内部会议,只要在公司布告栏上贴一张通知就可以了,故没有向各主管发送通知。可是,她忽视了一个问题:此次会议是临时召开的重要会议,并非公司例会,有些主管因为一直在工程现场,未能及时看到通知。待发现时,已是星期三的中午,初萌只能匆忙用电话通知三位主管迅速赶到开会地点。其中,销售经理王宾接到电话后不满地说:"这么重要的会,为什么不早通知?我下午约了客户,会议只能让我的助手去开了。"初萌急忙说:"那可不行,总经理特别指示,有关人员务必准时出席。"王宾说:"可是我已经通知了客户,改期也来不及了,你说怎么办?"初萌张了张嘴,可什么也说不上来。

案例三:

天地石化股份有限公司董事会召开会议,讨论从国外引进化工生产设备的问题。秘书初萌负责为与会董事准备会议所需文件资料。因有多家国外公司竞标,所以材料很多。初萌由于时间仓促就为每位董事准备了一个文件夹,将所有材料放入文件夹。有三位董事在会前回复说将有事不能参加会议,于是初萌就未准备他们的资料。不想,正式开会时其中的两位又赶了回来,结果会上有的董事因没有资料可看而无法发表意见,有的董事面对一大摞资料不知如何找到想看的资料,从而影响了会议的进度。

2.五一劳动节即将到来,公司打算慰问一下公司的先进工作者,决定举行一个先进工作者的茶话会,请同学们进行会议服务的情景演练。

知识链接

一、会议记录的写作技巧

一般说来,有四条:一快、二要、三省、四代。

一快,即记得快。字要写得小一些、轻一点,多写连笔字。要顺着肘、手的自然姿势,斜一点写。

二要,即择要而记。就记录一次会议来说,要围绕会议议题、会议主持人和主要领导同志发言的中心思想,与会者的不同意见或有争议的问题、结论性意见、决定或决议等作记录。就记录一个人的发言来说,要记其发言要点、主要论据和结论,论证过程可以不记。就记一句话来说,要记这句话的中心词,修饰语一般可以不记。要注意上下句子的连贯性,一篇好的记录应当独立成篇。

三省,即在记录中正确使用省略法。如使用简称、简化词语和统称。省略词语和句子中的附加成分,比如"但是"只记"但";省略较长的成语、俗语、熟悉的词组,句子的后半部分,画一曲线代替;省略引文,记下起止句或起止词即可,会后查补。

四代,即用较为简便的写法代替复杂的写法。一可用姓代替全名;二可用笔画少易写的同音字代替笔画多难写的字;三可用一些数字和国际上通用的符号代替文字;四可用汉语拼音代替生词难字;五可用外语符号代替某些词汇,等等。但在整理和印发会议记录时,均应按规范要求办理。

二、会议记录与纪要的区别

纪要是在会议记录等材料的基础上整理而成的,但它与会议记录有很大的区别:

第一,会议记录是对会议过程及内容所做的实录,是撰写纪要的基础材料;纪要是对会议记录内容的整理、归纳和提高。

第二,会议记录是存档备查用的内部材料,一般正式会议都要有;纪要是外发公文,具有一定的约束力。

第三,会议记录不具有运行性,无周知性;纪要则具有下行为主的多向运行性和周知性。

第四,会议记录是顺时实录式结构;纪要则以整理过的总分式结构为基本框架。

岗位任务二

中型会议的承办与服务

学习目标

1. 知识目标

掌握中型会议承办与服务的相关流程与方法。

2. 能力目标

能根据实际情况完成中型会议的承办与服务。

3. 情感目标

培养服务意识,养成细致、严谨的文秘职业素养。

任务情境

　　金鼎公司将于2014年8月19日上午9时在新港酒店多功能会议厅举办新技术应用成果阶段性汇报会,由公司全体员工参加,公司还将邀请重要客户参加。会上公司经理将对公司新技术行业发展情况进行介绍,对一年来的新技术市场开发进展情况进行总结,还将有各部门新技术成果汇报,与客户就新技术开展合作签署初步意向,具体安排由秘书部门负责。

想一想,试一试:

　　在小型会议的基础上,中型会议应该增加的环节有哪些呢?

任务指引

一、会前筹备工作

(一)会前筹备工作内容

(1)确定会议名称;

(2)确定会议议题；

(3)确定与会人员；

(4)确定会议时间；

(5)确定会议方式；

(6)确定会议场所；

(7)确定会议议程；

*(8)安排会议日程；

(9)制发会议通知；

(10)准备会议用品；

(11)布置会场；

(12)准备会议文件；

*(13)经费预算。

(二)会前筹备工作方法

1.确定会议场所

选择会议的地点要重点考虑的情况有：

(1)交通是否便利；

(2)大小是否适中；

(3)配置是否精良；

(4)环境是否安静；

(5)成本是否合理。

2.确定会议议程

会议的议程是整个会议议题性活动的总体安排，是对议题性活动的程序化安排，不包括会议期间的仪式性、辅助性活动。会议议程通常由秘书拟写草稿，交领导批准后，复印分发给所有与会者。会议议程可采用文字形式或表格形式。

在拟订议程时必须考虑下列要点：

(1)重要的议案或事项，必须列在整个议程的前项。保密性强的议题则应放在后面。

(2)尽量将同类型的问题集中在一起便于讨论，也便于相关人员到会和退席。

(3)必须合理分配各项议案或事项的时间，尤其要为重要的事项留出足够的时间；必要时标出各议案的时间分配，以便会议主席及与会者控制时间。

(4)每次会议议程不必太杂，内容不必太长，以提高会议的成效。

(5)议程的目的在于提醒与会者注意，并为开好会议早作准备，所以，议程应提前3～7天交给与会者。可以把会议通知与议程合二为一，同时发给与会者。

3.安排会议日程

会议日程是根据会议议程对会议期间的所有活动作逐日的具体安排，以天为单位对会议活动按单位时间进行具体落实。会议日程除了细化议程的全部议题性活动外，还要具体安排会议议程中仪式性活动乃至参观、考察、食宿、作息时间等。可采用文字形式或表格形式。

会议议程与会议日程功能不同。议程的编制在前,一旦确定,不应改变。会议日程编制在后,编制时要确保议程的落实。对时间、地点、人员等问题,如遇变化,可以做出相应调整。

4.准备会议用品

(1)办公用品:纸、笔、本、文件夹、签到册、座位名签等;

(2)生活用品:饮料、茶叶、烟灰缸、纸篓等;

(3)音响设备:音响、录音、组合录像设备等;

(4)演示设备:电脑、立体电视、投影仪、白板、电脑控制的多镜头幻灯设备等;

(5)宣传用品:横幅、会标、标语、会徽、旗帜、台布、花卉、气球等;

(6)其他用品:温度计、湿度计、照明、通风、卫生设备、电源插座等;

(7)特需用品:光盘、投票箱、奖品、会议证件等。

会议用品与设备调配工作需要十分细致,关键是要做好登记检查,以免遗漏和丢失。

5.布置会场

会场布置包括会场座位安排及物品摆放,主席台座次安排,会场装饰等方面的工作。中型会议会场布置及座次安排如下:

(1)会场座位安排。中型会议,宜采用"而"字形、半圆形、"U"字形、"回"字形摆法,这些形式比较正规,有一个绝对中心,容易形成严肃庄重的会议气氛。如图 4-2-1、4-2-2、4-2-3、4-2-4、4-2-5、4-2-6 所示。

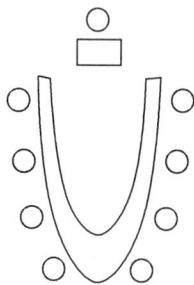

图 4-2-1　"U"字形

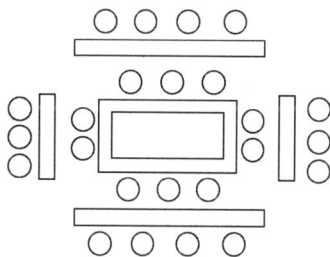

图 4-2-2　"回"字形

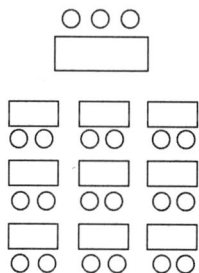

图 4-2-3　"而"字形

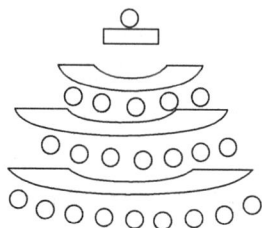

图 4-2-4　半圆形

图4-2-5　"回"字形　　　　　　　　　　　　　　　　图4-2-6　半圆形

（2）主席台座次安排。安排主席台座次的惯例为：

A. 如主席台领导人为单数，则职务最高者居中，然后按先左后右、由前至后的顺序依次排列，如主席台领导人为双数，则2号领导在1号领导左手位置，两人都居中。如图4-2-7、4-2-8所示。

人数为奇数　　　　　　　　　　　　　　　　　　**人数为偶数**

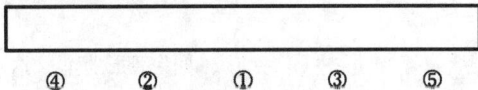

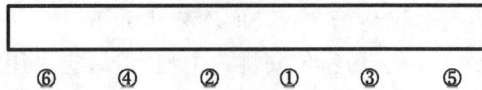

图4-2-7　主席台座次安排（奇数）　　　　　　图4-2-8　主席台座次安排（偶数）

B. 为工作便利，主持人有时需要安排在前排边座就座，有时可按职务顺序就座。

C. 主席台座次编排要编制成表格，报主管领导审核。

D. 为了使主席台就座的领导人正确入座，审核后的座次表应贴于贵宾室、休息室或主席台入口的墙上，也可以在出席证、签到证等证件上标明。

E. 在主席台的桌子上每个座位左前方放上姓名签。

（3）座次标识。a. 在主席台或会议桌上摆放姓名签；b. 在出席证上注明座次（某排某号）；c. 印刷座次图表，入场前每人发一份。

三种座次标识方法可取其中一种，也可以结合使用。

6. 准备会议文件

大中型会议的文件比小型会议更复杂，具体分类有：

（1）会议程序性文件：会议议程表、日程表、选举程序、表决程序等；

（2）会议主题性文件：开（闭）幕词、领导人讲话稿、代表发言稿、典型材料、工作报告、会议讨论稿、选举结果、正式决议等；

（3）会议指导性文件：法律、法规、政策及上级指示等；

（4）参考性文件：技术资料、文献资料、统计资料等；

（5）会议管理型文件：会议预案、会议通知、邀请函、回执单、签到表、会场示意图、会议须知、作息表等。

会议预案属于计划性文书，写法上与方案相类似。会议预案由标题和正文组成。

标题。由会议名称和"预案"构成。有些叫"工作方案""筹备方案""会议计划"等。还有些预案因为要报批，用"请示"等形式出现。由于预案不宜直接行文，可以作为请示的附件。

正文。预案正文包括会议筹备工作的基本内容、责任者及完成期限等。一般要写明以下内容：召开会议的成因、目的，会议的名称、时间、地点，会议议程，出席范围、规模及邀请出席的领导人，经费概算，承办单位即承办者等。

会议预案可以是条文式为主，也可以与表格结合起来使用。

7. 经费预算

会议经费主要包含租用会场和设备的费用、布置会场费用、会议资料费用、会议宣传费用、交通费用、参观活动费用、食宿费用、人员劳务费用等。

二、会中服务工作

(一)会中服务工作内容

(1)签到；

(2)分发文件；

(3)引导就座；

(4)维持会场秩序；

(5)内外沟通,传递信息；

(6)处理临时交办的事项；

(7)收集会议相关信息；

(8)做好会议记录；

(9)编写会议简报；

(10)其他服务工作。

(二)会中服务工作方法

1. 签到

参加会议人员在进入会场时一定要签到。秘书人员应在签到后核查与会人员到会情况,报告主持人,及时填写"出席会议情况报告表",并向会议主持人做汇报,以便会议组织者决定会议是否按时召开。

签到的方法：

(1)证卡签到。大中型会议一般采用证卡签到。会议工作人员将印好的签到证事先发给每位与会人员,签证卡上一般印有会议的名称、日期、座次号、编号等,与会人员在签证卡上写好自己的姓名,进入会场时,将证卡交给会议工作人员,表示到会。一些大中型会议多采用证卡签到的方法,这样可以避免开会时因签到造成的拥挤。

(2)座次表签到。会议工作人员按照会议预案,事先制定好座次表,座次表上每个座位按要求填上与会人员姓名和座位号码。参加会议的人员到会时,就在座次表上销号,表示出席。印制座次表时,与会人员座次安排要求有一定规律,如从×号到×号是某部门代表座位,将同一部门的与会人员集中在一起,便于与会者查找自己的座次号。采用座次表签到,参加会议的人员在签到时就知道了自己座位的排数和座号,起到引导座位的效果。

2. 分发文件

一般在签到时发放会议文件。如会议材料的种类较少,可以当场分发,如种类多,则必须事先装袋。会议出席人数较少时,可以由会议秘书自己发放,人数很多时,则必须安排专门的会务人员发放。会议期间分发文件必须及时,尤其是简报。临时产生的会议讨论稿等文件也应及时发放。

分发时要注意准确性、保密性以及登记手续完整无误。

3. 引导就座

大多数大中型会议,与会者的座位都是事先安排好的,与会者应该坐到自己的座位上,或者按会场划分的若干部分,以部门为单位集中就座。如参加会议的人员不熟悉会场,会议工作人员要引导入座。为减轻会议工作人员的负担,可以采用印刷"座次表"的方法,在会场上设立指示标记,在签到证或来宾证上注明座次号码,引导与会者顺利找到自己的座位。还可设座位标志,在座位靠背上贴上与会者单位以示区别,或者摆放姓名签,也可以由会务人员做必要的引导。(来宾证如图 4-2-9 所示)

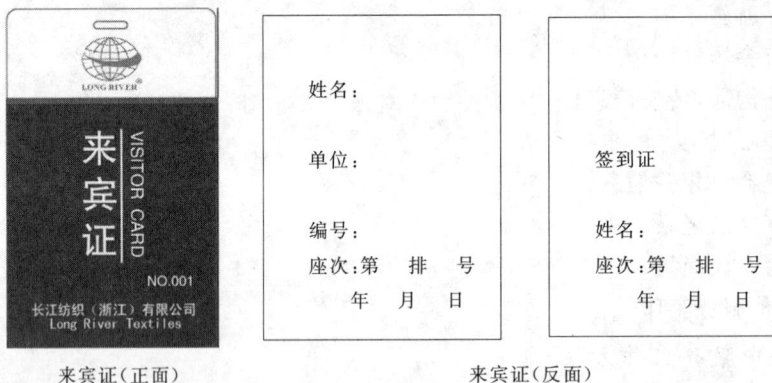

来宾证(正面)　　　　　　　　来宾证(反面)

图 4-2-9　来宾证

4. 维持会场秩序

维持好会场秩序,会议开始前 5 分钟,关闭会场大门,与会人员入座就绪,无关人员离开会场。会议期间严禁无关人员进入会场,对于来晚的与会者,安排专人负责带入会场指定位置就座。保证会议期间安全、机密、无干扰。

5. 内外沟通,传递信息

会中阶段,会务人员除了要进行各种服务工作以外,还要接受会中反馈信息,及时处理各种突发状况。有些会议要安排信息发布和接待记者采访,应注意提供会议准确信息,积极主动配合媒体做好信息传播,发布稿和回答记者采访的内容,应是可以公开的和经过领导人审核的内容。

6. 收集会议相关信息

会议信息的收集应力求做到提供全面、真实、适用、重点突出的信息资料。在会议期间多听、多记、多看,不仅要收集大会上的信息,还要及时收集会上与会者讨论的信息,以及会下的一些信息和反馈意见。在会议信息的收集中,不仅要掌握第一手资料,还应搜集音像信息,用照相机、摄像机为公司留下一些有用的资料。在广泛收集信息的基础上,做好信息加工提炼工作。还应注意各种新闻媒体对会议的报道情况,收集媒体的反馈信息。

7.其他服务工作

(1)活动安排。会议期间的参观、娱乐、宴请等活动,要提前周密安排好。对活动的时间、地点、联系人、经费、交通等要准确落实,对活动中的安全要格外强调。

(2)会议用车安排。大中型会议需要保证与会者准时到场开会,安排调度车辆十分重要。提前做好规划与安排,需要车辆接送的嘉宾或者与会者要提前定好上车、开车的时间。还要注意与司机沟通,确保准时出发,安全抵达。

(3)会议留影。与会者集体照相留念是许多会议的必备项目。安排集体照要计划好照相的时间段,提前筹划,做好相应的准备。照相时要组织好队列,一般是会议主办方领导和嘉宾在第一排,按职位排列,位高者居中,次位者居其左,再次者居其右,依次左右穿插安排。其余与会者可在第一排后随意站位。安排照相时间不能太长,不要影响会期。

三、会后工作

(一)会后工作内容

(1)会后整理会场;
(2)清退、收集会议文件;
(3)安排与会人员离会;
(4)会议文件的编写、整理;
(5)会议文书的立卷归档;
(6)会议经费的结算;
(7)会议精神的传达与催办;
(8)会后总结。

(二)会后工作方法

1.会后整理会场

会议结束以后要及时清理会场。如果是单位内部的会议,清理会场相对比较简单。如果是在外租借会场,特别是大中型会议往往是租借礼堂、多功能厅、会议中心等不同规格的场所,会后清理工作就会相对复杂,不仅仅是卫生的清理,还包括各类物品、设备的检查和归还,会议文件资料的整理。

(1)整理自带物品。会场的宣传品如通知牌、方向标志、条幅等一次性的应当予以销毁,对于可重复利用的应统计、归类、入库,以便下次使用,这样有利于节约材料、资源,节省人力物力。如果发现会场有遗失物品要妥善保管,同时与失主联系。会场清理完毕后要通知配电人员和服务人员切断会场使用的电源,关闭会场。

(2)归还租借用品。会议结束后,要及时归还从公司内部其他部门或其他单位借用的相关物品,归还前要检查是否完好,如果损坏要按照约定予以赔偿。

(3)清理会议资料。会议期间会产生大量的废弃纸张,这些纸张或是草拟的文件,或是会议资料和财务报表,会议结束后秘书人员首先要收回所有应该收回的会议资料,要将所有纸张进行整理、清点、归类,找出有用的资料,不能再利用的纸张要销毁。在清理文件时要对文件的密级分类并及时销毁,以免泄露公司的机密,这是会后秘书工作中最重要的一个环节,切不可麻痹大意。

2.清退、收集会议文件

(1)会议文件的清退是指会议结束后,对一些内部文件、机密文件、重要文件按照文件清退单或文件清退目录及时清退回收的工作。会议结束后,会务工作人员一定要及时做好文书清退工作。一次会议特别是大中型会议,会务组发放及会议期间产生的文件可能很多,如果在会后不进行及时的清退,就可能会造成重要文件、涉密文件、内部文件内容的泄漏。大中型会议,会务工作人员在发放文件时,应当附上文件清退单或文件清退目录表,要求参会人员在使用完毕后及时清退。涉密文件在会议结束前收回,不允许带出会场,其他重要文件要在规定的时间内清退。

会议文件清退目录参考示例见表4-2-1。

表 4-2-1 会议文件清退目录表

序号	清退文件名称	份数	备注
1			
2			
3			

(2)会议文书的收集。会议文书的收集要及时,确保在参会人员离会前收集全,检查文书的完整性,有问题及时弥补,涉密文件要注意保密。要收集的会议文书有:

①会前文书。如会议指导性文件、审议表决性文件、宣传交流性文件、参考说明性文件、会务管理性文书(如会议预案、会议通知、会议议程、会议日程、会议签到表等)。

②会中文书。如开幕词、闭幕词、会议讲话稿、会议记录、会议决议、会议简报(会中),也包括重要照片、音像资料等。

③会后文书。如纪要、会议简报(会后)、会议新闻报道、会议汇编等。

3.安排与会人员离会

会议结束后,会务人员的一项重要工作就是要做好参会人员的离场工作。会议一结束,会议现场的所有出口都应该及时打开,会务人员引导参会人员有序地离开会场,避免离场时出现拥堵现象。退场时,应当引导主席台上或邀请的重要嘉宾退场。如果会场有多余的退场通道,可以引导领导或嘉宾从其他通道退场,并安排好送别工作。

4.会议文件的编写、整理

会议召开以后会议文件需要及时地整理,以备立卷归档使用。整理会议记录,会议过程中主要领导同志作了重要讲话,如果事先没有印发讲话稿的,会后应迅速指定专人负责整理会议记录,送审后及时下发或存档。撰写纪要、会议简报。

纪要是记载、传达会议情况和议定事项时使用的公文。纪要是把会议的主要情况、主要精神加以综合整理,形成文字。

纪要一般由标题和正文两部分组成。

（1）标题。纪要的标题由会议名称和文种名称组成，如《市教育工作纪要》。标题下面以会议结束时间作为成文的时间。

（2）正文。正文通常由导言、主体和结尾三个部分组成。导言一般写会议概况，包括以下内容：会议的背景、依据和目的；会议名称、时间、地点；与会人员和主持者、领导人出席会议的情况；会议的议程和议题、结果及评价。主体将会议的主要精神、研究的问题、讨论的意见、提出的任务要求等分项罗列，多采用条款式。结尾一般发出号召、提出希望等。有的纪要也可不写结尾。

5.会议文书的立卷归档

（1）确定归档的会议文书。会议的决议、决定、指示、领导讲话、开幕词、闭幕词等；会议上的各种讲话稿；会议正式文件的历次修改稿；领导会上讲话的记录稿；会议的参考文件；会议记录、纪要；选举材料；会议的各种简报；会议证件；会议签到表、记事表等。

（2）会议文书立卷归档的方法。"归档文件整理，即将归档文件以件为单位进行装订、分类、排列、编号、编目、装盒，使之有序化的过程。"（《归档文件整理规则》）归档文件整理的单位是"件"，一般以每份文件为一件，文件正本与定稿为一件，正文与附件为一件，原件与复印件为一件，转发文与被转发文为一件，报表、名册、图册为一件。会议归档的文件整理也应当按此办理。

会议文件的归档原则是"一会一案"，即会议形成的有价值的材料依次装进一个档案盒中。如果会议材料过多，也可以分装两个档案盒或多个档案盒，但档案盒号要相连。

（3）汇编成册。这种汇编是将会议的所有文件都收集起来，按照顺序，编好目录装订成册，以备查考。还可以将会议上所用的正式报告、重要决议、主要领导讲话等汇编起来，供有关人员学习使用。汇编工作完成后，可以内部印刷，发放到有关单位人员手中。

6.会议经费的结算

（1）收取会务费的方法。很多会议需要与会代表向主办方支付一些必要的费用，例如培训费、住宿费、资料费、餐饮费等，这需要会务工作人员做好会议经费结算工作。

会议费用的承担有三种情况：

①会议所有费用都由主办方承担，参会人员无须支付任何费用。

②主办方承担会务费，其他费用由参会人员自理。

③所有费用都由参会人员承担。

如果向参会人员收取一定的费用，要注意以下问题。

①应在会议通知或预定表格中，详细注明收费的标准和方法。

②应注明与会人员可采用的支付方式。

③开具发票的工作人员，事先要与财务部门确定正确的收费开票程序，不能出任何差错。如果有些项目无法开具正式发票，应与会议代表协商，开具收据或证明。

（2）付款的时间。付款的方法和时间具有灵活性，但是正规的会议一般按通例付款。

对于会议邀请的报告人或主讲人要事先确定费用，在活动之后支付给报告人或演讲人。会议地点选定后，事先商量好费用，需预交一部分订金，在活动之后可用支票结账。对于其他租借的物品，事先商定租用费用，活动之后结账和索要发票。文具食品等小件物品可用现金结账并索要发票。

7. 会后总结

会议结束后,秘书人员应当协助领导及时进行会务工作总结,通过总结肯定成绩找出不足,为做好今后的工作提供借鉴。

会务工作总结的内容是:

(1)总结会议筹备方案中所制订的各项会务工作是否准确到位。

(2)总结会务工作机构各部门之间的协调情况,有无疏漏之处。

(3)总结每个会务工作人员完成各岗位工作的情况。

(4)总结整个会务过程尚需改进之处。

会务工作总结可以采用个人书面小结和召开总结会议的方法进行,工作部门小组总结和相互评议,必要时可以进行大会交流、总结与表彰。重要的会议还要将会务工作总结交有关领导审阅后作为会议资料归入档案。

妙招提示

1. 模板导引:

请柬模板:

请　柬

尊敬的×××:

　　兹定于××年××月××日×时,于……举行(召开)……。

　　敬请光临为盼!

×××敬邀
××年××月××日

请柬写作的注意事项:

(1)内容清楚。请柬文字简约,内容具体而明白。举办活动的内容、时间、地点、被邀请者的姓名、头衔都必须准确无误。

(2)用语礼貌。行文用热情、友好、恭敬、文雅的语言,以表示对被邀请者的尊重和友好,切忌生硬和粗鲁。

(3)制作精美。请柬用纸多为红色,装帧尽可能美观、大方,款式设计注意其艺术性。一份精美的请柬会使人感到快乐和亲切。

(4)郑重呈递。请柬表明对被邀请者的尊敬和邀请者对此事的重视。所以邀请双方即使近在咫尺,也必须送请柬,切忌随便口头招呼。请柬一般应派专人或由主人亲自登门呈送;如果邮寄,发帖者常加以电话相告,以示诚恳。时间安排上要提前发送。有影视表演等可附影票等入场券,若有其他要求,注明"请准备发言""请正装出席"等字样。

纪要模板:

××关于……工作纪要

(××年×月×日)

××同志主持会议。参加会议的有×××、×××等同志。现将会议确定事项纪要如下:

一、_____。

二、_____。

三、_____。

2.股份公司常用会议议程表见表4-2-2,供参考。

表4-2-2　　　　　　　　　　会议议程表

××会议议程　　　年　月　日				
序号	程序	主持人	时间分配	备注
1	签到	秘书	10:00—10:10　10分钟	
2	主席致辞	董事长	10:10—10:15　5分钟	
3	宣布上次会议记录	秘书	10:15—10:20　5分钟	
4	报告事项	各部门主管	10:20—10:40　20分钟	
5	讨论事项	董事长	10:40—11:40　60分钟	
6	临时动议	董事长	11:40—11:50　10分钟	参阅会议资料
7	散会			

3.会议日程样式,供参考。

××公司新产品销售研讨会日程

一、会议时间:2013年6月6日

二、会议地点:公司会议室

三、参加人员:技术部和销售部所有人员

四、具体日程安排:

8:30　报到

9:00　销售主管介绍市场情况

9:50　休息

10:00　技术总监介绍新产品特征

11:00　讨论新产品与市场需求情况及销售方案

12:00　自助餐

13:30　销售部员工操作新产品,技术部员工负责培训

14:30　销售部与技术部一并修订销售方案

15:30　确定新产品最终方案,确定提交决策层审批日期

16:30　散会

任务实施

以小组为单位进行情景模拟,模拟举办新技术应用成果阶段性汇报会。

任务完成PK

	会前准备30分	会中服务30分	会后工作30分	精彩点10分	总分
第一组					
第二组					
第三组					
第四组					

拓展任务

任务1:

金鼎公司决定在新年到来之际在希尔顿酒店会议厅举行公司的年终庆典大会,活动要邀请客户参加,主要内容是对合作客户进行答谢,总结一年工作成绩,公司员工举行联欢活动。请同学们分工合作模拟会议的全过程。

任务2:

东方职业技术学校2014年度重点工作之一是全校师生开展读书活动,学校打算在3月份召开读书活动的启动仪式大会,会议由全校教师参加,会议有读书活动倡议、读书方法介绍、读书沙龙活动启动、读后感征集方案等几项议程,请同学们模拟会议的全过程。

知识链接

策划大型活动或者会议的注意事项

1. 大型活动的策划方案中需要包括详细的分工(具体到人)和需要完成的时间。

2. 举办活动应本着讲求实效、突出特色的原则,避免雷同、重复。

3. 活动应及早筹划与确定。邀请国外、境外人士前来参加活动,至少于半年前发出邀请,寄送项目说明资料。

4. 会务准备时列出物资清单为佳,同时派专人落实和保管,以免遗忘或者遗失。

5. 会议一般要准备主席台领导席卡、主持人席卡和签到席席卡、主席台发放的文件材料、笔、矿泉水、鲜花、会议旗帜、国歌磁带等。

6. 大型活动还需设签到席,派专人负责签到。

7. 由多个机构共同举办的活动,要事先明确各自职责分工,避免多头指挥、多头对外。

8. 确定开幕时间时,应充分考虑当地交通、气候及工作习惯等因素,开幕式尽量按原定时间举行,避免拖延时间过长。

9. 一般至少需要提前 2 小时进入会场,留足布置会场的时间,与会人员需要提前半小时开始入场。

10. 领导、嘉宾需要事先联系好小的会议室,提前到者先引导到小会议室休息,活动正式开始时再引导入会场。

11. 开幕式主持人应以适当方式说明自己的身份(请礼仪小姐担任主持人除外)。

12. 开幕式宣布的出席活动领导人名不宜过多。在介绍"出席××活动的领导、贵宾"中,不应包括主办单位的领导人,应是外宾、外单位领导人。一般情况下各主办单位领导应排在宾客后面(主办单位领导是国家领导人的则应先报);如有外国驻华大使参加的,其位置则应提前(因其是外国元首的代表)。

13. 开幕式剪彩活动能免则免,确需安排剪彩活动的,剪彩人不宜多。为节约起见,应以彩带代替绸带。

14. 在开场称呼中,可按国际惯例称"女士们、先生们"或"贵宾们、女士们、先生们",后面不必再加"朋友们、同志们"。

15. 讲话中"欢迎""感谢"之类的句子要尽量归纳,以节省鼓掌时间。使用现场翻译时,应尽量控制场面,使讲话人与译员相配合,不要在中文讲完时中方人士立即鼓掌,而应在翻译完后中外双方共同鼓掌,以示对外宾的尊重。

16. 所借的音响设备必须事先调试,确保万无一失;如有必要,还要准备录音笔、mp3 等现场录音设备(也须事先调试),并安排专人负责。

17. 大型活动需事先制作议程 PPT,一项议程一页 PPT,需事先将所有需播放的 PPT 拷入笔记本电脑,放至桌面文件夹,并按次序加前缀;还需事先调试投影仪位置、分辨率等。注意电脑屏幕显示效果跟投影效果往往有较大差异,字体颜色和背景色间的对比可能需要调整。

18. 研讨会不同于报告会,领导人讲话、主题演讲人不宜长篇发言。研讨会不应片面追求人数规模,而应主题明确,主持人和演讲人要有一定水平,能引起讨论。研讨会提问(含出访时对方介绍情况后提问),要尽量简明具体,不必多说客套话。

19. 介绍招商项目时,不宜以我方预计生产规模及投资数作过于准确的描述,如"生产规模 125 万吨,预计投资 1650 万元"等。一是实际数字不可能如此精确,二是生产规模和投资额应与投资者商定。

20. 重要活动中,要适时提醒出席者关掉手机,或将其调至静音状态。

21. 会议结束后清点物资并整理干净后才能离开现场,以免遗失所带的物资。

22. 活动结束后应主动及时将新闻稿、照片和活动总结发送给相关负责人,在 BBS 研讨会版上发贴总结并虚心听取大家意见。

岗位任务三

大型会议的承办与服务

学习目标

1.知识目标

掌握大型会议承办与服务的相关流程与方法。

2.能力目标

能根据实际情况完成大型会议的承办与服务。

3.情感目标

培养服务意识,养成细致、严谨的文秘职业素养。

任务情境

胜智文化教育有限公司是一家大型的以开发教育产品为主的公司,今年公司的一项重大任务是开发一套新型的文化教育产品,为了更好地宣传公司的产品扩大产品的影响力,公司决定召开一次大型的有中外教育家参加的文化教育交流会。离会议的召开还有三个月的时间,筹备会议的任务落在公司总经理办公室主任小刘的身上,要筹备这样一次大型的会议,小刘应该怎样去做。

想一想,试一试:

相比小型、中型会议,大型会议要做的工作无疑更为细致与复杂,我们要做的一定是先组建好筹备会议的团队,责任明确、分工合作,发挥好团队合作的精神。在中型会议的基础上,大型会议多了哪些工作?

任务指引

一、会前筹备工作

（一）会前筹备工作内容

（1）确定会议名称；

（2）确定会议议题；

（3）确定与会人员；

（4）确定会议时间；

（5）确定会议方式；

（6）确定会议场所；

（7）确定会议议程；

＊（8）安排会议日程；

（9）制发会议通知；

（10）准备会议用品；

（11）布置会场；

（12）准备会议文件；

＊（13）经费预算；

（14）其他准备工作。

（二）会前筹备工作方法

1. 确定会议场所

召开大型会议的场所需要考虑的因素比较多，会场宜定在与会人员比较集中和交通较便利的场所，距离主办单位也不宜太远，以避免给会务工作造成不便。会期长的尽可能靠近住宿处，以方便多数人为原则。还要考虑环境的清静，保证会议不受干扰。外出留宿开会必须考虑通信联系的方便，考虑费用支出，考虑衣食起居的舒适等。此外，附属设施也要尽量齐全：桌椅、照明、音响、通风、网络、通信、安全、卫生、餐饮、住宿、服务、娱乐、停车、交通等均要考虑。

2. 确定会议议程

大型会议的议程一般安排如下：

开幕式、领导和来宾致辞、领导做报告、分组讨论、大会发言、参观或其他活动、会议总结、宣读决议、闭幕式。

3. 安排会议日程

会议日程可以采用表格式或文字形式，一般包括标题与正文。标题一般采用会议名称＋日程（日程表、日程安排）的形式；正文一般包括日期、单元活动时间、活动内容、活动地点、参加对象、主持人、负责人、相关要求、注意事项等。其中时间根据会议的具体情况，再细分为上午、下午、晚上及更为具体的时间段。会议日程要与会议议程在内容上保持一致。

4.布置会场

会场布置包括会场座位安排,座次安排,会场装饰等方面的工作。大型会议会场布置及座次安排如下。

1)会场座位安排

大型会议一般在礼堂、体育馆等地举行,座位布局形式或形状基本固定。代表大会、纪念性会议、表彰大会、动员大会多采用大小方形的布局。领导人在主席台上,形成"小方形",与会者在台下,形成"大方形"。有的礼堂座位设置为半圆形状,围绕着主席台。如图 4-3-1、4-3-2 所示。

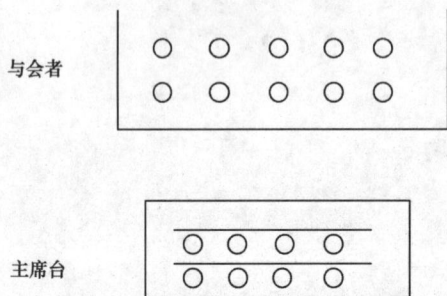

图 4-3-1　大型会议布局

图 4-3-2　礼堂座位排列

2)大型会议座次安排

(1)主席台排座。大型会场的主席台,一般应面对会场主入口。在主席台上的就座之人,通常应当与在群众席上的就座之人呈面对面之势。在其每一名成员面前的桌上,均应放置双向的桌签。主席台排座,具体又可分为主席团排座、主持人座席、发言者席位三个不同方面的问题。

主席团排座:主席团,在此是指在主席台上正式就座的全体人员。按照国际惯例排列主席团位次的基本规则有三:一是前排高于后排,二是中央高于两侧,三是右侧高于左侧。判断左右的基准是顺着主席台上就座的视线,而不是观众视线。

主持人座席:会议主持人,又称大会主席。其具体位置有三种方式可供选择:一是居于前排正中央;二是居于前排的两侧;三是按其具体身份排座,但不宜令其就座于后排。

发言者席位:发言者席位,又叫作发言席。在正式会议上,发言者发言时不宜就座于原处发言。发言席的常规位置有两种:一是主席团的正前方;二是主席台的右前方。

(2)群众席排座。在大型会议上,主席台之下的一切座席均称为群众席。群众席的具体排座方式有两种。

自由式择座:即不进行统一安排,而由大家各自择位而坐。

按单位就座:它指的是与会者在群众席上按单位、部门或者地位、行业就座。它的具体依据,既可以是与会单位、部门的汉字笔画的多少、汉语拼音字母的前后,也可以是其平时约定俗成的序列。按单位就座时,若分为前排后排,一般以前排为高,以后排为低;若分为不同楼层,则楼层越高,排序便越低。在同一楼层排座时,又有两种普遍通行的方式:一是以面对主席台为基准,自前往后进行横排;二是以面对主席台为基准,自左而右进行竖排。如图 4-3-3、4-3-4 所示。

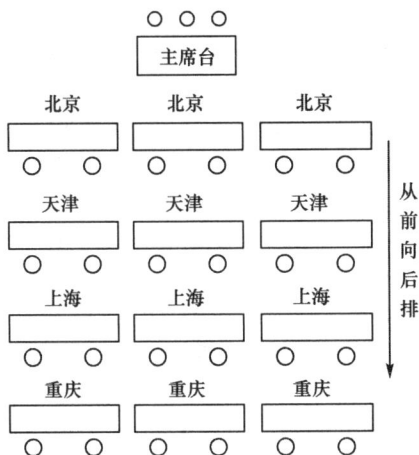

图 4-3-3　横排布局

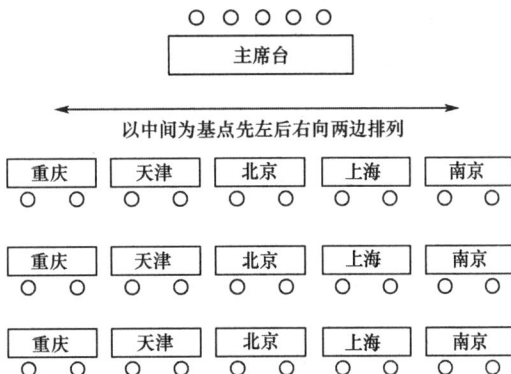

图 4-3-4　竖排布局

3）会场装饰

会场装饰是运用文字、图案、色彩、实物等突出会议主题,营造会场气氛的手段。具体而言,会场常用装饰物如下:

（1）会标——揭示会议名称和会议主要信息的文字性标志。

（2）会徽——体现或象征会议精神的图案性标志。

（3）标语——把会议口号用醒目的书面形式张贴或悬挂起来,即成为会议标语,包括宣传、烘托会议主题的主体性标语,表达热烈欢迎、热烈祝贺的礼仪性标语。

（4）旗帜——有国旗、会旗、红旗、彩旗。主要会议升挂国旗,合法组织举行会议升挂会旗,红旗用于党代会、人代会等气氛庄严的会议,彩旗主要用来营造隆重、热烈、喜庆的气氛。

（5）花饰——会场布置鲜花,能烘托会议气氛,给人以清新、活泼之感,也能减轻与会者的疲劳。花卉的品种与颜色要符合会议整体格调。气氛热烈的庆祝会以红、黄等颜色的花为主,如月季、玫瑰、一品红等;庄严的会议常用绿色观叶植物摆放于场内,如君子兰、铁树、万年青、棕榈等;座谈会等比较轻松的会议,可摆放月季、扶桑、米兰、茉莉等花卉增加和谐气氛。

花饰的形式有花篮、花环、盆花。花篮用于表达庆贺,如开幕、开张等仪式;花环表达欢迎,主要在欢迎仪式上用;盆花起点缀作用,用于各类会议。

（6）气球——用于庆祝典礼会场,以营造喜庆氛围。常用大氢气球下挂标语形式使用,常常与彩虹充气拱门配合使用。

（7）会场指示标志:

座位号——用来标识每个座位的排号和座号。

身份牌——用来标识座位就座人身份的指示牌,如首长席、正式代表席、列席代表席、来宾席、旁听席、记者席等。有台式和落地式指示牌两种,台式的放在该区域首排桌上,落地的一般放在该区域的前方或两侧。

席卡——也称为名签、座签,是每个与会者桌上放置的写有姓名的标签。

桌签——是用序号标明桌次的标识,用于大型宴会、联欢会。

指示牌——大型会议中放在会场门口或是挂在场内,用来表明各座区的方向和方位。

座次图——是标明会场或主席台的座位分布及具体位次的图表,可以挂在会场入口处。

5.准备会议文件

1)开幕词

开幕词是各级党政机关、社会团体、企事业单位在会议开始时,由会议主持人或主要领导人向大会所作的重要讲话。

在开幕词中正式宣告会议开幕,给会议营造一种隆重气氛。如果这是具有历史意义的会议,那么其历史意义就是从这一宣告开始产生的,因而这种开幕词必将随着会议的一系列重要文件一起载入历史史册。开幕词一般阐明会议宗旨,提出会议任务,说明会议目的、指导思想和重要意义,这对开好会议将起到重要的指导作用。

在开幕词中明确交代会议的议题,扼要说明会议的议程、原则,交代会议的主要精神,起到点题的作用,使与会者心中有数。

开幕词一般由标题、称谓、正文、结语、落款五部分组成。

(1)标题。开幕词的标题一般用于文稿散发或发表时,可直接写"开幕词"三个字,也可在"开幕词"前写上会议、活动的名称。祝词的标题要写在正文的上方居中,如"新年祝词"。有的祝词用双标题,如正标题"殷切的期望",副标题"在共青团第十一次全国代表大会上的祝词"。

(2)称谓。开幕词、祝词都在标题的下一行顶格写称谓。怎样写称呼,要根据对象的性别、职业以及身份地位等情况而定。

(3)正文。开幕词、祝词的正文要根据对象、事由等具体情况来写。开幕词的开头要直接陈述因何事或何会而宣告开幕,如"我宣布第三届中国西湖博览会隆重开幕"。祝词的开头应直接点名对何人何事表示祝贺,如"我们热烈祝贺第三届中国西湖博览会如期举行"。接下去的写法是:开幕词应指出会议的内容及其意义,祝词应说明被祝贺的具体事由及其意义。如祝贺某人取得重大成绩,应着重赞美对方取得成就的价值,并分析取得成就的主客观原因;如祝贺重要会议的应说明该会议的重要性及其深远影响。

(4)结语。开幕词的结尾应写出对与会人员表示感谢之意;祝词的结尾主要写敬语,如"祝×××健康长寿""祝第六届中国艺术节圆满成功""祝大家新年愉快,万事如意"等。

(5)落款。开幕词应写上主办单位和日期;祝词应写祝贺单位或个人姓名的全称,并写上致祝词的日期。

2)讲话稿

领导讲话稿不同于一般应用文,其特点是有内容的针对性、表述的口头性和根据受众人的现场性。

讲话稿一般由标题、称谓、正文、结尾四部分组成。

(1)标题。一般有两种形式,即单标题和双标题。

单标题直接写明讲话者在什么会议讲话即可,由"讲话者+会议名称+文种"构成。如:《××经理在公司工作交流会上的讲话》;

双标题由"正标题+副标题"构成。正标题一般用来概括讲话的主旨或主要内容,副标题则用来注明讲话人、会议或活动名称、文种等。如:《咬定目标、迎难而上,迅速掀起工业原料林建设新高潮——在全市林业大会上的讲话》。

在什么场合用双标题或单标题,虽然没有明文规定,但实践中有约定俗成的模式。一般单标题应用范围比较广泛,无论是大、中、小型会议,也无论是什么身份的领导人都可适用;而双标题的适用范围相对窄一些,通常适用于大型综合性会议上的主题报告,以达到突出会议主题,号召、鼓舞的效果。

(2)称谓。领导讲话都是有具体对象的,所以在标题和讲话日期下有对参加会议或活动者的称呼,常见的有"同志们"或"尊敬的××领导、各位嘉宾、同志们"等。称呼及顺序排列根据参加会议或活动的对象而定。

(3)正文。开头:讲话稿的开头很重要,寥寥几句会产生很大的作用。讲话稿开头的总体要求是:要能充分调动听众的注意力,并能引出主体内容。主体:讲话稿的主体是讲话稿的重点部分,是讲话成功与否的关键。这一部分要承接开头部分所提到的观点展开阐述,并且应做到中心突出,条理清晰,论据充分,论证严密。主体部分结构可分成两种方式:一是递进式,以事物发展为序,层层递进;二是并列式,把总论点分成几个分论点,每一部分阐述一个分论点,分论点之间的关系是并列的。

(4)结尾。讲话稿的结尾要对讲话的主要内容加以概括,使整个讲话的主要精神在听众的印象中进一步加深。常见结尾方式主要有以下几种:一是希望式,对与会者提出要求和希望。二是展望式,在即将结束讲话时,对未来的前景作一番展望。三是总结式,对全文的主要内容加以总结概括。总之,结尾要求简明扼要,收笔自然,取得鼓舞人心或令人回味的效果。

3)会议证件

大型的重要会议通常要制作会议证件,发放给与会人员和参加会议有关活动的人员佩戴和使用。

使用会议证件目的在于对会议进行管理,方便识别身份,统计到会人数,维持会议秩序,保证会议安全,避免无关人员进入会场,维护会议的严肃性。

会议证件的类型:

会议证件主要有出席证件和工作证件两大类。出席证件包括代表证、出席证、列席证、来宾证、嘉宾证、贵宾证、旁听证、签到证。工作证件包括工作证、采访证、记者证、通行证等。如图 4-3-5 所示。

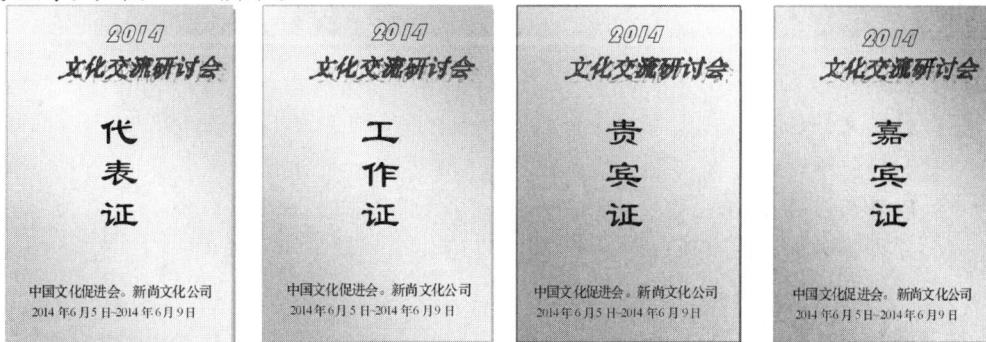

图 4-3-5 会议证件类型

6. 其他准备工作

1）安排礼仪服务

在会议组织过程中,对于参会人员的迎送、签到、引领、食宿安排等环节都应做到热情接待、周到服务,相关工作人员遵循礼仪规范是一项最基本的要求。从会议服务角度看,会前筹备中的礼仪工作主要包括以下几项内容:

（1）选择礼仪服务人员。会议礼仪服务人员既可以从组织内部员工中选择那些有经验、素质好、气质佳的人员,也可以聘请专业礼仪公司或礼仪人士来承担。

（2）分解工作程序。对礼仪服务人员进行分工,接站、签到、引领、食宿、送站等各个环节都应当有相应的服务人员,使礼仪服务人员做到各司其职,周到服务。

（3）培训礼仪服务人员。培训的内容主要是对会议工作的宗旨和合作精神进行培训,对会议礼仪知识和工作技能进行培训,对会议的设备和用品使用进行培训。

（4）准备服装用具。礼仪服务人员的服装应当统一,并且与会议性质与内容、会场环境与气氛等相协调。

2）安排会议食宿

（1）安排会议餐饮。安排会议餐饮的原则是让代表吃好而不浪费。就餐大体上有一个标准,根据会议的经费和人员情况来确定,适当照顾少数民族代表和年老体弱者。提倡实行自助餐和分餐制,一般性的会议除开头和结尾采取桌餐形式,大多采取自助餐的方式。秘书人员要事先与提供餐饮的单位确定好餐饮时间和地点以及菜单,并事先设计和制做好就餐的凭证。

（2）安排会议住宿。安排会议住宿的原则是让代表住好而不浪费。安排会议住宿最有效和经济的方法是主办单位集体预订房间,一般通过发送会议通知时附上会议回执的方式掌握参会人员的数量和要求。统计后向宾馆、酒店进行预订,并分别与参会人员和宾馆、酒店进行确认。

具体安排房间是一项细致的工作,可以提前编制住宿分配方案,在具体分配房间时,要根据与会人员的职务、年龄、健康状况、性别和房间条件等综合考虑,统筹安排,预订数量上应当略有富余。

二、会中服务工作

（一）会中服务工作内容

（1）接站报道;

（2）签到;

（3）分发文件;

（4）引导就座;

（5）内外沟通,传递信息;

（6）处理临时交办的事项;

（7）收集会议相关信息;

（8）做好会议记录;

（9）编写会议简报;

(10)其他服务工作。

(二)会中服务工作方法

1.接站报道

接站是指在会议报到日当天,组织接站人员到车站、机场、码头等处迎接与会代表的工作。尤其是大型会议参加人数较多,及时做好接站工作更显重要。接站要做好以下几项工作:

(1)汇总参会人员信息。要事先通过收集会议回执及其他信息反馈的方式,掌握参会人员的名单与其乘坐的交通工具及抵达时间,并编制成一目了然的表格,使接站人员人手一份,按分工的时间和路线迎接。

(2)安排接站人员。根据事先汇总的参会者抵达信息总表,安排接站人员并做好分工。必要时对其进行培训。同一接站地点的接站人员至少两个人一班,以免出现"空岗"而影响对与会者的迎接。

(3)安排接站车辆。接站的车辆可以是单位自有的,也可以是从专业性的汽车出租公司租赁的,或者二者兼有。无论哪种情况,都要对接站的司机进行简单的培训或提出相应的要求。

(4)准备接站标志。在接站处要准备好醒目的接站标志,便于参会人员出站后辨认,迅速找到接站人员。可以使用接站牌或欢迎横幅。接站牌可以写上"××会议接待处"、"接××××会议代表"等提示性文字。

2.签到

大型会议的签到工作更为细致复杂,签到时应让与会者填写个人信息,主要包括姓名、通信地址、邮编、电话、电子邮箱等,为编制通信录做好准备。要收会务费的会议,在签到时收费。会议要用的文件,在签到时发放。

签到方法除了上面提到的证卡签到、座次表签到以外,还可以使用电脑签到。

电脑签到快速、准确、简便,参加会议的人员进入会场时,只要把特制的卡片放到签到机内,签到机就将与会人员的姓名、号码传到中心,与会者的签到手续在几秒钟即办完,即可将签到卡退还本人,参加会议人员到会结果由计算机准确、迅速地显示出来。电脑签到是先进的签到手段,一些大型会议都采用电脑签到。

3.其他服务工作

(1)会议经费管理。会议前做好科学预算,在会议报到时,按要求收取足额会务费。收费时要准确清点,防范假币。收费要开具凭证,安排专人负责,妥善保管好收取的费用。会务费使用要符合预算,力求节俭,反对铺张浪费,符合中央的八项规定的要求。

(2)食宿安排。会期长的会议需要安排就餐和住宿。与会者报到后,应将分配住宿的客房钥匙交给他们,同时将就餐的时间、餐厅等事宜告知。安排食宿要注意照顾年长者、女士、体弱者,要考虑到民族风俗习惯,不犯禁忌。

(3)保健、保安工作。会期长的大型会议需做好与会者的保健工作,妥善处理与会者的突发疾病。要做好传染病的预防工作,会场要通风,餐具要严格消毒。

如有重要领导人参会,必须做好安全保卫工作,会场要严格检查,设置安保人员。保密会议更要采取保密措施,防止泄密。

(4)会议留影、通信录的制作。通信录一般在签到后依据签到表上留下的信息制作。一般设置几栏:姓名、单位、通信地址、邮编、联系电话、E-mail、备注。通信录初稿在打印后交与会者核对,无误后,按照人数复印发放,同时要预留多份供因故无法出席者索取及留存归档。

三、会后工作

(一)会后工作内容

(1)会后整理会场;

(2)清退、收集会议文件;

(3)安排与会人员离会;

(4)会议文件的编写、整理;

(5)会议文书的立卷归档;

(6)会议经费的结算;

(7)会议精神的传达与催办;

(8)会后总结;

(9)会议效果评估。

(二)会后工作方法

1. 安排与会人员离会

(1)离会。大型会议的会场大、人数多,会务人员要精心筹划、细心准备,引导参会人员安全离场。一般大型会议特别是跨地区的大型会议,不仅仅是一般的送别,还要根据实际情况和参加人员的需要安排送站、送机等工作。此外,还要为参会人员结清各种账目、开具发票、发放返程票等。妥善安排好与会人员的离会,也关乎会议组织者的形象。

(2)送站。大型会议,特别是跨地区的大型会议参会人员较多,往往需要会议组织者根据参会人员离会去车站、机场等的时间,安排相对集中的送站服务,并事先安排好车辆。送站要根据拟行走的路线和适时的交通情况提前准备足够的时间,以免出现延误。某些特殊的参会人员可能还要安排领导亲自送站。

2.会议效果评估

筹办一次大型会议是一项非常复杂的工作,为了不断提高会议的组织与服务,达到会议召开预期的效果与目的,为今后召开会议提供借鉴,开展会议效果评估工作,如今被广泛采用。当然,不是所有会议都要进行评估。

会议评估的主要内容可以参照会前、会中、会后的主要工作内容从必要性、工作质量、责任分工完成情况进行逐项评估。常见的会议评估的方法是在会议快结束时,以意见调查表的方式进行,调查表要提前设计好内容,可以围绕会议目标是否实现、会议成本效益、与会者是否满意、会议需要改进的地方等几个方面来设置问题。会后可以在总结会上进行评估。

妙招提示

1.会务工作流程图(图4-3-6、4-3-7、4-3-8)

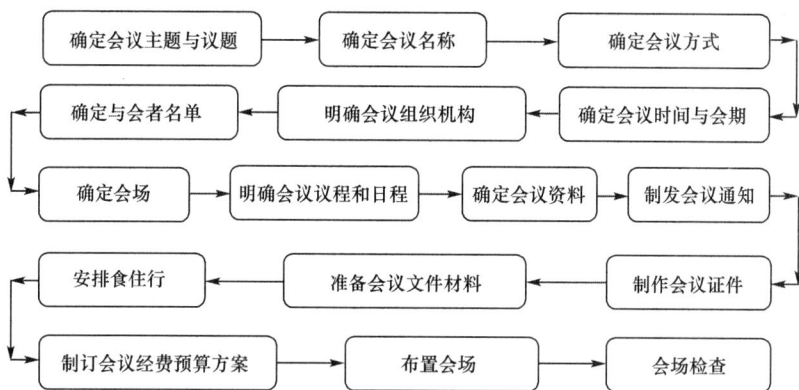

图4-3-6　会前

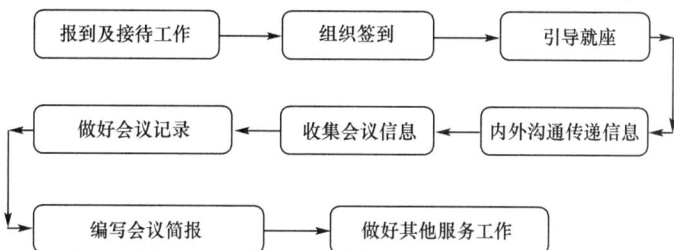

图4-3-7　会中

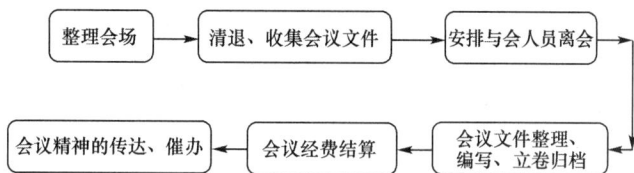

图4-3-8　会后

2.会议签到表示例(表4-3-1、表4-3-2)

表4-3-1　　　　　　　　　　　　　　会议签到表

会议名称			
主办单位			
会议时间		会议地点	
出席单位	签名		

表 4-3-2　　　　　　　　　　　会议签到表

会议名称				
主办单位				
会议时间			会议地点	
序号	姓名	职务	单位	
1				
2				
3				

任务实施

以小组为单位进行情景模拟,模拟胜智文化教育有限公司召开的文化教育交流会。

任务完成PK

	会前准备 30 分	会中服务 30 分	会后工作 30 分	精彩点 10 分	总分
第一组					
第二组					
第三组					
第四组					

拓展任务

1.天地公司是一家中外合资企业,主要生产家电产品。公司在全国各大中城市设有分公司和销售代理商,最近几年,公司推出了一系列新产品,占领国内 10％以上的家电市场,在国外的影响力也很大。2012 年公司加大管理和研发力度,国内市场份额达到 15％。2014 年公司准备召开年度全国销售商表彰大会,以表彰先进、规划 2015 年工作。参加表彰大会的有公司邀请的省市有关领导、同行业兄弟单位的代表、公司董事会成员、全国各分公司的领导、全国销售代理商代表以及公司高层管理人员和科技人员代表等。会议时间:2014 年 12 月 23、24 两天。会议地点:北京。请根据以上的材料模拟会议会前准备、会中服务以及会后的收尾、总结工作。

2.宏远公司是一家生产国内自主品牌的汽车公司,2014 年公司研发一款新型环保电动车,公司为宣传新产品,准备召开由中外记者及同行参加的新产品新闻发布会,请模拟会议的整个流程。

知识链接

座位安排常识

一、会议主席台座次的安排

根据中共中央办公厅掌握的原则:左为上,右为下。当领导同志人数为奇数时,1号首长居中,2号首长排在1号首长左边,3号首长排右边,其他依次排列;当领导同志人数为偶数时,1号首长、2号首长同时居中,1号首长排在居中座位的左边,2号首长排右边,其他依次排列。

1. 主席台人数为奇数时: | 7 | 5 | 3 | 1 | 2 | 4 | 6 |

2. 主席台人数为偶数时: | 6 | 4 | 2 | 1 | 3 | 5 |

二、关于宴席座次的安排

宴请客人,一般主陪在面对房门的位置,副主陪在主陪的对面,1号客人在主陪的右手,2号客人在主陪的左手,3号客人在副主陪的右手,4号客人在副主陪的左手,其他可以随意。以上主陪的位置是按普通宴席掌握的原则,如果场景有特殊因素,应视情况而定。

1. 中餐桌(图4-3-9)　　　　　2. 西餐桌(图4-3-10)

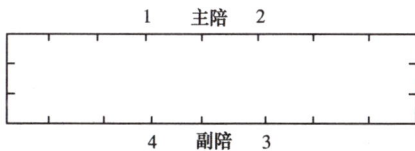

图4-3-9　中餐桌　　　　　图4-3-10　西餐桌

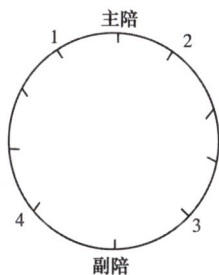

三、关于签字仪式的座次安排(图4-3-11)

签字双方主人在左边,客人在主人的右边。双方其他人数一般对等,按主客左右排列。

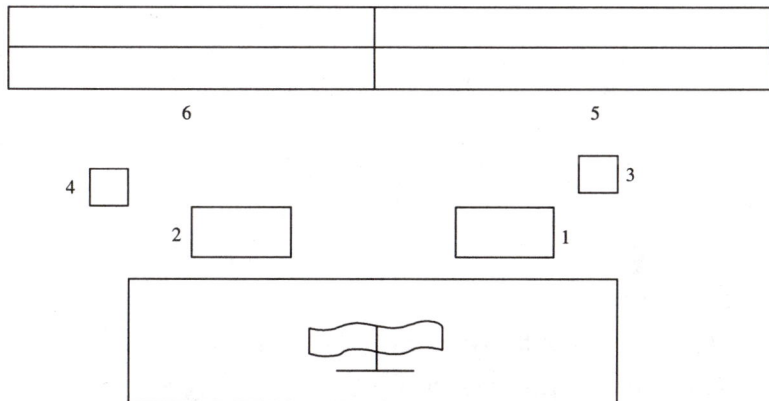

1. 主方签字人　2. 客方签字人　3. 主方助签人
4. 客方助签人　5. 主方陪同人员　6. 客方陪同人员

图4-3-11　签字仪式座次图

四、关于乘车的座次安排

小轿车1号座位在司机的右后边,2号座位在司机的正后边,3号座位在司机的旁边。(如果后排乘坐三人,则3号座位在后排的中间)。中轿主座在司机后边的第一排,1号座位在临窗的位置。

1.轿车(图4-3-12)

司机	秘书
2号首长	1号首长

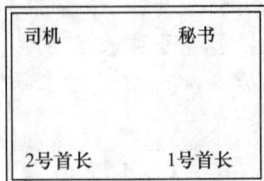

图 4-3-12 轿车座位图

2.面包车(中巴)(图4-3-13)

图 4-3-13 面包车(中巴)座位图

五、合影

人员排序与主席台安排相同(图4-3-14)

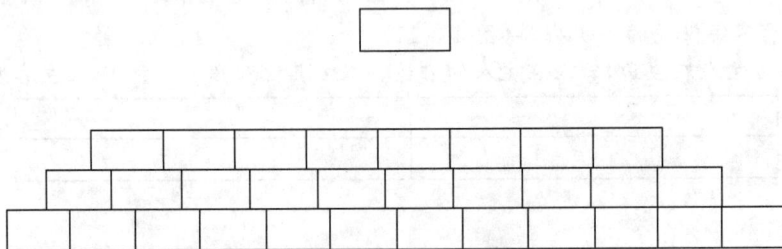

图 4-3-14 合影排序图

六、中式宴请的座次礼仪

(一)由两桌组成的小型宴请座次排序

这种情况,又可以分为两桌横排和两桌竖排的形式。当两桌横排时,桌次是以右为尊,以左为卑。这里所说的右和左,是由进入房间,面对正门的位置来确定的。当两桌竖排时,桌次讲究以远为上,以近为下。这里所讲的远近,是以距离正门的远近而言。如图4-3-15、4-3-16所示。

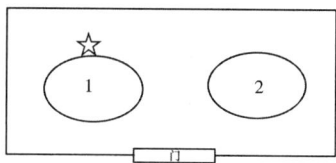

图 4-3-15　两桌横排

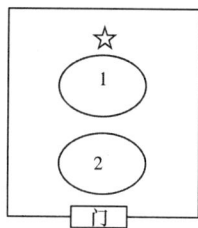

图 4-3-16　两桌竖排

（二）由多桌组成的宴请桌次排序

在安排多桌宴请的桌次时,除了要注意"面门定位""以右为尊""以远为上"等规则外,还应兼顾其他各桌距离主桌的远近。通常,距离主桌越近,桌次越高;距离主桌越远、桌次越低。（图 4-3-17）

在安排桌次时,所用餐桌的大小、形状要基本一致。除主桌可以略大外,其他餐桌都不要过大或过小。（图 4-3-18）

为了确保在宴请时赴宴者及时、准确地找到自己所在桌次,可以在请束上注明对方所在的桌次、在宴会厅入口悬挂宴会桌次排列示意图、安排引位员引导来宾按桌就座,或者在每张餐桌上摆放桌次牌(用阿拉伯数字书写)。

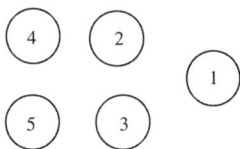

图 4-3-17　多桌宴请图

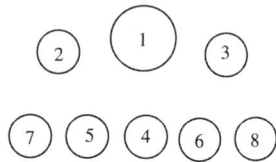

图 4-3-18　多桌宴请餐桌大小示意图

（三）单主人宴请时的位次排序

在本排法中,以主人为中心,主方其余座位和客方人员各自按"以右为贵"原则依次按"之"字形飞线排列,同时要做到主客相间。（图 4-3-19）

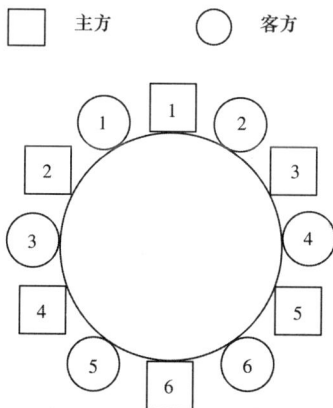

图 4-3-19　单主人宴请排序

七、西式长条餐桌座次排序

西式宴请多采用长条餐桌席位安排,类似中式的圆桌,要让陪同人员或主人、副主人坐在长桌的两端,尽量留心别让客人坐在长桌两端的席位上。排座时还应考虑来宾民族习惯、宗教信仰的差异性,不要因此出现不协调局面。(图 4-3-20、4-3-21)

□ 代表主方　○ 代表客方

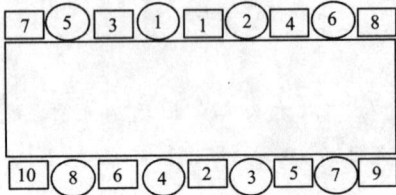

图 4-3-20　主方两端情况 1

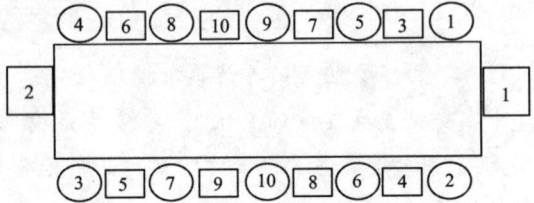

图 4-3-21　主方两端情况 2

客户服务篇

在现代社会中，随着经济的发展，各个行业的管理都趋于完善化和精细化。客户服务水平的高低直接影响一个企业的形象和经济效益，也是企业文化发展的一个方面。客服岗位是文秘专业多元化发展的一个新的趋势和方向。学习本章内容，同学们要树立好为客户服务的意识，掌握一定的方法和技巧，提高服务能力和水平，为走进职场打好坚实的基础。

岗位任务一

Callcenter 服务技巧

Callcenter 是什么？听着似乎有点陌生吧？看字面意思呢，center 不外乎是个什么中心，估计是个 office 吧。Call 是打电话？那么 Callcenter 貌似是个打电话的办公室。恭喜你，答对了！学习文秘专业的你，是不是很满意这个工作环境和工作内容呢？不过，Callcenter 的内涵要远远大于同学们的猜测。下面，就让我们细细地看看它究竟是什么吧。

第一节　Callcenter 岗位初体验

学习目标

1. 知识目标

学生能说出呼叫中心的不同类型及各自特点。

2. 能力目标

学生能够举例说明生活中遇到的呼叫中心及各自优劣。

3. 情感目标

学生通过了解呼叫中心，能够深化专业意识，树立职业意识。

任务情境

李思是某中等职业学校文秘专业的学生，实习在即，她面临着人生中的第一个重要选择。一家 Callcenter 在校园宣讲中，对自身优势、业务范畴、发展前景等做了充分说明。综合比较后，李思选择了在这家公司实习。今天是她正式踏进公司的日子，可以说，这是她的职场初体验。目前，公司的两个项目组有岗位空缺：一是向客户推广某宽带服务的优惠数据包，二是某品牌地板的投诉受理。李思是个性格较为内向但极富耐心、爱心的女孩，她会做出什么选择呢？

任务指引

一、Callcenter 和 call 客

Callcenter 即呼叫中心,它建立在现代通信技术和计算机网络技术的基础之上,是分门别类地处理大量信息呼入和呼出业务及服务的运营操作的场所。呼叫中心是一个相对集中的场所或部门,是由一批服务人员组成的服务机构,这些服务人员也被称为 call 客。他们在现代通信技术的支持下,处理来自企业、客户的咨询。相当一部分的中等职业学校的学生从事的正是 call 客一职,也就是通称的客服。

二、Callcenter 的分类

依据不同的标准,Callcenter 有着不同的分类。你喜欢从事哪种类型的呼叫服务呢?

(一)按照电话或者信息来源的方向分类

按照电话或者信息来源的方向分为呼入业务和呼出业务。呼入业务即电话或者信息来源于客户主动拨打或键入,由系统或 call 客负责接听和解答;呼出业务则是 call 客主动拨打电话或发出信息,由客户接听。一个典型的以客户服务为主的呼叫中心可以兼具呼入与呼出功能,在处理客户的信息查询、咨询、投诉等呼入业务的同时,也进行产品营销、客户回访、满意度调查等呼出业务。

通常情况下,在呼入业务中,客户的目标比较明确,要求获得信息的愿望强烈,call 客只需要清楚回答客户提问即可。只是,如果 call 客从事的是处理投诉岗,那么,做好心理准备,进行投诉的客户多是满腹怨气,有时也会有过激的话语。不过,他们其实是对事不对人的,只不过你凑巧就成了"枪口上"的人。

与此相反,在呼出业务当中,由于客户是被动接听,他们的回应就不会很积极,敷衍了事者有,直接挂断的更是大有人在。当客户很不耐烦地说:"我不需要! 别再打电话骚扰我!"时,你会怎么样呢? 礼貌细致永远是客服工作的首要准则,所以要多点耐心。在呼出业务中,尤其是营销类业务中,call 客的薪酬多半是与成交量挂钩的。

(二)按照沟通媒介的不同分类

按照沟通媒介的不同分为电话型呼叫中心和网络型呼叫中心,综合电话业务与网络业务的呼叫中心更为常见。电话型呼叫中心以电话作为商业沟通媒介,客户可以通过拨

打或接听电话的方式,完成查询、咨询、投诉、配合 call 客完成售后调查等业务;而网络型呼叫中心则是以互联网为沟通媒介,双方在相关页面上完成信息交流。简单来说,就是把电话呼叫当中的声音变成了文字或者画面。

举个例子也许更为形象:小王在某航空公司官网抢到一张特价机票,在网银支付之后,页面提示:"系统繁忙,支付未完成。请致电 93000 或联系在线客服。"小王拨打了热线电话,希望能马上知道自己究竟是否完成支付,但是电话总是忙音。于是,她改为点击"联系在线客服",网络页面弹出对话窗口,提示一行字:"您好,××航空欢迎您。客服 219 为您服务。请问您有什么问题?"这时,小王就把自己的问题键入到网上,和航空公司的客服人员完成交流,获得了自己满意的答案。对话页面如下所示:

客服 219:您好,××航空欢迎您。客服 219 为您服务。请问您有什么问题?

王女士:你好。我刚才抢了一张特价机票,支付的时候,页面提示支付不成功,我想知道,究竟抢没抢上?

客服 219:好的。请您提供一下您的订单号、身份证号或者手机号。

王女士:手机 1894099××××,身份证是 42022619630530××××。

客服 219:好的。女士,我马上为您查询,请您稍等。

客服 219:女士,网络显示,您的订单已经生成,但是没有完成支付。请您联系您的发卡银行,落实您是否扣款。

王女士:好的,谢谢。

客服 219:不客气。您预订的是特价机票,2 小时内未完成支付将取消本次订单,请您抓紧时间。祝您生活愉快。

王女士:好的,谢谢。

客服 219:不客气。祝您生活愉快。再见。

(三)根据运用呼叫业务主体的不同分类

根据运用呼叫业务主体的不同可以分为公共服务类和商业运营类。很多政府部门的公共服务,例如,计划生育办公室、法律援助热线等都由第三方呼叫中心代理;当市民有相关问题需要咨询时,只需要拨打热线电话,就会有受过培训的客服人员进行解答。像这种呼叫业务,公共服务部门倾向于交给政府扶植的呼叫中心承接,例如大连的残疾人就业服务中心等。

Callcenter 中更成熟、更具规模的是商业运营类,细分起来包括电信通信类,例如,移动、联通、电信客服;民航业类,例如,南航、海航客服;银行金融类,例如,工行 95588 或者在线客服;IT 客服,包括基本呼叫业务,例如,处理客户投诉、咨询、售后等业务;当客户提出的问题客服人员无法解答时,他们就会转接后台技术支持,由后台提供进一步的技术支持或者上门服务;房地产类,就大连而言,多家大型房地产商都有自己的 Callcenter,有的是临时部门,有的是常设部门。在新楼盘,尤其是高档楼盘开盘之际,房地产商会通过 call 客向目标客户群首次发布楼盘信息,通过点对点的个性化营销模式将楼盘信息发布出去,争取使目标客户亲临楼盘销售中心,进而达成售楼意向。凡是客户亲临销售中心,公司就会给促成此行的 call 客相应报酬,等等。

总之，从商业运营角度而言，Callcenter 是一个促进企业营销、市场开拓的交互式服务的管理系统。它作为企业面向客户的前台，面对的是客户，强调的是服务，注重的是管理，而获取利润的同时回馈社会则是它的目标。Callcenter 充当企业理顺与客户之间的关系并加强客户资源管理和企业经营管理的渠道，它可以提高客户满意度、完善客户服务，为企业创造更多的利润。这也是 Callcenter 存在的现实意义。

妙招提示

同学们进行小组合作，先填写一份表格（表 5-1-1），有助于了解呼叫中心的分类及各自优劣，帮你理清思绪。

表 5-1-1　　　　　　　　呼叫中心的分类及各自优劣

类别	优势	劣势
呼入业务		
呼出业务		
电话型呼叫中心		
网络型呼叫中心		
公共服务类		
商业运营类		

任务实施

小组合作完成任务：

1. 分析两个业务对工作人员的挑战分别是什么。

2. 给李思同学一个合理全面的建议。

任务完成PK

采取小组自评和互评方式，设计表格，评价各组任务完成情况，得分高者优胜。

	分析合理 10分	建议合理 10分	建议全面 10分	表述清晰 10分	全员参与 10分	总分
第一组						
第二组						
第三组						
第四组						

拓展任务

选择一个适合自己的呼叫中心，就是给自己搭建了一个坚实的职业平台。性格因素固然重要，但实际生活中，还有许多现实因素，例如，自己的专业素养、父母的意见、自身的职业追求、呼叫中心的前景等。同桌合作，完成表格（表5-1-2），结合自身实际情况及呼叫中心特点，选择适合自己的呼叫中心类型。

表 5-1-2　　　　　　　　　　　适合自己的呼叫中心类型

姓名	实际情况	适合的呼叫中心类型	原因

知识链接

Callcenter 的发展历程

第一代呼叫中心，又称为人工热线电话系统呼叫中心，是由一人或多人组成的、在一个特定地方处理电话业务的小组。这些工作人员即通常所说的呼叫中心代理。该呼叫中心可以只提供信息接收服务（呼入业务），或者只提供信息发送服务（呼出业务），或者提供二者皆有的混合型业务。

第一代呼叫中心硬件设备为普通电话机或小交换机（排队机），设备简单、造价低、功能简单、自动化程度低，一般处理用户投诉、咨询业务；适合小企业，或业务量小、用户要求不高的企业或单位使用。第一代呼叫中心基本由人工操作，对话务员的要求相当高，而且劳动强度大、功能差，已明显不适应时代发展的需要。

第二代呼叫中心，即交互式自动语音应答系统。随着计算机技术和通信技术的发展，功能完善的第二代呼叫中心应运而生，它广泛采用了计算机技术，如通过局域网技术实现数据库数据共享；语音自动应答技术用于减轻话务员的劳动强度，减少出错率；采用自动呼叫分配器均衡座席话务量、降低呼损，提高客户的满意度等。但第二代呼叫中心也存在一定的缺点：它需要采用专门为企业量身定制的硬件平台与应用软件，缺乏普遍性，需要投入大量资金用于集成和满足客户个性化需求，灵活性差、升级不方便、风险较大、造价也较高。

第三代呼叫中心兼有自动语音和人工服务的客服系统。与第二代呼叫中心相比，第三代呼叫中心采用CTI技术实现了语音和数据同步。它主要采用软件来代替专用的硬件平台，由于采用了标准化、通用的软件平台和硬件平台，使得呼叫中心成为一个纯粹的数据网络。第三代呼叫中心造价较低；随着软件价格的不断下调，可以不断增加新功能，特别是中间件的采用，使系统更加灵活，系统扩容升级方便；无论是企业内部的业务系统还是企业外部的客户管理系统，不同系统间的互通性都得到了加强；同时还支持虚拟呼叫中心功能（远程代理）。

第四代呼叫中心是网络多媒体客服中心。它具有接入和呼出方式多样化的特点,支持电话、VOIP 电话、计算机、传真机、手机短信息、WAP、寻呼机、电子邮件等多种通信方式;能够将多种沟通方式格式互换,可实现文本到语音、语音到文本、E-mail 到语音、E-mail 到短消息、E-mail 到传真、传真到 E-mail、语音到 E-mail 等自由转换。

第四代呼叫中心引入了语音自动识别技术,可自动识别语音,并实现文本与语音自动双向转换,即可实现人与系统的自动交流。第四代呼叫中心是一种基于 Web 的呼叫中心,能够实现 Web Call、独立电话、文本交谈、非实时任务请求。

第五代呼叫中心是基于 UC、SOA 和实时服务总线技术的、具备 JIT 管理思想和作为全业务支撑平台 TSP 的呼叫中心。

第五代呼叫中心在通信方面提出了更高的要求,允许客户以各种联络方式请求呼叫中心,并且呼叫中心能够和管理电话一样管理这些联络方式。这些联络方式包括:电话、传真、短信、电子邮件、网上音频、网上视频、文本交谈、文件传输、护航浏览、应用共享、桌面共享和电子白板。

呼叫中心引入的软件系统越来越多,软件需求也在不断地变化,因此第五代呼叫中心要求软件基于 SOA 技术,以满足系统之间的交互和不断变化的需求;同时,呼叫中心是典型的实时系统,要求系统之间的交互是实时的,而实时处理的需求也是不断变化的,因此必须也必然需要实时服务总线支撑。

准时化生产方式(Just-in-time,JIT)是一种独具特色的现代化生产方式。准时化生产方式作为一种彻底追求生产过程合理性、高效性和灵活性的生产管理技术,它已被应用于世界各国的许多行业和众多企业之中,其精髓在于持续改进。第五代呼叫中心在技术上需要对 JIT 管理思想提供有效的管理工具。

第五代呼叫中心在业务模式上应该是一个全业务支撑平台:既可以应用于呼入,也可以应用于呼出;既可以应用于客户服务,也可以应用于电话营销;既可以应用于众多商业领域,也可以应用于政务行业;既可以应用于自建呼叫中心,也可以应用于外包呼叫中心;既可以应用于大集中呼叫中心,也可以应用于分布式呼叫中心。

第二节　客服岗位业务职责

学习目标

1. 知识目标

学生能够明确说出客服的业务流程和各个环节的注意事项。

2. 能力目标

学生能够使用礼貌用语进行电话客服。

3. 情感目标

学生具有良好的服务意识。

任务情境

李思在呼叫中心已经实习半年了,被评为年度优秀员工。面对下面这些情况,她是怎么与客户沟通的呢?

情境1:

客户声音苍老,方言浓重,李思不得不仔细倾听。在回答顾客提问时,李思发现,用正常音量说话,客人总是叫她重复。

情境2:

在做某保险业务推广时,客户撤单。李思在挽留客户时,客户很不耐烦,执意撤单。

情境3:

客户打电话咨询,手机黑屏怎么处理。该问题专业性较强,超出李思的解答范畴。

想一想,试一试:

客服工作是接待中心最基础的工作,也是最重要的工作之一。客服人员秉承客户至上的理念,用耐心细致的服务维持着客户满意度,维护公司的形象。诚然,他们有统一的电话礼仪及礼貌用语标准。但是,顾客千差万别,需要解答的问题涉及方方面面。客服人员要倾听并迅速做出调整,提供个性化服务,这才是优质服务的关键。

任务指引

在呼叫中心里,中等职业学校的毕业生首先接触的就是客服岗位,客服人员各司其职,负责呼出业务的客服人员推广公司业务,进行客户回访,并且使用 Excel 表格详细记录潜在客户信息、既有客户回访信息,用于下一步的数据分析,以达到维护既有客户、扩大公司业务的目的。呼入客服有时需要处理客户投诉,必须以 Excel 表格形式详细记录客户投诉内容,安抚客户情绪,维护公司形象,并将记录上交到呼入主管处。在这个过程中,呼入客服要严格保密,切忌隐瞒、传话。

一、客服的业务流程

(一)岗前培训

(1)熟练操作人工座席操作系统。

(2)背诵脚本。所谓脚本,就是由公司提供的,客服人员在实际操作前需要熟练掌握的说辞。脚本的框架为开头语—业务介绍—结束语;其内容分为两部分,一部分是每个业务都有的常规礼貌用语,另一部分则是公司对具体业务的解说词。

以中国移动某呼叫中心的脚本为例,当公司推广名称为"10元升级送时长"的增值业务时,为客服人员提供的脚本为"尊敬的用户,您好,这里是移动公司外呼中心。感谢您接听我的电话。请问您是机主本人吗？公司现推出'10元升级送时长'优惠活动,有兴趣了解一下吗？您只要成功升级为30元的流量包(10元升30元),我们就会连续3个月免费赠送200分钟本地国内主叫的通话时长(长途、市话均可)。使用不满意3个月后可以取消,活动期间不可以取消……感谢您对移动公司的支持,以后有优惠活动我们会及时通知您,祝您生活愉快,再见。"

（二）正式上岗

1.呼出业务

根据公司分发的名单,给指定客户拨打电话。这些名单通常是公司在做线下推广时,由现场工作人员统计上来的。客服会进行进一步跟踪、下单或者回访。

2.呼入业务

客服需要及时应答由系统分配到人工座席的电话,提供客户的相关信息查询;明确回答客户对当前业务的咨询;清晰记录客户投诉,安抚客户情绪;善用 Excel 表格记录客户回访信息、意见及建议。

二、客服的礼貌用语和电话礼仪

（一）礼貌用语

(1)称谓:尊敬的用户/先生/女士……

(2)问候:您好/感谢您接听我的电话……

(3)自报家门:这里是……/×××号客服为您服务……

(4)被婉拒:抱歉打扰您了……

(5)致歉:对不起/我们很抱歉……

(6)道别:祝您生活愉快,再见……

（二）电话礼仪

(1)客服与客户进行电话沟通时,应该控制自己的音量,使之和谐悦耳。

(2)控制好自己的语速,不要过快。尤其在推广新业务时,应该比正常语速稍缓。

(3)通话的语气果断、稳定,不要犹豫不决、反复不定。

(4)使用礼貌用语,切忌遣词粗鲁、使用带有侮辱性的语言。

(5)口齿清晰,使用普通话,忌用方言。

(6)理智挽留客户、礼貌面对拒绝。介绍完业务之后,客服要做好被拒绝的准备,如果挽留3次,客户仍然拒绝,则礼貌结束:"不好意思,打扰您了。祝您生活愉快,再见。"

（三）注意事项

1.重视通话时长

如果一个公司跟你说,我们每天的通话时长是3个小时,你千万不要窃喜,呼叫中心所指的"通话时长",绝不是同学们想象的只要在电话旁守上3个小时就可以了,而是指从电话接通到挂断,累计时间是 3 个小时。想象一下,以平均 1 个电话要 3 分钟计,你要呼出 60 个电话,况且有的通话时长根本不到 3 分钟。呼叫中心的业务可不是很轻松的呀!

通话时长是衡量客服工作量的一个重要指标。对于呼出业务来说,客服人员需要保证通话时长不少于规定时间。一般来说,大连市面向中职学生就业群体的呼叫中心,在处理普通呼出业务时,最低通话时长为 3 个小时,达标时间为 3.8 个小时。如果客服人员无法达到这一标准,将会被调到呼入部门,也就是说,失去了获得业务提成的机会。每个客服小组的组长负责监听客服电话,以保证客服人员合理使用电话推广业务,而不是和客户周旋来故意延长通话时长。

对呼入业务而言,通话时长则是越有效率越好。简言之,就是用最短的时间,完成最多的任务。比方说,某大型餐饮连锁的电话订餐业务外包给某呼叫中心,该呼叫中心规定,每通电话的通话时长不得超过 3.5 分钟。就是说,在这 3.5 分钟内,客服人员要清楚客人点什么餐、一共多少钱、客户的居住地址,并把订单分发到最近的门店。有时,客服人员会碰到对自己点什么餐还没拿定主意的人,于是,3.5 分钟就在客人的犹豫中耗尽。这时,客服人员可以抓紧时间给客人建议:"您看……好吗,最近很畅销。"或者礼貌地征求客人意见:"女士,您可以登录我们官网看看菜单,再考虑一下,好吗?"如果客人同意,就可以挂断电话了。总之,要尽一切努力保证通话时长不超标。当然,这一切是以保证服务品质为前提的。

2.业务推广说辞要真实、准确、可靠

介绍业务时务必前后一致、语气坚定,否则,客户会因为客服的支支吾吾而对业务产生不信任、排斥,降低成交的可能性。同时,介绍业务时要保证全面客观,否则,客户完全可以以蓄意隐瞒为理由投诉客服人员。客服人员说什么、怎么说,在岗前培训时,公司会提供一个固定脚本,客服人员需要读懂、背熟,反复练习解说,直到完全掌握。这个过程类似于语文课上的朗读和阅读理解,但是,又要灵活使用脚本,不能只是背课文,要把业务内容"说"出来。介绍业务时,可以先简单概括一下业务内容,突出对客户有利的关键词,以最简洁、最明了的语言展开攻势,争取达到最佳效果。

3.机智周到地说"不知道"

如果接通电话后,你无法答复客户咨询时,不要直截了当地说"不知道"。如果公司有强大的售后支持后台,客服人员可以负责转接:"我给您转接到我们专业的售后人员,他们将为您解答。"如果该呼叫中心是外包型呼叫中心,可以建议客户拨打公司的热线电话进行咨询。例如,"我们这里是外呼中心,不是很了解这个问题。建议您拨打××××××进行查询。"或者,请客人稍等,客服人员将回电解决。这时,你可以利用客户挂断电话的短暂时间,向售后支持或者组长求教解决之道。别忘了,一定要给客户回电话!

4.面对投诉要耐心、细致,回答有理有据,切忌情绪化

在呼叫中心从事投诉接待的客服可不容易,他们可能随时面对客户的负面情绪,被指责、被数落不说,有时还会被咆哮、被辱骂。而投诉处理是否得当决定着是否能够持续

保留客户、保证公司声誉,所以,每个公司对投诉接待客服有着更严格、更细致的要求。他们必须要以顾客至上的心态服务每一个人。首先,他们要建立与客户一致的情绪,即客服人员必须用诚恳的语气表达自己对不幸或意外的同情、不安;第二,客服人员要问清事件的来龙去脉,并且在表格中详细记录,以供其他转接部门参考;第三,客服人员要快速就投诉做出反应,为客户提供解决方法;或者转接到其他售后支持,由该部门提供进一步专业意见;或者马上联系售后人员上门查看。如果实在不知如何解决,请客户挂断电话,耐心等候。自己利用短暂的时间寻求组长援助。但是,挂断电话前,一定要给客户一个大致的等候时间,缓解客户焦灼的情绪。找到解决方法之后,一定要马上给客户回电话,若客户不满意,则继续沟通。总之,投诉接待客服必须要诚恳、耐心、反应迅速。

妙招提示

笔者曾经对大连女子职业中专2014届从事呼叫中心客服工作的学生做过访谈,当被问及在与客户沟通中最难的是什么,是如何解决这一问题时,大多实习生先长叹一声,然后意味深长地笑了,话匣子就此打开。可见,这个问题确曾困扰她们良久,克服的过程也是满腹辛酸,克服之后的释然一目了然。从中选取比较具有代表性的回复如下:

回复1:刚开始接外呼业务时,最艰难的就是自己的沟通技巧不熟练,程式化地给客户介绍业务,客户听不明白,态度就会很暴躁。客户不耐烦时,我既惶恐又着急。这时,首先给客户道歉,说自己没有介绍清楚;然后再耐心地给客户解释,尽量注意自己的语速、音量,使用通俗易懂的语言。打电话之前,要反复推敲,打好腹稿,做到语言组织有序,业务熟练。

回复2:最难的是接客户投诉。客户的态度不好,甚至可以说暴跳如雷。客服的态度永远都要很好。不管是谁的问题,都要先跟客户道歉,认真听取客户反映的问题并做好记录,不能不耐烦、不能推卸责任、不能当场理清责任,避免火上浇油。接着,客服要保证向领导反映投诉情况,体现出对客户的重视。然后,尽力安抚客户,在自己了解的范围内为客户解答问题。如果超出自己的能力范围,也要第一时间给出解决方法,要么拨打其他分机号码,要么请客户挂断,稍后回电,利用短暂时间寻求帮助。

回复3:刚开始打外呼推广业务时,电话一接通,话还没说完,对方就挂了。当时觉得脸上火辣辣的,就这么被别人拒绝了!第一天打电话时,几个电话下来,感觉自己要崩溃了。后来和老员工交流,原来被拒绝是常态,时间长了就好了。果然现在"脸皮厚了",打电话是我的工作,挂断是客户的自由。

任务实施

以小组的形式对情境任务进行抽签,以表演情景剧的形式完成对应的任务。情景剧要包含具体的工作步骤、注意事项及相关礼仪要求。

任务完成PK

	分工明确 10分	情景剧步骤 清晰10分	任务解决 合理10分	礼仪礼节 得体10分	客服创新 表现10分	总分
第一组						
第二组						
第三组						
第四组						

拓展任务

1.任务情景：客户打来投诉电话,李思问候的话音未断,彼端就传来客户气急败坏的叫嚷:"我要赔偿! 我要起诉!"原来,新安装的卫浴柜柜门意外掉落,砸伤客户儿子的肩膀。客户坚称是产品质量问题。如果你是李思,你会怎么处理投诉呢? 请同桌二人模拟情境。

①李思应该保持什么样的心态?

②李思应该如何表达自己的不安、关心,来安抚客户情绪呢?

③李思是否凭借自己的三言两语就能解决问题呢,如果不能,她该找谁?

④李思应该如何反馈客户,体现出公司对投诉的重视?

2.某呼叫中心承接品牌巧克力推广,请撰写一份脚本,推广业务要点如下:

①巧克力新品推广,产品名字自拟。

②产品规格:100克/块,买一赠一。

③口味:肉桂,特浓,80%黑巧克力。

④特色:口味独特,对心血管有养护效果。

⑤推广期:2014年10月1日至2014年11月30日

⑥其他优惠:无。

知识链接

一、案例分析

当今社会,信息量呈几何倍数增加,堪称信息量爆炸。越来越多的人对海量手机短信变得麻木,call客应运而生。这种电话营销遍及保险、证券、养生保健等,其中就包括房地产销售。以新楼盘销售为例,客服说辞分为5步:

(一)问候语

首先,请同学们看两种不同的问候:第一种,"女士/先生,您好,我是××房地产的销售客服。"第二种,"女士/先生,您好,我是××房地产公司乾豪项目的小张。"你更倾向哪种问候方式呢？表面看来，第二种方式的自报家门更加准确具体。可是，你有耐心听她说这么冗长的一段话吗？自报家门时，采用上文第一种方式更有利于使对话继续下去。

（二）楼盘简介

对于楼盘的介绍，客服只需涉及2～3个核心卖点即可，例如地段、用途等。在电话营销中，客户的即时反应只能通过其回答进行判断，无法察言观色，因此，信息的短时交流非常重要。在客户对楼盘完全陌生的情况下，客服按部就班、长篇大论，动辄用几分钟来介绍楼盘的详细信息，只会导致客户失去耐心，挂断电话。

（三）客户邀约

如果客户还有耐心继续听下去，客服一定要把握机会，邀请他们亲临售楼现场。俗话说，趁热打铁，不妨把邀请的时间约定得早一些。比如，客服是在当天上午打的电话，她可以邀请客户下午来看房；如果是下午呢，可以约在第二天上午。可能同学们会想：不要把时间限制得这么死，让客户自己选择是不是更好呢？其实，如果你让客户自由选择，他考虑得更多的是"去"还是"不去"。假如你礼貌地约定时间，例如"今天下午可以吗？"他会直接考虑什么时间更合适。如果客户推说时间不方便，不妨问问他什么时间合适，适度的追问还是必要的。如果客户此时已经表现得不耐烦，想推掉邀请，没关系，不妨说一句"抱歉打扰您了，祝您工作顺利"，然后礼貌地挂断电话。

（四）问答交流

我们说过，在介绍楼盘时，客服只需提及2～3个亮点即可，但是这并不意味着他们只要对楼盘一知半解就行了。当客户的购买意向比较强烈时，他会关注到楼盘细节或者其他属于他个性化需求的问题。这时，客服需要做出专业、确定的回答。试想，当你对某件衣服或者饰品爱不释手的时候，却碰到一个犹豫不决、一问三不知的卖家，恐怕你对这件心仪小物的印象要大打折扣了吧。当然，客服会遇到一些涉及公司信息安全的敏感问题，或者确实无法确定的问题，这时，一定要统一口径，例如：您可以到售楼处详细咨询，专业的售楼顾问将给您满意答案。切忌信口开河！

（五）结束语

对话马上就要结束了，一句"再见"可能稍显简单。如果客户不感兴趣，礼貌地说一句"先生/女士，感谢您对××楼盘的关注，祝您工作顺利，再见。"如果邀请成功，就要多说几句了。"先生/女士，下午我会在售楼处等您，向您详细介绍楼盘。稍后我会将地址发送给您，请查收。下午见。"客服需要给客户这样的印象：我很重视您的来访，我将专程恭候您。客户也许会敷衍了事，随口答应，客服要将"随意"变成"有意"，通过"下午"这个词来强化客户的时间观念，加强客户的责任感。

二、客服人员的心理建设

（一）Q：推广业务时，我又被拒绝了！

A：那又怎么样呢？拨打客户电话是客服的责任，是否拒绝是客户的自由。也许你会说，至少客户应该寒暄几句再礼貌地挂断吧。要知道，客户可能确实不方便，他可能刚刚挂断另一个客服的推广电话，一切皆有可能。或者说，客户就是对这类营销很排斥，这都无可厚非。推己及人，如果你是客户，你会怎么样呢？所以，要学会接受，把这种拒绝当成工作的一部分,不要耿耿于怀。

(二)Q:接到投诉了,不是我的错,我为什么要道歉?

A:可能确实不是你的错,不过你要明白,客户遇到产品或服务问题,内心都会比较焦虑。此时,他最需要的是同情、理解和被重视。他可能会对你吼叫、怒骂,其实这是对自己负面情绪的宣泄。你的一声"对不起",可能就会顺利抚平他焦灼的情绪。你的道歉是对客户所受的不便表达遗憾;同时,你是公司的一员,如果真的是产品或服务的质量问题,是公司的错,自然也是你的错,你的道歉更应该诚恳一些。

记住,客户的愤怒是对事不对人的,只不过你因为工作的关系恰逢其中。如果不是你,也会是别人在承受客户的怒气。所以,不妨把自己看成工作中的一个客观工作人员,一个处理问题的"机器",不要让客户的不良情绪影响到你。

(三)Q:怎么回事呀,我把业务介绍的那么清楚,客户怎么还是听不懂?

A:是客户"听"不懂,还是你没"说"明白?不管是什么,你们都没有达成有效沟通。在语言沟通中,文字沟通仅占7%,语调沟通占了38%,而非语言表达包括表情、身势则占了55%。电话沟通时,双方看不到彼此,失去了55%的沟通能力。你一天重复几十次、上百次,滚瓜烂熟、倒背如流的业务内容,客户有可能从未听说过呢。所以,放慢语速,给自己一个喘息的机会,也给客户一个思考的空间。

第三节　业务主管岗位职责

学习目标

1.知识目标

学生理解呼叫中心各个岗位的岗位职责。

2.能力目标

学生能够应对较为复杂的客服工作。

3.情感目标

学生具有高度的责任心、良好的团队意识和合作精神。

任务情境

李思工作一年多了,因业绩良好、人际关系佳刚刚被公司任命为呼出小组组长,负责管理10名客服人员的日常工作。月末数据汇总时,李思发现,客服汪阳的成单量达标,但是呼叫时长不达标,离公司指定的3.8个小时还有差距。这是李思上任后遇到的第一个问题,她会怎么处理呢?李思在纸上勾勒出一个大致的思路,帮助自己理清思绪。

想一想,试一试:

1.这种情况会是哪些原因造成的呢,是汪阳本身操作失误,还是公司的系统有问题,抑或有其他的可能性?

2.如果是汪阳自身的问题,李思该怎么和她交谈呢?

3.如果是公司的系统调试有误,李思该怎么协调呢?

任务指引

一、呼叫中心架构

扁平化管理是现代管理对企业组织架构的一次革命,它通过减少企业管理层次,增加管理幅度,从而更有效地应对快速变化的市场环境。计算机及互联网技术的迅猛发展使得大量信息流、数据流得以处理,这使扁平化管理具备可能性。目前,扁平化管理成为现代企业管理的通行模式。

呼叫中心的管理模式就是扁平化管理的成功运用。各级客服向项目主管报告,主管则向运营经理汇报。管理层级的减少使呼叫中心可以迅速应对外部环境变化,公司决策可以快速传达给各级职员;同时,管理层可以对运营中出现的问题迅速做出反应和调整,避免了时滞。其架构图如图5-1-1所示:

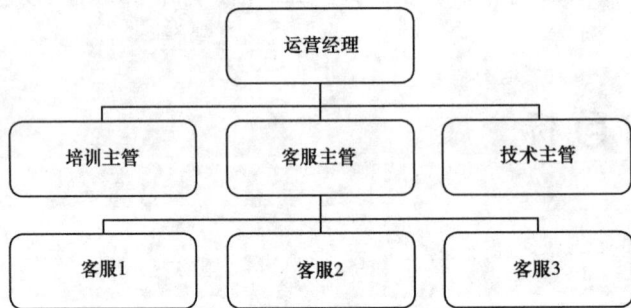

图 5-1-1　呼叫中心架构图

二、呼叫中心各个岗位职责

(一)运营经理的岗位职责

(1)负责整个呼叫中心的业务运作、服务质量和服务效率;

(2)全面管理公司日常客服业务;

(3)协调呼叫中心和外包公司或公司内部其他部门的关系;

(4)制定并及时调整呼叫中心发展规划、管理条例;

(5)鼓舞团队士气,培养优秀、高效的客服队伍;

(6)及时发现并纠正运营过程中出现的问题。

（二）培训主管的岗位职责

（1）对新员工进行岗前培训；

（2）教新员工上机操作，使用呼叫系统；

（3）教新员工使用脚本；

（4）检测新员工的操作熟练程度；

（5）判断员工是否适合实际操作；

（6）为员工提供在职培训。

（三）客服主管的岗位职责

（1）监听小组成员的通话，以监督小组内客服人员的服务质量和服务效率；

（2）记录各种通话指标，如通话时长、成单率等，以完成对小组内客服人员的绩效统计；

（3）发现服务质量问题，要及时干预、纠正；

（4）应对较为复杂的客户咨询；

（5）应对客户对客服人员的投诉；

（6）协调客服项目小组与其他部门的关系；

（7）鼓舞团队士气，促进小组目标达成。

（四）技术主管的岗位职责

（1）维护呼叫中心设备；

（2）为呼叫中心正常运营提供技术支持；

（3）解决突发技术问题。

（五）客服的岗位职责

详见本任务第二节。

妙招提示

呼叫中心的客服主管作用在于上传下达，位置很微妙。客服主管要负责向下属传达公司的各项决定，监督其执行情况，并且要将执行结果及时反馈给运营经理，同时提出合理化建议。客服主管要保证运营经理的战略部署、运营意图得以实现，保护公司形象和公司信誉，又要保障客服人员的正当权益。除了做好运营经理和一线客服的沟通桥梁，客服主管还要学会和其他部门工作人员的沟通协调，保证客服工作顺利进行。可见，掌握灵活有效的人际沟通技巧对于客服主管来说非常重要。同学们，如果你们希望在呼叫中心工作得更长久，就要权衡各方关系，遇事不急不躁，理清工作步骤，有序地开展工作。

任务实施

以小组形式（4人一组）进行讨论，完善图 5-1-2，帮助李思理清思路，并且以小组的形式向全班同学汇报讨论结果，提出解决建议。

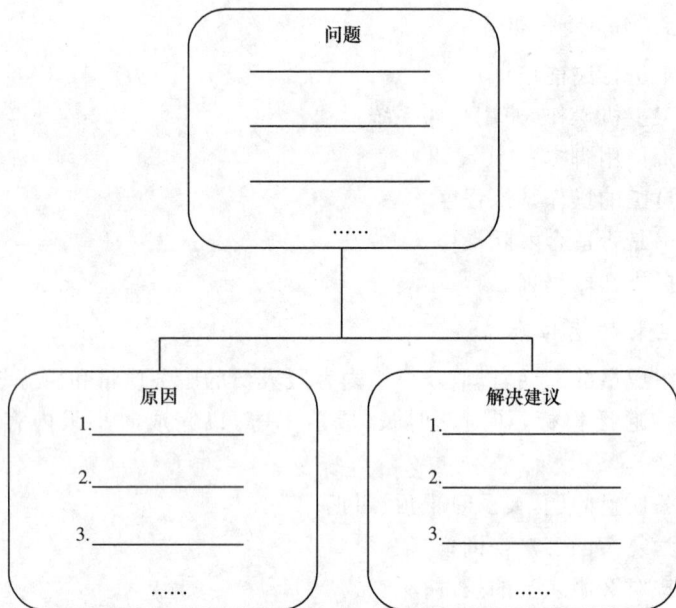

图 5-1-2 李思的岗位建议

任务完成PK

	原因分析 合理 10 分	处理建议 得当 10 分	报告明确 恰当 10 分	小组创新 表现 10 分	小组成员参 与度 10 分	总分
第一组						
第二组						
第三组						
第四组						

拓展任务

在日常监听时,李思发现客服陈丽在通话时,几次回答客户询问都有长时间停顿,而且前言不搭后语,客户很不满意。陈丽的表现有损公司形象,也影响了陈丽的工作绩效。李思该怎么帮助陈丽分析原因、解决问题呢?

知识链接

招聘启事(一)

招聘单位:大连金慧融智科技有限公司
公司行业:外包服务

公司性质:民营公司

公司规模:50~150人

薪资福利:周末双休,五险一金,包住宿,提供班车

工作地点:大连高新园区

招聘人数:10人

工作年限:1年

学历要求:大专

薪水范围:面议

职位职能:咨询热线/呼叫中心服务人员/其他

岗位职责:

1.负责落实小组各项呼叫任务的安排,带领组员完成项目的运营管理;

2.定期监测和反馈组员的表现;

3.参与客服日常工作,解答各类疑问,合理适时给出解决方案和建议,同时处理日常疑难问题及投诉;

4.注重团队建设,及时了解组员心理动向,帮助组员调整心态,做好领导与员工之间沟通的桥梁;

5.及时向项目主管反映项目进度及突发情况和问题。

任职要求:

1.大专及以上学历,半年以上团队管理岗位任职经验;

2.熟悉呼叫中心项目操作流程,能独立完成报表和常规商业文件的写作;

3.具备良好的表达能力和沟通能力,具有较强的执行力及良好的抗压力;

4.熟练掌握电脑操作及Office办公软件。

招聘启事(二)

招聘单位:上海华泛信息服务有限公司

工作性质:全职

薪资福利:周末双休,五险一金,包住宿,提供班车

工作地点:昆山花桥(近上海安亭,地铁11号线可直达)

招聘人数:1人

工作年限:1~3年

学历要求:大专

职位职能:客户服务主管

岗位职责:

1.监督和管理热线客服专员的日常操作,确保服务质量;

2.管理小组的日常运作,确保小组整体运营绩效KPI符合既定要求;

3.负责新人及在职人员的辅导,确保小组全体成员明确并达成个人目标;

4.善于发现问题,并及时提出改善建议,在确保服务质量的情况下,降低投诉隐患;

5.团队激励。

任职要求：

1.大专及以上学历；

2.至少两年呼叫中心工作经验,或相关领域至少一年团队管理经验,对网络支付平台有一定了解；

3.熟练掌握计算机操作,熟悉 Excel 报表及 PPT 的制作；

4.具备良好的数据分析、问题解决能力,能承受较强的工作压力；

5.具备良好的领导能力,有良好的 Coaching Skill(辅导能力)；

6.具备良好的沟通表达能力及团队合作精神。

公司福利：

1.昆山分部能提供住宿(水电费自理)；

2.多元化的员工培训(拓展培训、英语培训、储备干部培训、心理讲座等)；

3.健全的员工关怀机制(年度体检、商业保险、年度旅游)；

4.自主性的团队建设活动。

职位联系方式：

公司名称:上海华泛信息服务有限公司

公司地址:上海市峨山路91弄120号陆家嘴软件园8号楼5楼

公司主页:http://www.800teleservices.com.cn

岗位任务二

银行引导员服务管理

第一节　岗位说明

一、岗位概念说明

银行引导员，即为银行客户提供热情服务、秩序维护、答疑解惑等基础服务项目的工作人员。

二、任职基本条件

年龄：18～23岁

性别：女

身高：165～175 cm

学历：大专以上学历，在校实习生亦可

专业技能：熟悉金融系统相关知识，有较强的客户沟通能力和独立解决问题的能力

其他条件：形象气质好，品行端正，能吃苦耐劳

三、工作内容

（1）工作时间为每日8小时，中午有0.5～1个小时的午餐休息时间，一周休息两天（具体工作时间须依照网点安排）；

（2）岗前规范仪容仪表，整理大堂卫生，查看银行自助机器是否正常运行，发现问题及时向银行负责人汇报，以待解决，补充牌号机打印纸和业务用单；

（3）营业期间引导员要使用文明用语，在客户来时有迎声，客户走时有送声；

例如：迎声：您好！欢迎光临××银行，请问您办理什么业务？

送声：请慢走，欢迎下次光临！

（4）协助客户选号，为客户提供简单的业务咨询，做好银行业务分流工作，把需填单的客户引导到填单区，把持卡客户引导到自助区，并协助和指导客户正确填单和使用自助设备，尽量帮助客户缩短办理业务的时间；

(5)做好银行业务咨询和新业务介绍的工作,有效地识别优质客户,及时向个人理财经理推介潜在优质客户;

(6)辅助保持网点环境的卫生和自助设备规范的张贴;

(7)做好投诉客户的接待和情绪稳定工作,并及时与银行负责人沟通解决;

(8)待到银行网点停办业务时间,引导员须关门停止接待新进客户,尽量引导客户使用银行自助设备,在完成最后一位客户的接待工作后,整理好大堂卫生,方可离开银行网点;

(9)按要求参加银行临时指派的工作及公司活动;

(10)对上级的指令要绝对服从,做好协调和请示汇报工作,积极完成领导交办的其他任务。

第二节　基础服务

一、仪容仪表

仪容,通常是指人的外观、外貌。仪表包括人的形体、容貌、健康状况、姿态、举止、服饰、风度等。

(一)微笑

微笑是一种国际礼仪,能充分体现一个人的热情、修养和魅力。在面对宾客及同仁时,要养成微笑的好习惯。

(二)着装

统一着工装,工装不能有破损或不合身;爱护工装,如有污渍或褶皱要及时清洗、熨烫;检查纽扣无脱落,并全部扣好;请勿卷袖口和裤脚;衬衫下摆要扎在裙子或裤子里;工装内不可放置过多的物品;根据行内穿着确定自己穿着。

(三)鞋袜

穿黑色皮鞋,不可穿旅游鞋、帆布鞋、凉鞋等;皮鞋要常擦拭,保持亮泽,如有破损,应立即更换;夏装若是裙子,必须搭配肉色丝袜;袜子出现抽丝、破损现象要立即更换。

(四)工牌

上岗必须佩戴工牌,并放在制服外面;工牌上的照片为统一拍摄,请勿使用其他照片进行替换;不可在工牌上张贴其他饰物;请勿将乘车卡、银行卡等插入工牌内,以免损坏;如工牌不慎弄坏或丢失,应及时向区域主任申领,并支付相应的赔偿费用。

(五)头发

保持自然发色,不染明显带颜色的发色;"三不过":前不过眉、侧不过耳、后不过领;头发要爽滑、有型、无异味;长发用统一配发的发网盘起;头发上不能佩戴与工作风格不符的发饰品。

（六）饰物

只允许佩戴一枚戒指，戒指不宜过大，也不宜佩戴装饰戒指；不戴手链、手镯及脚链等饰品；可佩戴精巧细致的项链，链坠不宜过大；只可以佩戴普通型手表，不可佩戴样式及色彩夸张或卡通型手表；只允许佩戴一对直径小于 5 mm 的耳钉。

（七）指甲

指甲应干净无污垢、修剪整齐；长度不可超过指尖（指尖与视线齐平，看不到指甲为宜）；可涂透明指甲油，不可涂夸张的颜色或做夸张的指甲造型。

（八）面部

面部清洁，眼睛无分泌物；请勿使用气味较重的护肤品；淡妆上岗，请勿涂深色、冷色调眼影，口红应为粉红色系，可擦少许腮红，饭后要及时补妆；不能戴框架眼镜或戴颜色夸张的美瞳镜片。

（九）口腔

不能有异味，午餐尽量勿吃异味食品（如大葱、大蒜等）；在岗时不可嚼口香糖。

二、仪态礼仪

（一）站姿

头部保持端正、面带微笑、平视、嘴微闭、下巴内敛、颈部挺直、肩平挺胸收腹、身正腿直；女员工脚呈"V"字或"丁"字形，脚尖分开约 45 度；双臂自然下垂在体前交叉，国际惯例是右手放在左手上；注意站立时不要依靠在桌、椅、柜子、墙壁或者柱子上；禁止叉腰、插兜、抱胸。

（二）坐姿

端坐时，头正直、嘴微闭、两眼平视前方；两肩平行、背挺直，上身略向前倾；轻轻入座，至少坐满椅子的 2/3，双膝自然并拢；两手自然握拢放于两腿之上；对坐谈话时，身体稍向前倾，表示尊重和谦虚。

（三）走姿

行走时双肩平稳、目光平视、下颌微收、面带微笑，手臂伸直放松，前后自然摆动，步幅为一脚的距离；公共区域应靠右行走，不可大声喧哗、勾肩搭背、手挽手等；行走时不可左顾右盼、摇晃肩膀或低头看地；多人一起行走，不可横作一排；非特殊情况，不得在大堂内急匆匆行走或跑步。

（四）蹲姿

一脚在前，一脚在后，两腿向下蹲；前脚全着地，小腿基本垂直于地面，后脚脚跟提起，脚掌着地，臀部向下；不要低头，也不要弓背，要慢慢地把腰部低下。

（五）手势

员工与客人谈话时，手势不宜过多，动作不宜过大。如为客人做引导或指引方向时，应五指并拢，掌心向上，手臂伸直或自然弯曲，手指尖指向欲引导或指示目标的方向，禁忌用一个指头指点。

三、常用服务礼仪

礼仪是一种典章、制度,包括人的仪表、仪态、礼节等,用以规范人的行为、举止,调整人与人之间的关系。

(一)问候礼

欢迎光临;您好,很高兴见到您;早上好/中午好/下午好;祝您节日快乐。

(二)称呼礼

一般习惯性称呼:张先生、李女士、老大爷、老师傅;按职位称呼:王董事长、刘总裁、吴经理。

(三)鞠躬礼

对客人表示感谢或回礼时,行 15 度鞠躬礼;遇到尊贵客人来访时,行 30 度鞠躬礼;行礼时应以站立姿势站好,目光注视客人,面带微笑说"您好";女性双手合起放在身体前面。

(四)引领礼

身体侧身角度为 45 度,两眼目视客人,面带微笑;在迈一到三步之内做引领,说:"请跟我来",引领时注意客人是否跟上。

(五)应答礼

解答客人问题时必须起立,站立姿势要好,背不能倚靠他物、手不能支撑他物等;讲话语气要温和耐心,双目注视对方,集中精神倾听,以示尊重客人;对宾客的问话或托办事项没听清楚时要同客人说:"先生/女士,对不起,请再讲一遍好吗?"这样就可以避免在服务工作中出现差错;服务员在为宾客处理服务上的问题时,语气要婉转、有耐心,如果客人提出的要求及某些问题超越了自己的权限,应及时请示上级及有关部门;禁止说一些否定语,如:"银行就是这么规定的""不行""不可以""不知道""没有办法"等;不能说一些模糊用语,如:"可能""大概""也许""差不多"等。

(六)介绍礼

先将男士介绍给女士;先将年幼者介绍给年长者;先将职务低者介绍给职务高者;先将客人介绍给主人。

(七)递送物品礼仪

递送时上身略向前倾;眼睛注视客户手部;以文字正向方向递交;双手递送,轻拿轻放。

(八)握手礼

顺序:上级在先、主人在先、长者在先、女性在先;时间:3~5 秒为宜;力度:不宜过大,但也不宜毫无力度;握手时,应目视对方并面带微笑;切不可戴着手套、帽子与人握手。

(九)乘坐电梯

遵循先下后上的原则,先上电梯的人应靠后面站,以免妨碍他人乘电梯;电梯内不可大声喧哗、嬉笑吵闹，也不可甩头发，以免刮到旁人的脸；电梯内已有很多人时，后进的人应面向电梯门站立；先进入电梯，应主动按住电梯按钮，防止电梯夹人，帮助不便按键的人按键，或者轻声请别人帮助按键；在商务活动中，按键是晚辈或下属的工作，电梯中也有上位，越靠内侧的位置是越尊贵的位置；不要堵在电梯口，让出通道。

第三节 现场问题

一、处理投诉的三项基本原则

（一）真心诚意地帮助客人解决问题

当客户提出意见和投诉时，最好的解答方式就是帮助客户解决问题，一味地安抚只会让客户觉得是在拖延时间。

（二）绝不与客人争辩

你与客人解释，很可能被客人误会为是争辩，因为你的语气、表情、肢体和措辞在客人生气时看来都是充满敌意的，所以让客人尽情地诉说和发泄，当他说完之后你再用尽可能友善的态度和具有成效的解决方式来达成客人的需求。

（三）不损害企业的利益

对客户不作任何不切实际的承诺，尤其是损害企业利益和声誉的承诺。

二、投诉的类型

对设备的投诉：ATM吞卡、吞钱等；对服务态度的投诉：对客户冷淡、不理客户等；对服务质量的投诉：客户对手续费有意见等；对异常事件的投诉：客户孩子摔倒、遇到诈骗等情况。

三、如何处理客户投诉

（一）认真听取意见

可以通过提问的方式来弄清问题，集中注意力听取对方的意见能节约对话的时间。

（二）保持冷静

在投诉时，客人总是有理的。不要反驳客人的意见，不要与客人争辩。为了不影响其他客人，可将客人请到办公室内，最好个别地听取客人的投诉，私下交谈容易使客人平静。

（三）表示同情与关心

应设身处地考虑和分析问题，对客人的感受要表示理解，用适当的语言给客人以安慰，如"谢谢您告诉我这件事""对于发生这类事件，我感到很遗憾""我完全理解您的心情"等。因为此时尚未核对客人的投诉，所以只能对客人表示理解与同情。

（四）确认问题

如果对于抱怨的内容还不是十分了解时，可以在客人说完事情之后再询问对方。不过在确认过程中，千万不能让客户产生被质问的印象，而应以婉转的方式请对方提供情况，比如："抱歉，有一个地方我还不是很了解，是不是可以再向您请问有关……的问题。"并且在对方说明时，随时以"我明白了"来表示对问题的了解状况。

（五）道歉

在听完客户抱怨后，不管客户的抱怨是否合理，要立即向客户诚恳地道歉，以平息客户的不满情绪。千万不要为了平息客户的怒气，而随便向客户做出承诺，以免做不到的时候让客户更加失望。要对事件的原因加以分析、判断。有些客户可能比较敏感，喜欢小题大做，遇到这种情况千万不要苛刻地指出客户的错误，应该婉转、耐心地向客户解释，以取得客户的谅解。如果真的是客户错了，千万不要责怪他，相反要概括地说明问题，说明这是个误会，或者把责任归于自己解释不清而引起了误会，要间接婉言说出，以维护对方的自尊心，没有必要把内疚或不满留给客户。

（六）把将要采取的措施告诉客人并征得客人的同意

如有可能，要请客人选择解决问题的方案或补救措施，绝对不能向客人做不切实际的许诺。

（七）处理完异议之后要做总结和完善

这样做的目的是为了在今后的工作中，如若发生类似的异议，并且在可能的情况下，给客户以适中的补偿，这样往往会起到更好的效果。

四、案例分析与处理

（1）中午柜员去轮班吃饭了，但是客户依然很多，有个等得不耐烦的客户，找你投诉说办理业务速度太慢，你如何处理？

（2）客户要代替自己家人办理信用卡，但是信用卡必须是本人办理的，客户就非要代办，如果不行，就要投诉，你如何处理？

（3）客户提出无理要求，你办不到就要投诉你服务态度不好，问你 95588 是不是投诉电话？你如何处理，如何回答？

（4）银行规定支取 5 万元以上要提前一天预约，客户着急用钱，说"我们自己的钱，为什么不让取？"这时你要怎样回答客户？

（5）银行五星级客户进门后刷卡，叫号机系统会自动把号码提前，普通客户就认为是插队，要投诉，你会怎样和客户解释？

（6）银行领导让你去帮他接小孩放学，你该怎么办？

（7）你刚刚进入到银行工作，一些基础的业务还不会，这时有客户问到你，你该如何应答？

（8）一位客户因 ATM 机吞卡在银行里大吵大闹，你该怎么办？

五、现场问题之实习生手记

（一）银行大堂引导员岗位

那是去年 6 月份的一个周六，一个坐轮椅的大爷被他的保姆缓缓地推进了我们银行，我以为他就是普通的客户，就问他办理什么业务。我给他叫了一个号，让他排队等着。不过他显然对于我给他排号的事情很不满意，就让我给他安排一个窗口，可是当时前面排队的人很多，而且柜员少，所以办业务的速度很慢，有些客户已经等了一个多小时，突然插进来一个人，大家恐怕不同意。我就告诉那位大爷让他稍微等一会儿，前面人太多了，暂时还没办法给他安排窗口，等会儿看看哪个窗口要是没有人了再给他安排进去。大爷听完就更不高兴了，然后他就开始骂我，当时他骂的真的很难听，而且他骂了好久，对于我一个刚出社会的小女孩来说，简直就是晴天霹雳，在学校或者在家哪里受到过这种训啊！眼眶不知不觉地就红了，我强忍着没让眼泪掉下来。那个大爷一直骂着，我就一直听着。过了十几分钟，我们理财经理下来了。他是一个很热心肠的人，在单位也对我特别好，来帮我跟大爷说不是不帮他安排，实在是人太多了，让他稍微等一会儿，别和我这个刚出社会的小孩儿计较。经理最后犟不过他，还是给他另开了一个窗口办理了业务。后来次数多了，我也就记住了这位坐轮椅的大爷，每次都尽量帮他解决问题。上次还帮他解决了他打外国电话打不出去，语言不通的问题，当时那种荣誉感，别提多棒了！别人都没解决的问题，我给他解决了。后来慢慢地就熟悉了，就变成好朋友了。今年过元旦的时候，大冷的天大爷还过来给我送副对联。这大爷，真是不熟不知道，一熟吓一跳。

在这里我见识到了生活中的美好与真情的冷暖。虽然我只是接触到了社会的一部分，但是我想这也会成为我这一生永远抹不掉的回忆。这回忆是那么纯真、那么美好、那么立体。

（二）银行引导员岗位

记得有一段时间银行有激活社保卡和公积金卡的业务，这个业务办理时间长，而且周六人又特别得多。大堂就我一个人，没开门的时候门外就有好几个客户在等。一开门，我就问客户办理什么业务，一下子好几个办理激活业务的，我就给他们叫号排队，又给他们找单子，帮他们复印，复印的时候他们一会儿问这个怎么填、一会儿问填什么、一会儿又写错了，单子不能涂改又得到前面再帮他们拿单子，没拿完单子，又得帮客户叫号。遇到存取少量现金的客户，我就见空带他们到自助取款机办理。大堂里挤满了人，我就在这东跑西跑的，柜员办完了业务，我还得给他们激活网银，到隔壁办理短信提醒，然后又有客户来。有理财到期的我带他到网银上帮客户再买上，又记下来客户和产品的名字给理财经理。有时都来不及问办什么业务，看到他们拿信封就给他们单子填，因为激活业务慢，有取钱的存钱的客户等着急了就在大堂吵，有的因为填单子过号了，上前办业务，客户还吵着插队，询问我为什么他插队，对我发火，我觉得好烦躁，比柜员累比柜员忙。周六一天我更忙，忙得不能再忙，绝对不夸张，一会儿叫号，一会儿客户问这个问那个,存款取款,复印找单子,同时教好几个客户填,一会来一个电话,激活网银。但我终于还是坚持下来了,就这样忙到下班的时候,我受到了行长的表扬。行长对我说,累坏了吧,说我记忆力真行。由于中午没吃饭,行长还开玩笑说给我补上。说实话,我也觉得自己挺棒的,虽然很乱,但还是为大部分客户做好了工作。

(三)呼叫中心

有一次一个客户来电订餐要在餐厅用餐,态度很强硬也很着急,但我又必须按照流程走,所以客户对我的态度不是很好,但我尽量礼貌地帮他订餐。没想到事后这个客户竟然来电到班长台道歉说之前态度有些强硬。这件事让我觉得只要认真工作,就一定会赢得别人的尊重。

(四)秘书岗位

印象最深的就是到单位上班的第一周,我是上午来单位报到,要等待领导面试。上午十点左右领导才来,我面试通过之后就立刻开始了工作。不多久带领我工作的那个同事突然间请假了,一下请了三天,她三下五除二地把公司的基本情况给我讲解了一下,就匆匆地离开公司了。我于是开始独自一人独挑秘书这个职责的大梁,接电话、来客人倒茶倒咖啡这都很正常,最主要的是,我遇见了秘书最头疼的一项工作,就是投标。时间很紧急,这周就要投标了,做标书是很烦琐、很麻烦的一件事情,我独自和领导三天内完成了标书,每天晚上都会熬到半夜十二点左右,而且做标书中遇见很多 WORD 中我没有遇见过的知识,毕竟刚出社会,社会经验是很不足的。领导对我说了一句话"你是第一个让我无奈的人",我其实也挺惭愧的。这件事情给我的印象特别深刻。其实回头想想,那时的我还很幼稚,单纯地以为还像学校似的,有老师指点,有老师教导。从这次以后,我再也不会犯低级的错误,时刻提醒自己要让领导刮目相看,而不是一直让领导无奈。我工作到现在已经两年了,在我的努力下,领导们很赏识我,也很认可我。我总结出一句话,付出和得到总会成正比的。

(五)行政前台

我是在上半年入职的员工,那个时候,我的直属领导刚刚结婚。到了年底,领导已经是大肚子状态。公司年底要有一年一度的年会,部门人数本身不多,准备公司年会的任务就落到了我的身上。对于没有经验的我来说,可真的是个特别大的挑战。从定好年会流程开始,到筹备,再到排练节目,与公司同事交流沟通,还有购买年会所需物品。这个过程,我觉得享受到了很多乐趣,更多的是学习。同样是新人,我也为自己策划的这个年会贡献了一个节目,算是为自己出了一份力吧!公司年会很顺利地开始和结束,这其中领导给了我很大的帮助,如果没有她,我想我真的很难完成任务。这件事很难忘,至少那个过程,对我来说真的很有意义!

(六)银行大堂引导员

(1)有一次一位客户来办理代办开户的业务,当时我做这个工作有 2 个月左右,这位客户总是填错,银行业务要求不能涂改,客户有点不愿意,还让我帮他写。可是当时规定不能别人代写,所以客户就和我叽叽歪歪,当时我也没啥耐心,有点生气。我就把客户写错的单子撕了扔垃圾桶里,然后客户就不高兴了,说我态度不好,非要投诉我。我也很生气,就和客户理论,还好我们大堂经理及时帮忙处理了这件事。不然的话,不仅我被投诉,还连累了网点的考核。所以这件事过后,我就记住了这个教训,在态度上改进了一些。

(2)资金监管业务主要是买房贷款的一系列程序,先把首付冻结在银行,客户做完这个业务,我们要做网上备案,把信息录入房地产交易市场,客户要去备案。有一次客户做完业务要备案,当时的工作很多,我做完之后也没有检查,直接提交了,过了一会儿客户回来找我,说我没给备案,我当时还有点纳闷,已经备好了,怎么会没有!我网上一查,果真没给备,是产权证号给弄错了,然后我连忙给客户道歉,又重新操作了一次。经过这次以后,我的工作也认真多了。

(七)大堂引导员

最让我觉得无法忍受的一个客户,至今想起来我仍心有余悸。那天中午 12 点过几分的样子,我像往常一样吃完饭换班下来,一个 40 岁左右的中年男人从大门进来,一进来我就闻到一股扑鼻的酒气。他进来我就上前问他要办理什么业务,他说他要存支票,我转身就给他拿了单子。他把单子往桌子上一拍,说"你给我写!"我当时态度非常好地解释了银行人员不可以帮客户填写单据,这类单据需本人自行填写。他声音更大了,嚷嚷着说,我让你写你就写,出了问题算我的,边说边敲打着台面。我还是笑呵呵地解释,他根本听不进去,开始破口大骂,污言秽语。我就站在那里,大堂就我自己,当时你都不知道我有多无助,旁边的客户有的都看不下去了,在旁边指手画脚。我就站在那,故作镇定地整理单据,他骂了一会儿就踉跄地走了出去,他一出去我眼泪唰一下不争气地掉了下来。我跑到休息室哭了起来,当时我感觉委屈得要死,真的有种不想干的冲动,想脱掉制服出去找他理论。从小到大我就没受过这样的委屈,况且我一点错儿都没有。行长看我哭,进来问了事情的原委,他也觉得这是个问题,随即就用电脑打出了一份说明:单据一律由本人填写,银行人员不可代填。银行有多少规定是硬性的,但是又怎么可能一条条地打出来,张贴出去。事后我想,遇到这样的事最好的处理办法就是叫领导,毕竟领导经验丰富,遇到这种事情肯定会有更好的解决方法。

(八)银行引导员岗位

在银行这个类似小型社会的地方,每天会接触到各式各样的人群,素质高或低的人都会碰到,你所能做的只有让自己不为一些不愉快的人和事所影响,但是这可不容易。我刚进入工作岗位的时候总是觉得什么都是客户的问题,觉得这人怎么这样,搞得自己也很生气很痛苦,以至于没有办法好好工作。我的领导常常开导我,这给予我很大的帮助,我逐渐也能站在客户的角度去想问题了。我会想如果客户是你的亲人,你还会生气吗?客户可能有自己的苦衷,多一分理解,多一分宽容,心胸豁达会让自己工作得很开心。领导常开玩笑似的跟我说:"客户虐我千百遍,我待客户如初恋"。虽然话很搞笑,但是意义很深刻。现在的我虽然有时还会为一些事去生气,但是不一会儿就一笑而过了,主要是心理调整,不要太当回事。

我为我的工作态度以及工作热忱感到骄傲,我总是能在枯燥的工作中找到快乐并把它传递给我身边的人。对待客户,尤其是老来办理业务的顾客和附近的居民更是热情,所以我去附近买啥东西他们都给我优惠,对我非常实在。记得有一个在对面商城卖针织线的老客户,我老是帮她汇款和存钱,久而久之就熟络了,过年的时候她送给了我一个她亲手钩的小福袋,还可以装零钱。虽然东西不值什么钱,但是我真的很喜欢也很感恩。还有一个旁边卖药的客户,我总是帮助她缴纳罚款什么的,一次来办业务她给我买了个草莓糖葫芦!而且我有个头疼脑热的找她都可以,买药都便宜,真是可爱极了。这些使得我对工作态度更加看重,我可能只是做了我分内的工作,可是如果亲切和蔼,客户就喜欢你,你的工作就会得到客户认可,这对我来说是多么大的鼓励!我会不断完善自己,努力做得更好!